CUENTOS E HISTORIAS A LA HORA DE DORMIR PARA BEBÉS Y NIÑOS

Historias para promover la atención plena, ayudar a tus hijos a dormir y derrotar los problemas de insomnio y sueño, para un hermoso descanso nocturno.

© Copyright 2021 - Todos los derechos reservados.
El contenido de este libro no se puede reproducir,
duplicado o transmitido sin el permiso directo por escrito de
el autor o el editor.
Bajo ninguna circunstancia será culpable o responsable legal
contra el editor, o el autor, por cualquier daño, reparación,
o pérdida monetaria debido a la información contenida en este
libro. Ya sea directa o indirectamente.
Aviso Legal:
Este libro está protegido por derechos de autor. Este libro es solo para
uso personal.
No puede modificar, distribuir, vender, usar, citar o parafrasear
parte, o el contenido de este libro, sin el consentimiento del
autor o editor.
Aviso de exención de responsabilidad:
Tenga en cuenta que la información contenida en este documento es para
fines educativos y de entretenimiento únicamente. Todo el esfuerzo ha sido
ejecutado para presentar información precisa, actualizada y confiable, completa
información. No se declaran ni implican garantías de ningún tipo.
Los lectores reconocen que el autor no participa en la
prestación de asesoramiento legal, financiero, médico o profesional. los
El contenido de este libro se ha derivado de varias fuentes.
Consulte a un profesional con licencia antes de intentar cualquier
técnicas descritas en este libro.
Al leer este documento, el lector acepta que bajo ningún
circunstancias es el autor responsable de cualquier pérdida, directa o
indirectos, que se incurren como resultado del uso de información
contenido en este documento, incluidos, entre otros, los siguientes:
errores, omisiones o inexactitudes.

TABLA DE CONTENIDO

INTRODUCCIÓN 7
    PREPARACIÓN PARA LA LECTURA 9
    COMUNICACIÓN 11
    MORAL Y VALORES 12

CAPÍTULO UNO: HISTORIAS DE LA HORA DE DORMIR PARA NIÑOS 14
    ACERCA DE LOS DINOSAURIOS 15
    COMO UN CUELLO LARGO 15
    EL NIDO DE LA URRACA 20
    EL ÚLTIMO DINOSAURIO 23
    EL DINOSAURIO EN EL GARAJE DE JAKE 25
    UN ESTEGOSAURIO TRISTE 34
    EL SACUDIDOR DE TIERRA 46

CAPÍTULO DOS: HISTORIAS DE LA HORA DE DORMIR PARA NIÑOS 55
    SOBRE ANIMALES 56
    EL CUENTO DE PETER RABBIT 56
    GATO Y RATÓN EN ASOCIACIÓN 68
    EL PERRO Y EL GORRITO 75
    LOS SEIS CISANES 83
    EL PERRO Y EL GORRITO 95
    HISTORIA DE TORTUGA Y CONEJO 104
    EL JACKAL QUE SORPRENDIÓ AL REINO ANIMAL 105
    PESCADO FUERA DEL AGUA 108
    LA PATA DEL MONO 113
    HUMILDE ELEFANTE JUGANDO CON ANIMALES MAS PEQUEÑOS 118
    LA TORTUGA Y EL TAMBOR DE ENCANTAMIENTO 126
    LA TORTUGA Y EL ELEFANTE 129

- EL PEJNE DE CONCHA DE TORTUGA Y EL PELO 135
- LA TORTUGA Y EL BABOON 139

CAPÍTULO TRES: HISTORIAS DE LA HORA DE DORMIR PARA NIÑOS 145

- ACERCA DE LAS SIRENAS 146
- AARALYN, LA HIJA DEL REY DEL MAR 146
- LA SIRENA Y BANSHEN 156
- LA SIRENA BAJO EL MAR 161
- LA SIRENA Y EL PULPO MALVADO 178
- UN PULPO EN SITUACIÓN DIFÍCIL 179

CAPÍTULO CUATRO: HISTORIAS DE HORA DE DORMIR PARA NIÑOS 184

- ACERCA DEL MAR 185
- TIBURÓN SONRIENTE 185
- EL PANGRY 187
- LOS PEQUEÑOS PECES QUE NADARON HACIA UN GRAN OCÉANO 191
- EL PESCADO QUE PODRÍA CONSULTAR 195
- EL DELFÍN Y EL TIBURÓN 200
- LA ESMERALDA DEL MAR 207
- CIUDAD BAJO EL MAR 229
- POR QUÉ EL MAR ES SALADO 251
- EL PEZ CHICA 263

CAPÍTULO CINCO: HISTORIAS DE NIÑOS A LA HORA DE DORMIR 285

- MADERA 286
- LA MUJER ORA EN LA MADERA 286
- LA INCREÍBLE PLANTA EN CULTIVO 291
- MONOS Y EL VENDEDOR DE GORRAS 297
- LA BELLEZA DURMIENTE EN LA MADERA 299
- BEBÉS EN MADERA 312

EL ANCIANO EN LA MADERA 330

CAPÍTULO SEIS: HISTORIAS DE HORA DE DORMIR SOBRE FAIRY 337

Y HADAS 338
EL HADA DE LOS DIENTES 338
PORRIDGE DULCE 345
HISTORIA DE CUENTOS DE HADAS 349
LA PRINCESA HADA 362
FIORINA, LA HADA IMPACTANTE 365
ADALINA, LA HADA SIN ALA 368
LA HADA Y LA SOMBRA 375
LA HADA DE LA ALMOHADA 378
EL CONCURSO DE LAS HADAS 381
HADA ABUELA 395
EL CUENTO DE HADAS MÍSTICO 397
REINA DE LAS HADAS 401

CAPÍTULO SIETE: HISTORIAS SOBRE LA HORA DE DORMIR 405

DRAGONES 406
EDUARDO EL DRAGON 406
SAM Y EL DRAGÓN 409
EL DRAGÓN QUE RESPIRA FLORES 415
EL MAESTRO DEL DRAGÓN 425
EDUARDO EL BEBÉ DRAGÓN 430
EL DRAGON ASUSTADO 434
EL DRAGÓN DE TRABAJO 436
EL DRAGON Y SU ABUELA 460
EL DRAGÓN EN LA MAZMORRA 470
EL DRAGON EN EL SALVAJE 472
LOS MIL DRAGONES 485
EL PINTOR, EL DRAGON Y EL TITAN 488

CAPÍTULO OCHO: HISTORIAS SOBRE LA HORA DE DORMIR 494

- ANIMALES 495
- EL ANTÍLOPO COCIDO 495
- ANANSI Y LA TORTUGA 498
- EL CISNE Y EL BÚHO 503
- EL CAMELLO Y LA CEBRA 505
- EL ANTELOPE Y EL LEOPARDO 508
- CÓMO EL CAMELLO CONSIGUIÓ SU BUCLE 513
- EL CAMELLO DE LOS TRES SABIOS 519
- EL JACKAL Y EL CAMELLO 520
- DAR EL ESTÚPIDO 522
- EL CUERVO, EL CHAL, EL LOBO Y EL CAMELLO 525
- CÓMO EL LEOPARDO LLEGÓ SUS LUGARES 534
- EL LEOPARDO EN SU ÁRBOL 541
- UNANANA Y EL ELEFANTE 544
- EL OSO DE PELUCHE 557
- UN BURRO PARA MUESTRA 563
- LA HISTORIA DEL PATATO 569

INTRODUCCIÓN

Un cuento antes de dormir se refiere a un tipo convencional de narración, donde se lee o se narra una historia a un niño a la hora de acostarse para configurar
el niño para dormir. Los cuentos para dormir tienen numerosas ventajas
para padres / adultos y niños lo mismo.
¿Por qué los cuentos para dormir son útiles para los niños?
Leer juntos es un componente esencial para la logro en lectura e innovación, pero esto también es
un tiempo en el que usted y su hijo pueden pasar apreciando cada
conversación de otros y compartir su adoración el uno por el otro. Eso
es un procedimiento en el que se encuentran numerosos recuerdos poco comunes
hecho que los incluya a usted y a su hijo, como un momento en que los niños
puede dar una consideración única a la historia, los personajes, la
trama, y los ejercicios que se pueden obtener de la historia que

están sintonizando. Aquí hay algunos datos sobre la importancia de
historias para dormir.
Haga de los cuentos para dormir una rutina diaria para sus hijos.
Una de las razones por las que la importancia de los cuentos antes de dormir es
destacado por los expertos que trabajan con niños es que ofrece una
oportunidad de establecer una rutina diaria. Padres e hijos periódicamente
vive vidas muy bulliciosas. Hay numerosos deberes que deben ser
por el día, por ejemplo, trabajo, escuela, tareas, ejercicios extracurriculares, tareas escolares, cocina y comparativos
tipos de eventos. Cuando se ha calmado y avanza hacia
el final del día, hijos y padres, pueden ser consolados por los mismos
y tienen la oportunidad de conocerse. También, los niños necesitan tener un tipo de rutina diaria en sus vidas. Por qué
¿No lo convierte en un cuento fascinante antes de dormir?
Sosteniendo a su hijo, esto es por experiencia individual.

Cuando comienzas y terminas el día, estar ahí para su hijo es un método extraordinario para ayudar
forme un vínculo más estrecho con su hijo. Mientras trabaja para invertir
energía leyendo un cuento antes de dormir con su hijo, ayuda a hacer un
único vínculo entre ustedes. A medida que lee las historias, puede
participar en conversaciones abiertas sobre los personajes que son una
parte de la historia, los lugares donde las historias retratan, cómo
los personajes colaboran entre sí, el problema y los objetivos de
la historia, al igual que cualquier ejercicio y cualidades importantes que
se comunican en la historia. Este es un momento increíble para obtener los
pensamientos del niño y que ellos escuchen los suyos. Simplemente puedes
apreciar una discusión básica mientras se familiariza con su hijo y mostrarle sus expectativas de su conducta y palabras.

Preparación para la lectura

La importancia de los cuentos para dormir incorpora la forma en que ayuda con la

preparación para la lectura. Esto es particularmente obvio si
le lees a un niño pequeño en sus años de bebé. Es durante estos años
donde el cerebro está creando y formándose mejor.
Los niños deben presentarse con el mismo número de libros, palabras,
y sueña como podría esperarse en las circunstancias con
el objetivo de formar expertos en lectura y comprensión.
Al sintonizar las historias que lee, los niños pueden ver y
escuchar palabras esenciales reconocibles a la vista, descubrir cómo articularlas correctamente, y ampliar sus vocabularios. Estos componentes son importantes
para garantizar que su hijo se convierta en un lector eficaz
cuando llegan a la edad adecuada para este logro específico en
sus vidas.
Comprensión y lógica en el momento en que a los niños se les presentan cuentos para dormir y diferentes tipos de escritura durante el día, los ayuda a ellos a crear habilidades de

comprensión y lógica que son importantes tanto para el procedimiento de comunicación como la mejora de habilidades instructivas.

Los niños adquieren competencia con los segmentos de una

historia, descubren cómo prever los eventos que ocurren en una historia,

y descubren como revisar eventos en un arreglo sobre las historias que han escuchado. Ellos pueden del mismo modo, averiguar cómo comprender las circunstancias exactas.

A través de los métodos para personajes creativos y atractivos.

Para ayudar a su hijo en el territorio de la comprensión y la lógica

a través de los métodos de los cuentos para dormir, les está dando una

conjunto de habilidades que le serán útiles a lo largo de su profesión educativa.

Comunicación

La importancia de los cuentos antes de dormir también recuerdan las raíces y componentes esenciales de comunicación para su hijo. Nosotros como

todo imparte palabra compuesta, técnicas verbales, afinación

en y comunicación no verbal. La lectura ayuda a dar un mayor
sentimiento de confianza en un niño, averiguando cómo transmitirlo
adecuadamente. Las historias genuinas no ayudan exclusivamente con
sacar a la luz los problemas al hablar con otros. Sin embargo, el conversaciones que tiene con su hijo sobre las historias
que comparte juntos también ayudan aquí. Encontrarás que la jerga que tu niño utiliza propulsores y que las expresiones ilustrativas que
que utilizan para representar lo que sienten, piensan y qué comunicarte más en orden.

Moral y valores

La mayor parte de los libros e historias que se clasifican como
apropiado para los niños contienen importantes cualidades y morales, y
de esto se trata este libro. Estas morales y cualidades
reflejar regularmente cómo las personas deben tratarse a sí mismas, cómo
deben tratar a los demás, y lo que es realmente importante en la vida. Como

padres, anticipamos que nuestros hijos deben saber y
comprender nuestras expectativas éticas que tenemos para ellos y
las maneras en las que creemos que deben actuar. Sus psiques
están en una condición de desarrollo constante a una edad temprana. Está
desafiar regularmente a revelarles estas expectativas y
el efecto que tienen en nosotros, al igual que otros. Sea como sea, según un niño
la historia da vida a estas expectativas y aclaraciones.
Como debería ser obvio, la importancia de los cuentos antes de dormir es
algo más que compartir una historia encantadora.

CAPÍTULO UNO: HISTORIAS DE LA HORA DE DORMIR PARA NIÑOS

ACERCA DE LOS DINOSAURIOS

COMO UN CUELLO LARGO

Crutch, el dinosaurio tenía un cuello largo. Más largo que el cuello de su mamá y incluso el cuello de su papá. Siendo un brontosaurio, era
acostumbrado a que sus amigos le llamen cuello largo porque
regularmente, lo insinuaban en broma.
Sin embargo, a lo largo de los años, a medida que su cuello se desarrolló más
que la mayor parte de sus amigos brontosaurios, empezó a
estrés.
"Eso no me importa; mi cuello es más largo que el tuyo", dijo.
Compañero estirado y envuelto con el siguiente cuello más largo.
"Meh, ¿qué podrías hacer?", Le dijo Stretch.
Además, verdaderamente, ¿qué podía hacer?

"Podría deshacerme de parte de mi cuello. Apuesto a que T-Rex estaría feliz
para apoyarme ".
"No creo que sea una idea inteligente, Crutch. Vi a T-Rex ayudar
alguien con una cola larga una vez, y terminaron con un poco
cola de bola que ya no podían usar para jugar béisbol. estoy
haciéndote saber, ignóralo. Los individuos pasarán por alto lo que
medida es tarde o temprano ".
Crutch confiaba en que esta sería la situación. Diferentes dinosaurios él
consideró que sus amigos no verían ningún problema; después de todo, ellos
cada uno tenía cosas que los hacían diferentes. He tenido un
algo parecido a una piedra en el final de la cola; Rock tenía un
cuerno mayor parado fuera de su mente, y Grit no tenía alas
¡diferentes dinosaurios que sabía que tenían alas! Sin embargo,
al mismo tiempo, otras personas pueden señalar, mirar y hablar entre ellas ruidosamente sobre su largo cuello.

Un día, Crutch estaba paseando por un estanque de marea profundo, así que
podría llegar a unas deliciosas hojas de árbol en el otro lado. Sobre su
manera, experimentó la provocación típica de comer carne y
dinosaurios herbívoros.
"Deberías poder comer la luna con ese cuello largo", dijo
velociraptor llamó desde un banco, incitando a sus amigos a reírse
junto con él.
"Lo siento, Clutch", gritó un albertasaurus desde otro lugar en
el estanque de mareas. "Sentí que eras un árbol con ese largo cuello de
tuya."
Las llamadas lo habían hecho sentir miserable, y a medida que el agua avanzaba,
imaginó prácticamente todas las cosas que tendría la opción de
haría si no tuviera un cuello tan largo.
Podía esquivar las cavernas.
Podía columpiarse en las enredaderas que cubrían el estanque de mareas.
Podría pasar todo un invierno requiriendo solo una bufanda.

Además, sobre todo, podía caminar por un estanque de mareas.
sin ser ridiculizado por otros.
En cualquier caso, fue sacado inmediatamente de su fantasía cuando
cerca de sus oídos; escuchó las llamadas de otro dinosaurio.
"¡Ayuda!" gritó la voz. "Me adhiero y no necesito caer
por la cascada."
Era válido, obviamente, que había una cascada un poco más adelante,
Sin embargo, los árboles por su borde eran tan altos que no había nadie sin embargo
el que pudiera contactarlos. ¿Cómo se había levantado otro dinosaurio?
¿ahí? Crutch fue a descubrir.
Minutos después del hecho, él, efectivamente, pasó por un niño durante mucho tiempo.
cuello atrapado en el punto más alto del árbol.
"¿Cómo subiste ahí?" Preguntó Crutch, su cuello subiendo
tan alto que podía conversar con la personita casi a su
cara.
"Yo subi."
"Y luego, estancado, parece".

"De hecho, mientras caminaba hacia arriba, todas las ramas que pisé cayeron al
agua ahora no queda nada para usar para bajar. Además, estoy algo aterrorizado ".
"¿Cómo vas a bajar?" Preguntó Crutch.
"De hecho, confiaba en que podrías dejarme deslizarme por tu cuello.
¿Crees que podrías dejarme hacer eso? "
"¿Quieres decir que prefieres utilizar mi cuello largo?"
"En verdad, me imagino que lo haría. Si tuviera un cuello largo como el tuyo, iría
nuestro territorio, buscando dinosaurios de sobra en los árboles. yo
Ojalá pudiera hacer eso ".
"¿Quieres decir que desearías tener un cuello largo como yo?"
"De hecho. ¿Sería capaz de deslizarme hacia abajo en este punto?
algo asustado de las estaturas ".
Crutch movió la cabeza tan cerca del pequeño dinosaurio como pudo y
permitió que la personita rebotara y se deslizara hacia el
banco en el que se encontraba el árbol.
"¿Piensas que podría conseguir una nueva línea de trabajo para salvar a los dinosaurios,
¿no es así? "

"Ni siquiera buscaría una ocupación; simplemente comenzaría a hacer
eso. Regresaré a casa para comenzar a aflojar mi cuello para poder ayudar
en un par de años ".
Además, el pequeño dinosaurio se fue con el cuello tan alto como
podría esperarse dadas las circunstancias.
Entonces Crutch se fue haciendo igualmente.

EL NIDO DE LA URRACA

Todas las aves del cielo fueron a la urraca y le pidieron que mostrara
ellos como construir nidos. Porque la urraca es el animal alado más inteligente entre otros en la producción de nidos. Entonces ella arregló todas las
pájaros a su alrededor y comenzó a decirles la mejor manera de hacerlo. Como
una cuestión de primera importancia, tomó un poco de barro e hizo una especie de
de torta redonda con ella.
"Dios, así es como se hace", dijo el zorzal, y se alejó
Volaron, ya que así es como los zorzales construyen sus nidos.
En ese punto, la urraca tomó algunas ramitas y planeó

ellos en el barro.
"Ahora lo entiendo perfectamente", dice el mirlo, y luego
voló, y así es como los mirlos hacen sus nidos hasta
hoy.
En ese momento, la urraca puso otra capa de barro sobre el
leña menuda.
"Gracioso, eso es muy evidente", dijo el búho inteligente, y se alejó
voló; los búhos nunca han mejorado sus nidos desde entonces.
Después de esto, la urraca tomó algunas ramitas y las enrolló
el externo.
"Así que los gorriones hacen nidos bastante descuidados hasta hoy.
De hecho, en ese momento, Madge urraca tomó algunas plumas y esas
y arregló la casa de manera eficiente usándola.
"Estoy contento con eso", gritó el estornino, y salió volando, y
los nidos verdaderamente agradables tienen estorninos.
Así continuó, cada criatura voladora eliminaba alguna información sobre

la mejor manera de construir nidos, sea como sea, ninguno de ellos
aguantando hasta el final. Entonces Madge urraca siguió trabajando en
y trabajando sin, girando hacia arriba hasta que la pluma principal
criatura que quedó fue la tórtola, y que no había dado
cualquier consideración desde el principio, pero seguí diciendo
su grito sin sentido "Toma dos, Taffy, toma dos-ooo".
Finalmente, la urraca escuchó esto de manera similar cuando estaba poniendo una ramita y terminando. Entonces ella dijo: "suficiente uno".
Sin embargo, la tórtola continuó diciendo: "Toma dos, Taffy,
toma dos-ooo ".
En ese momento, la urraca explotó y dijo: "Uno es suficiente, yo
dejarte saber."
Aún así, la tórtola gritó: "Toma dos, Taffy, toma dos-ooo".
Finalmente, y finalmente, la urraca miró hacia arriba y no vio a nadie
cerca de ella todavía la insensata paloma-tortuga, y después, ella

se enojó y se fue y no aconsejó a los pájaros cómo
construir nidos una vez más. Además, esa es la razón
los pájaros construyen sus nidos de manera diferente.

EL ÚLTIMO DINOSAURIO

En un lugar perdido donde hay bosques tropicales, en la principal
montaña en la zona, atrapada dentro de una antigua cavidad volcánica
Marco, experimentó la última reunión de enormes y feroces
dinosaurios.
Durante una gran cantidad de años, habían soportado todos los
progresiones en la Tierra, y ahora, impulsado por el incomparable
Ferocitaurus. Querían salir del polizón y gobernar el mundo de nuevo.
Ferocitaurus era un increíble Tyrannosaurus Rex que había
decidieron que habían invertido mucha energía confinada a la
resto del mundo. En este sentido, durante un par de años,

los dinosaurios cooperaron, aplastando los divisores de lo increíble
agujero. En el momento en que se hizo el trabajo, todos los dinosaurios
meticulosamente afilaron sus ganchos y dientes en preparación para
amenazar al mundo de hecho.
Al salir de su hogar de miles de años, todo fue desconocido para ellos, completamente diferente de lo que habían sido
utilizado dentro del pozo. Sin embargo, durante bastante tiempo, el
los dinosaurios avanzaban sin miedo.
Por fin, desde el punto más alto de ciertas montañas, vieron un
comunidad sin pretensiones. Sus hogares y habitantes aparecieron
lugares modestos. Nunca habiendo visto gente, los dinosaurios saltaron
por la ladera de la montaña, preparados para destrozar lo que sea que los detuviera
arriba.
Sin embargo, a medida que avanzaban hacia ese pequeño pueblo, las casas
eran cada vez más grandes, lo que es más, cuando los dinosaurios
finalmente apareció, resultó que las casas eran un montón

más grande que los propios dinosaurios. Un chico que pasaba
dijo: "¡Papá! ¡Papá! ¡Encontré algunos dinosaurios menores!
ser capaz de mantenerlos? "
Además, así son las cosas. El aterrador Ferocitaurus y su
los amigos terminaron como mascotas para los niños del pueblo.
Percibiendo como millones de años de desarrollo habían convertido a su especie en
dinosaurios más pequeños, descubrieron que nada guardaba
para siempre y que debes estar constantemente preparado para
ajustar.

EL DINOSAURIO EN EL GARAJE DE JAKE

"Padre", dijo, "hay un dinosaurio viviendo en la cochera".
"¿Es eso cierto, Jake?" dijo su padre. "Eso es fascinante. Ahora
salir y jugar. Papá está ocupado ahora mismo ". El padre de Jake
volvió a seguir con su papel.
Jake había supuesto que había un dinosaurio en la cochera para

un buen rato. Medio mes atrás, detrás de la vieja bicicleta que solía
montar cuando era pequeño, el gran saco con la tienda en él que ellos
acababa de utilizar una vez en una ocasión al aire libre antes de que su padre
había dicho: "¡Olvídate de esto! ¡Nunca volveré a salir al aire libre!
año a partir de ahora, nos quedaremos en un alojamiento como común
gente! ", una pelota de fútbol desinflada y una gran cartulina de color tierra
caja que contenía trozos de un armario que habían comprado en un
gran mueblería, y que su padre siempre había sido incapaz de
para armar, Jake había encontrado un huevo gigantesco. Desde el principio, Jake
pensé que tal vez era otra pelota de fútbol desinflada, una que
había tomado una forma extraña porque no se había utilizado para tal
mucho tiempo, sin embargo, no lo recordaba, y cuando fue a
contáctelo, la cosa fue todo, no me gusta una pelota de fútbol por ningún medio, perforado o no. Se sentía cada vez más como una especie de huevo; De todos modos, eso estaba todo

resbaladizo y brillante, y no pudo ver una abertura en
en cualquier lugar. No, Jake, siendo un chico inteligente, lo entendió rápidamente.
que no era una pelota de fútbol por ningún tramo de la imaginación. Era
un huevo. No le dijo a nadie en ese momento; a mitad de camino porque él
pensó que su madre y su padre se imaginarían que estaba mintiendo
una vez más (su madre y su padre siempre sentían que estaba
acostado. "Contar historias", lo llamaban. "Jake ha estado contando historias
una vez más ", murmuraron generalmente." ¡Él generalmente lo hace! Él es
un chico tan inteligente. Tiene una increíble imaginación ... pero ... un día su mente creativa lo llevará a
problema !!! "), y porque no necesitaba a ningún otro individuo para
piensa en lo que había encontrado. Porque Jake se dio cuenta de que
había encontrado un huevo de dinosaurio. ¡En ese lugar, directamente en su estacionamiento techado!
Habían estado considerando dinosaurios en la escuela. Su instructor

les había revelado sobre los dinosaurios, y cómo llegaron los dinosaurios
de huevos, similar a los pájaros o reptiles hoy, sin embargo, que un
el huevo de dinosaurio era tan grande como una pelota de fútbol, o incluso más grande.
Al día siguiente decidió contárselo a su instructor. "Tengo un
dinosaurio viviendo en mi cochera!", Dijo Jake alegremente a su educador.
Que como sea, el educador no lo escuchó. El solo empujo
se subió las gafas a su gran nariz y dijo: "¿Es ese un privilegio, Jake?
Que interesante..."
Durante los siguientes casi días, Jake decidió no informar
cualquiera con respecto a su dinosaurio, pero se mantuvo discreto consigo mismo.
Comenzó a cuidar del dinosaurio desde el principio dándole
algo de leche. En ese momento, le dio una porción de alimento de su perro.
El perro le ladró a Jake enojado cuando Jake quitó
su comida de él.
"¡Trate de no estresarse!" Jake le dijo al perro. "Es solo para

dinosaurio en la cochera. ¡Está creciendo constantemente! antes de
mucho tiempo, tendrás la opción de jugar con él! "El perro no miró
persuadido.
Sea como fuere, era válido. El dinosaurio se estaba desarrollando y
desarrollando. En ese momento era tan grande como el perro. Jake no pudo
contener su celo, y al día siguiente le dijo a su educador una vez
más, como su papá, aunque no todo estaba interesado en la
dinosaurio.
"¡El dinosaurio de mi cochera está creciendo constantemente!"
gritó Jake en el ejercicio. El educador se dio la vuelta y
echó un vistazo a Jake con una articulación genuina.
"Bueno, Jake, si realmente hay un dinosaurio viviendo en tu cochera, ¿por qué
no sacarlo a pasear? ¿Por qué no traerlo a la escuela mañana?
para que todos le echemos un vistazo ??? !!! "El educador se rió entre dientes.
sentirse encantado dentro de sí mismo. Se quitó las gafas, retrocedió

su gran nariz y echó un vistazo al resto de la clase.

"¿No dirías que Jake debería comprar su dinosaurio mascota para cualquiera?

pasando para ver mañana?", se rió, y la totalidad de el resto de la clase también se rió.

Al día siguiente, Jake llevó al dinosaurio a la escuela. Era

difícil porque el dinosaurio no había salido de su cochera

anteriormente, y además, actualmente era bastante

significativo, y sin embargo, Jake deliberadamente comenzó a dirigir el

paquete que tenían para su perro, póngalo alrededor del cuello del dinosaurio y

lo sacó de la cochera. Una vez fuera de la cochera, sin embargo,

el dinosaurio se sentó y no se movió más. Jake tirado y tirado; sin embargo, no valía la pena mencionarlo; él

no pudo mover el dinosaurio.

Desde el principio, al dinosaurio no le gustaría moverse. Jake puso

un poco de carne de la hielera en el piso para que la coma el dinosaurio.

Ahora el dinosaurio lo siguió fuera de la casa, por la calle

ya la estación de autobuses. Mucha gente parecía asombrada,
y algunos de ellos incluso se aterrorizaron cuando Jake saltó sobre el
transporte con su dinosaurio, sin embargo, el dinosaurio parecía ser muy
optimista. En cierto punto, hubo un segundo problemático cuando
el dinosaurio metió la nariz en el saco de compras de una mujer mayor
y le sacó un pollo. La mujer mayor gritó y el vino el inspector de billetes.
"¡Oi!" dijo el inspector de billetes. "¿Esa cosa tiene un boleto?" Jake
mostró al inspector de billetes el billete de transporte que tenía
comprado para el dinosaurio. Luego, el inspector de boletos se fue;
Sin embargo, el adulto mayor todavía era excepcionalmente miserable, por lo que Jake
necesitaba disculparse por el pollo que se había llevado su dinosaurio, y
luego se bajó del transporte en la siguiente parada. El necesitó
caminar el resto del camino a su escuela, y cuando él
llegó, llegó tarde.

Todo el mundo gritó cuando entró en su salón de clases. Jake
no pude entender por qué. Su instructor lo miraba con repugnante
detención. En realidad, no, su instructor no estaba mirando a Jake.
con espantoso pavor; estaba mirando al dinosaurio con consternación.
Jake no podía comprender cuál era el problema. "Pero, señor", dijo
a su instructor, "Me aconsejaste que llevara el dinosaurio a
¡¡¡colegio!!!"
Menos de lo que, después de una hora, Jake estaba sentado solo en el
escuela, solo Jake y su dinosaurio. Hubo un montón de clamor
fuera de fuera había paquetes y mucha conmoción.
Jake podía oír las alarmas de los vehículos de la policía, gente gritando y
el sonido de helicópteros volando por encima. Él miró desde la
ventana de su salón de clases y saludó a todos los hombres con TV
cámaras que lo graban a él y a su dinosaurio.
Su educador había gritado: "¡Fuera! ¡Fuera! ¡¡Todos fuera !!!" cuando

Jake había entrado con su dinosaurio, y lo suficientemente seguro, el
educador y los varios niños se habían quedado cortos en el
aula, dejando a Jake solo con su dinosaurio. Jake no pudo
comprender por qué todos tenían tanto miedo de su dinosaurio. Él
pensó que su dinosaurio era de buena vecindad.
"¡Jake!" gritó uno de los oficiales afuera, "¿Podrías
para escucharme? ¡Infórmanos de si estás bien! "Jake sonrió.
y saludó a los agentes de policía.
"¡Estoy bien!" él gritó. El dinosaurio se sentó en la sala de estudio y
Comenzó a comerse una porción de los libros de texto de los niños. Jake pudo ver
que se estaba agotando. Luego tomó la iniciativa como con el perro,
lo puso una vez más y quitó el dinosaurio de
la sala de estudio en el patio de la escuela, donde estaba toda la gente.
Cuando salieron, hubo gritos y llantos y el
flashes de cientos de cámaras. Un policía arrebató a Jake
y una red colosal cayó sobre el dinosaurio. Una reunión de

los investigadores agarraron al dinosaurio en la red, lo pusieron en un gran
camión, y se fue.
"¡Pausa!" exclamó Jake. "¿A dónde se dirigen con mi
¿dinosaurio?"
"Lo están llevando al zoológico", dijo un policía. "Él será
protegido allí".
Jake se sintió bastante trágico cuando regresó a casa. Ni siquiera
Tenga en cuenta que estaba en las noticias de la televisión, y su imagen estaba en la primera
página de periódicos en todo el mundo. Extrañaba su
dinosaurio. En el momento en que todos se habían ido a dormir,
de noche, salió a la cochera una vez más y encontró otra
huevo.

UN ESTEGOSAURIO TRISTE

Hace bastante tiempo, 210 millones de años antes, el sol estaba
brillando cuando Sammy el Stegosaurus vio el pliegue de pterodáctilos
sus alas y vuelan sobre las copas de los árboles. '¡Maravilloso!' ella pensó, 'yo

¡Nunca he visto un dinosaurio que vuele! Ella fue incapaz de
aceptar que la envergadura de Pterodactyl puede ser tan extensa como 30
pies. Parecía divertido; sin embargo, hizo que Sammy se sintiera desconcertado
y lamentable. Ella era un estegosaurio y no podía volar. Ella carecía
amigos para jugar. Tippy, el Pterodáctilo vio a Sammy llorando y
voló a los bosques para conversar con ella. Tippy aterrizó
y estaba caminando por el suelo, para nada diferente
pájaros que Sammy había visto. Sammy estaba emocionado de que otro
compañero iba a ella. Ella pensó que por fin podría
tener un compañero con quien jugar.
'¡Hola a todos! Soy Sammy. ¿Te gustaría jugar un juego conmigo?
¿aquí?' Preguntó Sammy.
Tippy respondió: 'Preferiría no burlarme de esto. necesito
despegar en el cielo. ¿Por qué razón no podrías volar?
aquí y jugar con nosotros simplemente?

No puedo. No puedo volar Soy un estegosaurio. Sammy respondió.

'¡¿No tienes la más remota idea de cómo volar?! Eso es tan ¡peculiar! Además, ¿qué son esas cosas puntiagudas en tu ¿espalda? Solo arruino el cielo con mi pterodáctilo amigos.' Antes de que Sammy pudiera iluminarla sobre todos de las 17 placas duras que subieron como púas y corrieron por su en dos columnas, Tippy acababa de empezar a despegar. Sammy podría escucharla reírse por ahí.

Encuentra el polizón poco después, Tippy estaba cuidando a su hermano menor Bryan.

¡Estoy tan lleno de energía! Dijo Tippy. 'Mi gente por fin me está dejando mira a Bryan sin nadie más. Simplemente necesito jugar con el mientras van al mar a buscar pescado para la cena 'Tippy decidió juega su juego más querido, encuentra al polizón. Ella cerró los ojos y pasó a diez para que Bryan pudiera encubrirse. Saltó sobre

el suelo y comenzó a apresurarse para esconderse.
'Preparado o no, ¡aquí voy!' Tippy gritó. En el momento en que
abrió los ojos, Bryan ya no existía.
En el extremo opuesto de los bosques, Sammy caminaba
gradualmente, con la cabeza gacha. Estaba triste que Tippy hubiera
sido tan malo y se burló de ella. Ella comenzó a destruir cuando
vio a un bebé pterodáctilo llorando y gritando en el
región apartada. '¿Es correcto decir que estás bien? Eres tú
¿perdió?' Preguntó Sammy.
El bebé pterodáctilo estaba aterrorizado de conversar con Sammy desde
el comienzo. ¡Era mucho más alta que Bryan con 14 pies de altura! Ella estaba
casi tan grande como un medio de transporte e incluso tenía algunos picos en
su cola. Bryan se dio cuenta de que debía ser valiente si necesitaba ayuda,
al descubrir su dirección a casa.
Mi nombre es Bryan. No puedo descubrir a mi hermana Tippy. Éramos

jugando a encontrar el polizón, y la perdí. Ahora estoy asustado
estos grandes bosques oscuros. No tengo la idea útil de cómo
¡vuelve a casa! Estaremos en una situación difícil si no estamos en
casa a tiempo para la cena para comer pescado. Mi gente nunca la dejará
¡mírame de nuevo! Dijo Bryan, con lágrimas rodando por sus mejillas.
¿Tu hermana es Tippy? Preguntó Sammy. Bryan hizo un gesto. Sammy
Pensó en lo triste que Tippy la había hecho sentir. 'Tipo
fue tan descortés. Debería ser descortés con ella ".
Pensó Sammy. Respiró hondo y tomó la mano de Bryan.
Trate de no estresarse. Yo te apoyaré. ¿Qué tal si cooperamos para
descubre a tu hermana Tippy ", dijo, `` caminaré contigo, así que
ya no estás aterrorizado. Mi nombre es Sammy. Los dos amigos caminaron juntos por el bosque. Ellos caminaron
gradualmente, Sammy era tremendo hasta el punto de que podía

Camine 5 millas por cada hora. Era un poco más lento que un
¡Elefante! De la nada, escuché una voz a lo lejos que llamaba: '¿Bryan?
Bryan? ¿Dónde estás?' sobre las copas de los árboles. ¡Esa es ella! Ese es mi
¡hermana!' Bryan gritó.
'¡Extraordinario!' Sammy dijo, 'simplemente sigue la voz hasta que
se vuelve cada vez más fuerte. Dejaré escapar un gran trueno para que
puede destacarse lo suficiente como para llamar la atención. Después de dejar escapar un fuerte trueno, Sammy y Bryan aplaudieron y caminaron
los bosques juntos.
Dinosaurios en mi cama, Andrew decía temblando en su cama. El cielo zumbaba con
sonidos explosivos y destellos espléndidos simplemente fuera de su ventana.
Quince minutos atrás, preguntó: "Madre, ¿seguirá la tempestad?
va largo? "
"Por favor, no se estrese", dijo. "El meteorólogo lo garantizó
ignoraría a Truro rápidamente. Ahora descansa un poco ".
Pero no fue así y demostró ser incapaz.

Andrew sintonizó su temporizador matutino. "Tick ... Tick ... Tock".
Los de la noche parecía continuar hasta el fin de los tiempos. Segundos girados
en minutos.
En ese punto, en lo que aparecieron horas.

Sobre la casa, fuertes relámpagos lo hicieron agacharse más
debajo de las sábanas. El trueno exterior incluso sacudió su ventana.
¿Sería una buena idea que entrara en la habitación de sus padres? A
ese punto, él era un niño grande ahora. Es más, debe ser
atrevido. Mi padre incluso lo ayudó a planificar este clima espantoso,
solo en la remota posibilidad de que aguantara toda la noche.
Ahora su mochila estaba cubierta por las mantas, era
repleto de los juguetes, juegos y historietas más queridos, incluso
el oso "Panda" que tenía desde los dos años.
La madre se aseguró de que Andrew también tuviera un par de golosinas. Un gran
saco de palomitas de maíz estaba cerca de su lado derecho, además, un paquete de

chips ondulados estaba en el otro.
Su familia se había levantado en Cape Breton, hace un fin de semana. Entonces el
ahora era un niño con una experiencia al aire libre. Además, él
me di cuenta de que como sería en general atrevido.
¿Qué se movía alrededor de sus dedos de los pies? "Ay, eso duele", su
voz temblorosa, murmuró. La conmoción afuera era tan ruidosa, que Andrew apenas podía pensar.
A través de la ventana, un cielo opaco ocultaba las estrellas.
El chico salió de la nada, ansioso. ¿Qué había debajo de la cubierta?
Estaba interesado y rebuscó en su mochila.
"OMJGOSH", dijo Andrew. "Pasé por alto mi linterna".
Se deslizó y se tiró al suelo. Andrew persiguió alrededor hasta que lo encontró en el armario superior.
Saltando rápidamente a la cama, apretó los pies fríos para
el fin. Dedos de los pies abiertos apoyados en algo desagradable y afilado. Ahora
según todos los informes, se deslizaba alrededor de sus piernas.

¡Yowser! ¡No era el único en la cama!
Revisó debajo de las extensiones donde estaba oscuro como el carbón,
prácticamente como estar afuera. En lugar de estrellas brillantes encendidas,
las manchas se parecían cada vez más a ojos.
El trueno se originó detrás de su pierna izquierda. Andrew se mordió el pulgar del lado izquierdo y encendió la linterna.
"¿Ese sonido aterrador no puede ser...?" vaciló.
De hecho, ¡un dinosaurio! Sea como fuere, eso fue extravagante, ¿verdad?
Los dinosaurios no cabían debajo de las mantas de la cama de un joven
hombre, viviendo dentro de su casa. ¿No es así? Incorrecto. Mirándolo había un Stegosaurus. Además, es
probó sus chips de vinagre Anfitriona, el pequeño saco con un par
de piezas que quedan.
"¡Escapa, tú!" Andrew gritó, intentando ser valiente. los
criatura tronó algo bajo el cielo y
se precipitó hacia un rincón oscuro.
Nuevos clamores atrajeron la consideración del chico. Su linterna ayudó
seleccione sombras en movimiento. ¿Que estaba pasando? Reflexionó.

Había un Triceratops y un Deinonychus.
Además, ¡un Tiranosaurio!
"¡Correr!" Andrew gritó, se inclinó a que estaba solo uno vivo en el planeta. Él todavía estaba bajo su cubierta que
parecía extenderse allí e incluso muy por encima de él.
Buscó algún lugar para cubrirse.
Los pies fríos apenas podían moverse. Se parecía a un mundo diferente
debajo de las sábanas. Su corazón caminaba al ritmo de un tambor.
El relámpago se cerró, luego se destruyó bajo su cielo arrebatador.
Enormes criaturas comenzaron a perseguir a las pequeñas.
Corriendo hacia él estaba un Dicraeosaurus. Esta fue una tranquila
herbívoro y no le haría daño. En cualquier caso, Andrew no pudo
tomar cualquier riesgo.
Sacó un motor de bomberos de su mochila. Rebotando hacia el frente
asiento, Andrew puso la alarma a toda velocidad. Todo lo que hizo
se lastimó los oídos.
Un Ceratosaurus y Albertosaurus se limitaron a él. Ellos

parecían perros enormes y bien dispuestos que necesitaban jugar. Sea como sea
Mayo, Andrew no deseaba ser aplastado.
Se apresuró a pisar el pedal. Además, el motor de disparo saltó
adelante.
En poco tiempo, la calle tomó un camino restringido, apuntando
directamente al bosque. Andrew se detuvo de inmediato. A eso
punto, se puso unos tenis nuevos de su mochila. También trajo su silbato. Soplo agudo advertido todo para escapar de su dirección. Un torbellino de pies se escapó
por el camino, cada progresión latiendo con fuerza.
Un brazo sujetó firmemente a 'Panda'.
La brisa pasó por encima de su parte superior, enviándola a la separación.
Las ramas le agarraron la cara. No le gustaría ser aplastado o
comido por esos dinosaurios.
La ventisca en el exterior no contrastaba con las criaturas salvajes.
persiguiéndolo bajo su cubierta. ¿Cómo sucedió todo esto?
¿de todos modos?

Gruñidos y pasos veloces siguieron su paso. Aventurándose en su
mochila, Andrew consiguió sus patines en línea. Ahora, pensó, es
debería ser cualquier cosa menos difícil patinar de forma segura.
Eso fue hasta que una sutil raíz de un árbol lo envió despreocupadamente al barro.
Ahora estaba apurando sólo un poco de tiempo para trepar a un árbol.
"Madre, ¿dónde estás?" Andrew gritó. "¡Papi!" Piernas flacas
mezclado el compartimento de almacenamiento. Además, similar a
un mono se movió más alto de rama en rama.
De la nada entre dos apéndices fue el líder de un Brontosaurio. Sonrió mientras mordía un trozo significativo de hojas.
"¿Cuál es tu preocupación?" parecía afirmar.
"¡Andrew! ¡ANDREWWW!" alguien llamó. Las voces parecían
moverse de un lado a otro y alrededor como ecos.
De hecho, la gente estaba gritando su nombre!
El niño rápidamente perdió las sábanas, se sentó y miró a la madre y
padre. Entrecerró los ojos cuando el sol de la mañana se asomó entre los venecianos

persianas.

"Panda" todavía estaba metido de forma segura bajo su brazo.

"Veo que encontraste nuestros asombros bajo tus sábanas", madre

dijo.

Andrew miró a su madre.

"Ya sabes. Recuerda los modelos de dinosaurios que pediste por una semana

¿hace?"

"Es más, estoy contento contigo", dijo el padre. "Mira cómo

los apilaste perfectamente en tu armario ".

Andrew se sintió inusual, como señaló su padre. En una línea impecable había una procesión de vívidos dinosaurios. Ellos eran

Dicraeosaurus, con un aspecto salvaje

Tyrannosaurus Rex hacia el punto de parada.

Conduciendo a toda la reunión estaba la figura de un hombre joven.

Además, sostenía firmemente un oso de peluche.

EL SACUDIDOR DE TIERRA

BOOM ... BOOM ... BOOM ...

La tierra se estremeció.

Los árboles se sacudieron, dejando caer hojas sobre la casa limpia debajo.

La casa pertenecía a un iguanodonte. Mientras los huevos se movían
su mamá Brenda los estabilizó con un gancho.
'¿Qué diablos?' ella reflexionó.
PLUMA ... PLUMA ...
En ese punto, entre los árboles, apareció el dinosaurio más grande.
ella alguna vez había observado. Parecía una montaña tenue sobre patas. Eso
tenía un cuello largo, largo y una cola muy larga.
'¿Quién eres tú?' preguntó Brenda.
El largo cuello se enrolla hacia ella. Ojos impotentes en una cabecita
la miró.
'Soy Seismosaurus', dijo el gigantesco dinosaurio, con una voz tan pequeña
ella apenas podía oírlo. He venido a vivir aquí.
'Sei - Seis -' intentó Brenda.
"Implica Earthshaker", dijo el dinosaurio. 'Llámame, Sizo, si es
más simple. '
'Considerando todo, Sizo, ¿podrías por favor escabullirte?'
"Está bien", murmuró el dinosaurio. Hizo dos pasos adicionales.
PLUMA ... PLUMA ...
Los pteranodones cayeron de los árboles. Una reunión de hadrosaurios

comenzó a trompear en alerta.
George, el viejo triceratops, llegó a percibir lo que era
sucediendo.
«No puedo descansar del clamor», protestó.
—Aquí está Sizo —dijo Brenda. 'Él es una pizca, un abrumador
pies.
'¿No podrías escabullirte?' preguntó George.
—Voy de puntillas —dijo Sizo con su vocecita.
'¡Hmph!' gruñó George. ¡Qué alboroto! Confío en que no
restante.'
'Dios mío, si no es demasiado problema, déjame quedarme', suplicó
Sizo. 'He estado distante de todos los demás durante mucho tiempo. Necesito
vivir con diferentes dinosaurios '.
—Dale una posibilidad, George —dijo Brenda con compasión. 'Usted
puede ver que es un herbívoro. No nos comerá, ¿verdad, Sizo?
Sizo negó con la cabeza. 'Solo comeré las hojas más notables', dijo
murmuró, 'los que no puedes alcanzar'.
'¡Hmph! Está bien, resopló George. En cualquier caso, solo si te aseguras de
¡furtivo!'

Entonces Sizo se hundió en su nuevo hogar.
Amaba a los diferentes dinosaurios. En cualquier caso, generalmente no
optimista.
Hizo hincapié en la creación de una cantidad excesiva de
conmoción. Aunque caminaba tan discretamente como podía ser
esperado dadas las circunstancias, sus pasos hicieron que la tierra
temblar. Diferentes dinosaurios talaron sus oídos y protestaron.
'¡Andar con mucho sigilo!' George aullaba.
Sizo se puso a caminar, pero eso no fue nada más tranquilo. Por fin, fue
más sencillo no andar por ningún tramo de la imaginación. El solo
permaneció en un lugar durante la mayor parte del día, comiendo lo que fuera
podría alcanzar.
Además, la vida estuvo tranquila durante algún tiempo.
Hasta -
BOOM ... BOOM ... BOOM ...
El suelo se estremeció. Los iguanodontes bebés de Brenda se cayeron
y empezó a llorar. Los hadrosaurios gritaron en una pelea.

George salió furioso del bosque.

'¡Oy, Sizo!' tronó. ¡Te he ordenado que te escabulles!

"Sin embargo, no soy yo", luchó Sizo.

Es real dijo Brenda. Sizo no se mueve.

Los dinosaurios miraron a Sizo. Se quedó muy quieto, sin embargo, pudieron

Escuche choques y choques.

"Debe ser otro dinosaurio enorme", dijo George precariamente.

Otro Sizo.

¡Dios mío, no! dijo Brenda. 'Acompáñame, niños. Lo harías

¡Prefiero no ser pisoteado por todas partes!

Todos los dinosaurios se apresuraron a huir a los bosques, todos excepto

Sizo.

¡Otro Seismosaurio! pensó con entusiasmo. 'Otro Earthshaker! Me pregunto si será mi compañero '.

Así que partió alegremente hacia las conmociones para descubrir.

Mientras caminaba, la tierra temblaba con más entusiasmo. Los choques

se hizo más fuerte. Podía oler un olor a quemado inusual, salvaje.

"Divertido dinosaurio, este", pensó Sizo.

Dobló una curva y se detuvo. Frente a él, un

protuberancia emergió del bosque.
¡Es un dinosaurio enorme! el pensó.
El suelo debajo de él tembló.
"Es un buen Earthshaker", dijo Sizo.
En ese momento, vio que salía humo del montículo.
Por su costado corría un reluciente río rojo.
¡Se está muriendo! murmuró.
El espeso río rojo pasaba junto a un árbol. Lo rompió y lo tiró
abajo con estrépito.
Sizo miró al río con sus ojos pequeños e impotentes. No fue
sangre. Poseía un aroma a piedra y humeaba.
'¡No siento que sea un dinosaurio de ninguna manera!' él dijo.
El río humeante murmuró y chisporroteó. Dos árboles adicionales
se estrelló contra el suelo y estalló en llamas.
El río no se detuvo, continuó atravesando el región apartada.
'¡Dios mío, no! ¡Se dirige hacia nuestra casa! jadeó Sizo. 'YO
¡Sería aconsejable advertir a los demás!
Regresó con dificultad lo más rápido posible. No habia nadie
alrededor. Sizo hizo un sonido como si fuera a hablar y gritó.

'¡Peligro!'
Fue un pequeño grito. Lo intentó una vez más.
'¡Peligro!'
Aún así, nadie lo escuchó.
'¡Ayuda!' pensó Sizo. '¿Qué podría hacer yo?'
Nadie podía oír la voz de Sizo.
En cualquier caso, se dio cuenta de que todo el mundo podía oír sus pies. Entonces el
comenzó a moverse.
Comenzó con pasos grandes y lentos. En ese momento, se movió cada vez más
elevado, más rápido y más rápido.
Los árboles dejaron caer sus ramas. El suelo empezó a partirse. Que es
más, Sizo siguió moviéndose.
Los diversos dinosaurios se apresuraron a detenerlo.
'¡Dije TIPTOE!' gritó George.
'Sizo, ¿qué crees que estás haciendo?' gritaron todos los dinosaurios.
—Me estoy moviendo —murmuró Sizo.
'¿Moviente?' dijo George. '¡Eso es! ¡Estás prohibido!
¡En cualquier caso, se avecina un peligro!
'¿Amenaza?' Dijo Brenda. '¿Donde exactamente?
Hay un río de fuego que fluye hacia nosotros. Está saliendo de un

pendiente y quemando todo!
'¿Qué?' gritó Brenda. ¡Eso es un pozo de lava! Deberíamos escapar de la
camino.'
Los dinosaurios no se aferraron a escuchar más. Juntos, ellos
rugió a través de los árboles. Una bruma de humo los siguió. Detrás
ellos, ramas en llamas estallaron y se estrellaron contra el suelo.
'¿A dónde vamos?' aulló George.
"Tenemos que llegar a un terreno más alto", dijo Brenda.
Sea como fuere, sus hijos empezaron a chillar. Ceniza caliente fue
cayendo como un aguacero.
¡Nos está quemando, mamá! ellos lloraron.
'¡Rápido!' dijo Sizo. Ven y casa segura debajo de mí.
Los iguanodontes bebés se arrastraron debajo de Sizo. Su inmenso
masa les quitó la ceniza caliente mientras caminaban.
¡Te quedarás con ellos! luchó contra George.
—No, no lo haré —dijo Sizo. Tenía una gran cantidad de entrenamiento en
de puntillas que ni una sola vez pisó la cola de un bebé.

Los dinosaurios se trasladaron al punto más alto de una pendiente y dejaron el
humo y ceniza detrás.
Finalmente, se detuvieron. Los bebés de Brenda miraban sin mirar a Sizo.
¿Es seguro todavía? jadeó George. No puedo ver.
Permítame mirar. Sizo extendió su largo cuello sobre las copas de los árboles.
"De hecho, estamos protegidos aquí", dijo.
¡Por tu culpa! dijo Brenda, reuniendo a sus hijos alrededor
su. Sizo, eres un verdadero compañero.
'¿Lo soy?'
'El mejor. A partir de ahora y en el futuro predecible, puede
golpea todo lo que quieras. No nos quejamos.
¡De verdad que lo haremos! dijo George.
Diferentes dinosaurios miraron a George con el ceño fruncido. Hackeó.
Er, lo siento. Golpea, Sizo. Incluso puedes moverte si lo necesitas.
'¡Bueno!' murmuró alegremente Sizo. Sin embargo, te garantizo que
¡muévete sigilosamente!

CAPÍTULO DOS: HISTORIAS DE LA HORA DE DORMIR PARA NIÑOS

SOBRE ANIMALES

EL CUENTO DE PETER RABBIT

Una vez en los viejos tiempos, había cuatro conejitos con el
nombres Flopsy, Mopsy, Cotton-tail y Peter.
Vivían con su madre en un banco de arena, debajo del
fundación de un gran abeto.
`` Queridos míos '', dijo una mañana la vieja señora Conejo, `` pueden ir
en los campos o en el camino, sin embargo, no entre en Mr.
La guardería de McGregor: su padre tuvo un percance allí; él era
colocada en un pastel por la señora McGregor.
Ahora corre, y no te metas en las travesuras. Voy a salir.'
En ese momento, la anciana Sra. Conejo tomó una caja y su paraguas y

experimentado la madera a los panaderos. Compró una porción de

pan de color tierra y cinco bollos de grosellas.

Flopsy, Mopsy y Cotton-tail, que eran pequeños aceptables

conejos, se fue por el camino para acumular moras:

En cualquier caso, Peter, que era excepcionalmente insidioso, huyó al Sr.

¡La guardería de McGregor y aplastada debajo de la entrada!

Primero, comió algunas lechugas y judías verdes; y

después, comió algunos rábanos;

Y luego, sintiéndose bastante agotado, fue a buscar

un poco de perejil.

En cualquier caso, redondee el final de un contorno de pepino, que debe

¡Ya conoce al Sr. McGregor!

El señor McGregor estaba a cuatro patas plantando coles jóvenes.

Sin embargo, saltó y persiguió a Peter, agitando un rastrillo y

saliendo, '¡Deja de matón!'

Subside se sorprendió terriblemente; corrió a todas partes

por todo el vivero, porque había pasado por alto el camino de regreso a
la entrada.
Perdió uno de sus zapatos dentro de las coles, y el otro zapato
entre las patatas.
Tras perderlos, corrió a cuatro patas. Aceleró, así que yo
Supongo que podría tener por dentro y por fuera si no lo hubiera hecho,
desafortunadamente, me encontré con una red de grosellas y fui capturado por el
enorme se abrocha en su abrigo. Era un abrigo azul con cierres de metal,
muy nuevo.
Subside se rindió por perdido y derramó grandes lágrimas;
Sin embargo, sus gritos fueron escuchados por algunos gorriones que invitaban a
quien viajó a él con un celo increíble y le rogó que se esforzara.
El señor McGregor pensó en un tamiz, sobre el que esperaba volar
el punto más alto de Peter. Sin embargo, Peter se escabulló en el último momento
tiempo, abandonándole su abrigo.
Además, corrió al cobertizo de los aparatos y rebotó

en una lata. Podría haber sido algo hermoso para guardar si
no había tenido tanta cantidad de agua.
El señor McGregor estaba muy seguro de que Peter estaba en algún lugar del
cobertizo del dispositivo, tal vez cubierto debajo de un jarrón. Empezó a
déles la vuelta con cuidado, mirando debajo de cada uno.
Ahora Peter sollozó '¡Kertyschoo!' El señor McGregor estaba tras él en un
cuestion de segundos.
Además, intentó poner un pie sobre Peter, quien saltó de
una ventana, volcando tres plantas. La ventana estaba irracionalmente
poco para el Sr. McGregor, y estaba harto de perseguir a Peter. Él
volvió a su trabajo.
Subside se sentó a descansar; estaba agotado y temblando de
temor, y no había pensado en lo más mínimo en qué dirección tomar
Vamos. Del mismo modo, estaba extremadamente empapado de sentarse en esa lata.
Después de un tiempo, comenzó a deambular, volviéndose de labios-labios-

no excepcionalmente rápido y mirando a su alrededor.

Encontró una entrada en un divisor, sin embargo, estaba atornillado, y allí

No había espacio para que un conejito gordo se presionara debajo.

Un viejo ratón corría arriba y abajo sobre el umbral de piedra,

llevando guisantes y frijoles a su familia en el bosque. Disminuirse

le preguntó el camino a la puerta; sin embargo ella tenía tal

enorme guisante en la boca que no pudo contestar. Ella solo

negó con la cabeza hacia él. Subside comenzó a llorar.

En ese punto, intentó descubrir su camino directamente sobre el

guardería; sin embargo, resultó cada vez más desconcertado.

Ahora, fue a un lago donde el Sr. McGregor llenó sus tinajas de agua.

Un gato blanco estaba mirando un pez dorado. Ella se sentó extremadamente, quieta,

sin embargo, de vez en cuando, la punta de su cola se sacudía como si fuera viva. Subside pensó que era mejor marcharse sin dirigirse a ella; él

había oído hablar de los gatos a través de su primo, el pequeño Benjamin Bunny.
Regresó hacia el cobertizo de aparatos, aunque fuera de
en ninguna parte, muy cerca de él, escuchó el clamor de una herramienta scr-r-ritch,
scratch, scratch, scritch. Disminuir hundido debajo de la
arbustos. Sea como fuere, ahora, como no pasó nada, salió
y se movió sobre un carro de trabajo y se asomó. Lo primero que él
lo que vio fue la cava de cebollas del señor McGregor. Su espalda estaba vuelta
hacia Peter, y más allá de él estaba la entrada! Dwindle se bajó discretamente de la carretilla; y empezó a correr
tan rápido como pudo, a lo largo de un camino recto detrás de una oscuridad
arbustos de grosella.
El Sr. McGregor le echó un vistazo rápido en la esquina, pero Peter
no podría importarme menos. Se deslizó por debajo de la puerta y fue
finalmente protegido en la madera fuera del vivero.
El señor McGregor colgó el pequeño abrigo y los zapatos por miedo

cuervo para alarmar a los mirlos.
Diminish corrió constantemente o miró hacia atrás hasta que regresó
hogar del gran abeto.
Estaba drenado hasta tal punto que se tambaleó hacia abajo
en la arena delicada decente en el suelo de la abertura del conejo
y cerró los ojos. Su mamá se puso al día con la cocina; ella
se preguntó qué habría terminado con sus prendas. Era el
subsiguiente pequeño abrigo y par de zapatos que Peter había perdido en un
¡quincena!
Lamento decirle que Peter no se encontraba muy bien durante el
noche.
Su mamá lo puso a dormir y le preparó un té de manzanilla, y
¡le dio una porción a Peter!
"Una cucharada sopera para tomar a la hora de dormir".
Sea como fuere, Flopsy, Mopsy y Cotton-tail comieron pan y
leche y moras para cenar.
EL SAUCE Y EL OSO

Una vez, a fines de la primavera, el oso y el lobo caminaban por el

bosques, y el Oso escuchó una criatura voladora cantando tan

maravillosamente que dijo: 'Hermano lobo, lo que canta tan joven

¿así como?' 'Ese es el Rey de todas las aves', dijo el lobo, 'antes

a quien debemos inclinarnos. en realidad, el ave era el

reyezuelo. 'Si esa es la situación', dijo el Oso, 'debería

sobre todo prefiero ver su palacio real; ven, llévame allá '.

—Eso no se hace tan bien como supones —dijo el lobo; 'debieras

espera hasta que llegue la Reina, 'Poco después, la Reina

apareció con algo de alimento en la nariz, y la regla

King también vino y se hicieron cargo de sus pequeños. los

Bear habría disfrutado de la oportunidad de ir sin un

momento de retraso. Sin embargo, el lobo lo mantuvo bajo la manga.

y dijo: 'No, debe esperar hasta que el gobernante y la mujer

La reina se ha ido una vez más. Entonces revisaron la brecha donde
la casa yacía y se alejaba corriendo. El oso, sin embargo, no pudo descansar
hasta que había visto el palacio real, y cuando un breve período de tiempo
había pasado, fue a él una vez más. El Rey y la Reina habían
recientemente voló, así que se asomó y vio de cinco a seis
los jóvenes que yacen allí. ¿Ese es el palacio real? El oso
gritó 'es un palacio miserable, y no eres del rey niños, ustedes son niños ofensivos! ' Cuando los reyezuelos jóvenes
escucharon, se enfurecieron y gritaron: '¡No, no lo somos! Nuestra
¡la gente es gente sencilla! ¡Oso, deberías pagar por eso!
El oso y el lobo se volvieron incómodos y se volvieron y
entró en sus huecos. Los jóvenes reyezuelos, sin embargo, continuaron
llorando y gritando. Cuando sus padres volvieron a traer alimento,
ellos declararon: 'No llegaremos al punto de contactar a una mosca

pierna. En realidad no, no si estuviéramos transmitiendo el apetito hasta que
hemos decidido si somos niños decentes o no; el gerente
ha estado aquí y nos ha ofendido! ' Entonces el viejo rey dijo: 'Sé
simple, será castigado ', y sin un momento de demora
voló con la Reina a la bodega debajo de Hollow, y trajo:
"Viejo Growler, ¿por qué has ofendido a mis hijos? Vas a
languidecer sobre él; te rechazaremos con una guerra sangrienta. Así la guerra
fue declarado al Oso, y cada uno de los animales de cuatro patas
fue traído para participar en él, toros, asnos, animales lecheros, ciervos,
y cada una de las otras criaturas que contenía la tierra. Además, el
reyezuelo llamó a todo lo que volaba notablemente a su alrededor,
pájaros, grandes y pequeños, aunque sean mosquitos, avispones, abejas,
y las moscas necesitaban venir.
En el momento en que quiso que comenzara la guerra, el sauce …

wren transportó espías para averiguar quién era el presidente del adversario.

El mosquito, que era el más inteligente, voló hacia el bosque donde

el enemigo fue recogido y se escondió bajo una hoja de la

árbol donde se iba a declarar la frase secreta. Allí estaba el

Bear, y llamó al zorro delante de él y dijo: 'Zorro, eres

el más astuto en igualdad de condiciones, serás general y

conducenos.' 'Bien', dijo el zorro, 'pero ¿en qué señal estaremos de acuerdo?'

Nadie se dio cuenta de eso, por lo que el zorro dijo: 'Tengo un pelo largo y fino

cola, que casi se asemeja a una cresta de púas rojas. En el punto

cuando levanto la cola muy alto, todo va bien camino, y deberías cargar, pero si lo dejo colgar, huye tan rápido

como cabría esperar dadas las circunstancias. Cuando el mosquito

había oído eso, se quitó una vez más y descubrió todo, hasta el más mínimo detalle, hasta el reyezuelo. A

el momento en que amaneció y la pelea iba a comenzar, los cuatro

animales con patas llegaron corriendo con tal conmoción, que los
la tierra tembló. El reyezuelo con su ejército también
vino volando por el aire con tal murmullo y tarareo
y acumulando que cada uno se sentía incómodo y
aprensivo. En los dos lados, progresaron contra uno
otro. Sin embargo, el reyezuelo envió al avispón, con
solicita asentarse debajo de la cola del zorro, y picar
enérgicamente. En el momento en que el zorro sintió la primera cuerda,
comenzó así él una pierna, de tormento. Sin embargo, lo soportó, y todavía
mantuvo su cola alta visible en todas partes; en la picadura posterior,
tuvo que dejarlo por un segundo; en el tercero, podría aguantar
no más, gritó, y metió el rabo entre las piernas. En el punto
cuando los animales vieron eso, pensaron que todo estaba perdido,
y empezaron a escapar, cada uno en su hueco, y los pájaros habían ganado

la pelea.

En ese momento, el Rey y la Reina volaron a casa con sus hijos y

gritó: 'Niños, celebren, coman y beban a su corazón

sustancia, hemos ganado la pelea!' Pero los jóvenes reyezuelos declararon:

'No vamos a comer todavía, el oso debe ir a la casa y pedir

exoneración y declarar que somos niños respetables antes de

lo haré.' Entonces el reyezuelo viajó a los perdura abriendo y gritó: 'Growler, tienes que ir a la casa a mi

niños, y pedir su absolución, o, más que probablemente, cada costilla

de tu cuerpo se romperá. Así que el oso se escabulló allí en el

mayor pavor y suplicó su absolución. Además, ahora finalmente el

Los reyezuelos estaban satisfechos, se sentaron juntos y comieron y

bebí y me alegré hasta bien entrada la noche.

GATO Y RATÓN EN ASOCIACIÓN

Un gato específico se había asociado con un ratón y había dicho

una gran cantidad para ella sobre el increíble amor y
amistad que sentía por ella, que finalmente, el ratón estuvo de acuerdo en que
deberían vivir y cuidar la casa juntos. Sea como sea, nosotros
deberíamos hacer un arreglo para el invierno, o, con toda probabilidad,
experimentará los efectos nocivos del antojo ', dijo el gato; 'y usted,
ratoncito, no puede vagar por todos lados, o serás
atrapados en una trampa en algún momento de un futuro no muy lejano.
Se siguió la excelente guía y se preparó un bote de grasa.
comprado, pero no tenían la más remota idea de dónde ponerlo.
Finalmente, después de pensarlo mucho, el gato dijo: 'No conozco ningún lugar donde
será preferible almacenarlo en la congregación, porque
nadie se atreve a sacar nada de ese punto. Lo configuraremos
debajo del área elevada, y no la contactemos hasta que realmente necesitemos
eso.' Así que el bote se puso en bienestar. Sin embargo, no pasó mucho tiempo

antes de que el gato sintiera un anhelo increíble por él y le dijera al
mouse: 'Necesito decirte algo, ratoncito; mi prima ha llevado a un niño al mundo y me ha pedido que
ser un padre adoptivo. Es blanco con manchas de color tierra, y
Debo sostenerlo sobre el estilo del texto en la dedicatoria. Liberame
hoy, y tú te encargas de la casa sin nadie más.
`` En verdad, sí ", se dirigió al ratón, `` por todos los métodos, vaya, y si
consigue algo increíble para comer, considérame. Debería admirar un
gota de vino tinto dulce de iniciación. Todo esto, sin embargo, fue
falso; el gato no tenía primo y no se le había pedido que fuera un
padre adoptivo. Fue directamente a la congregación, tomó
la olla de grasa, comenzó a lamer y lamió el punto más alto de
la grasa fuera. En ese momento, salió a caminar por las cimas de
la ciudad, prestando especial atención a las circunstancias, y luego
se extendió al sol y se lamió los labios en cualquier momento

pensó en la olla de grasa, y no fue hasta que anocheció
volver. `` Considerando todo, aquí estás una vez más '', dijo el
ratón, 'lo más probable es que haya tenido un día feliz'. 'Todo salió bien'
se dirigió al gato. ¿Qué nombre le dieron al joven? 'Parte superior
¡apagado!' dijo el gato con frialdad. '¡Rematar!' gritó el ratón, 'eso es un
nombre excepcionalmente extraño y notable, ¿es uno estándar en
¿Tu familia?' '¿Qué hace eso la diferencia?', Dijo el gato, 'es
no es más terrible que el ladrón de migas, como lo son sus ahijados
llamado.'
Al poco rato, el gato fue preso de otro ataque de nostalgia.
Ella le dijo al ratón: 'Deberías ayudarme y volver a tratar
con la casa por un dia a solas. De nuevo se me pide que vuelva
padre, y, como el joven tiene un anillo blanco alrededor de su cuello, yo
no puedo no lo haré. El ratón derecho consintió; sin embargo, el gato

se arrastró detrás de las divisiones de la ciudad hasta la congregación y se comió
una gran porción de la olla de grasa. 'Nada parece ser tan
bueno como lo que uno se preocupa por sus propios asuntos, dijo ella, y estaba
muy satisfecha con el trabajo de su día. En el momento en que ella
regresó a casa, el ratón preguntó: '¿Y qué era el niño
¿dedicado?' 'Medio hecho', se dirigió al gato. ¡Medio hecho! Qué son
¿tu dices? Nunca escuché el nombre en mi vida. yo apostaré
¡cualquier cosa que no esté en el programa!
La boca del gato en poco tiempo comenzó a hacer agua por algunos
además lamiendo. 'Todo lo bueno va de a tres', dijo ella, 'soy
pidió ser padre adoptivo una vez más. El chico es muy moreno
solo tiene patas blancas, pero con esa exención, no tiene ni una
pelo blanco en todo el cuerpo; esto solo sucede una vez como
mecanismo de relojería, me liberarás, ¿no? '¡Rematar! ¡Medio hecho!

se dirigió al ratón, 'son nombres tan extraños; ellos me hacen

extremadamente reflexivo. 'Te sientas en casa', dijo el gato, 'en tu penumbra

ropa de piel oscura y cola larga, y están cargados de gustos, que

es porque no sales durante el día. Durante el gato

ausencia, el ratón limpió la casa y la instaló, pero el gato hambriento descargó por completo la olla de grasa. 'Cuando

todo está engullido, uno tiene algo de armonía ", dijo al

ella misma, y muy llena y gorda, no regresó hasta la noche.

El ratón en el doble preguntó qué nombre se le había dado a

el tercer niño. 'No te agradará más que los demás', dijo el

gato. 'Se llama All-ido'. 'Se acabó', gritó el ratón 'ese es el

¡El nombre más dudoso de todos! Nunca lo he observado en forma impresa. Todas-

ido; ¿Qué podría significar eso? y ella negó con la cabeza,

se retorció y se acostó a descansar.

A partir de este momento nadie le dio la bienvenida al gato para ser adoptivo

padre, sin embargo, cuando llegó el invierno. Hubo exitosamente
fuera, el ratón pensó en su disposición, y dijo: 'Ven, gato, iremos a nuestra olla de grasa que tenemos
almacenado para nosotros, lo agradeceremos. 'Sí', se dirigió
el gato, 'lo apreciarás tanto como lo agradecerías manteniendo esa pequeña lengua tuya fuera de la ventana. Ellos establecieron
en su camino, sin embargo, cuando aparecieron, la olla de grasa
positivamente todavía estaba en su lugar, pero sin llenar. ¡Tsk-tsk! dijo
el ratón, 'ahora veo lo que ha ocurrido; ahora se convierte en
¡conocido! ¡Eres un amigo genuino! Te habías comido todo cuando
eran padres adoptivos permanentes. Primero rematar, en ese punto la mitad
hecho, en ese momento '¿Podrías callarte', gritó el gato,
'una sola palabra más, y también te comeré'. 'Todo desaparecido' estaba en
ese punto en los labios del pobre ratón; apenas lo había dicho
antes de que el gato saltara sobre ella, la agarrara y se la tragara

abajo. Ciertamente, ese es el método del mundo.

EL PERRO Y EL GORRITO

El perro de un pastor tenía un as que no le tenía en cuenta;

sin embargo, con frecuencia le dejaba soportar los mejores deseos. Finalmente,

no pudo soportarlo más, así que huyó, y salió corriendo en un

temperamento excepcionalmente lúgubre y triste. Fuera de casa, él

conocí a un gorrión que le dijo: '¿Por qué razón dirías

eres tan lamentable, viejo amigo?

'Porque', dijo el perro, 'estoy increíble, hambriento y tengo

nada para comer.'

`` Si eso es todo '', se dirigió al gorrión, `` acompáñame al

siguiendo la ciudad, y pronto descubriré muchos alimento.'

Pronto, ambos entraron en la ciudad: y al pasar por un

carnicería, el gorrión le dijo al perro: 'Quédate allí un

poco tiempo hasta que te pique un poco de carne.

Entonces el gorrión se posó sobre el potro, y habiendo mirado primero
cautelosamente sobre ella para comprobar si alguien estaba mirando
ella, picoteó y rascó un filete que estaba en el borde
del estante hasta que finalmente cayó. En ese momento, el perro se lo tragó.
y mezclado con él en un rincón, donde en poco tiempo
engulló todo.
'Bueno', dijo el gorrión, 'tendrás más si quieres, así que
Acompáñame a la siguiente tienda, y te picotearé otro bistec. Cuando el perro se comió esto también, el gorrión le dijo a él,
'Considerando todas las cosas, mi buen amigo, ¿ha tenido suficiente en
¿este punto?'
'He comido mucha carne', se dirigió a él, 'sin embargo, debería obtener una
Aprovecha la oportunidad de comer un poco de pan después.
'Acompáñame en ese punto', dijo el gorrión, 'y lo harás
en poco tiempo también tendrá eso.
Así que lo llevó a una tienda de cocineros y picoteó dos panecillos que estaban

en la ventana, hasta que se cayeron: y como el perro todavía deseaba
Además, lo llevó a otra tienda y picoteó algunos más para él. En el momento en que se comió, el gorrión
le preguntó si tenía suficiente en este momento.
'En verdad', dijo, 'y ahora vamos a dar un paseo un poco lejos
del pueblo.'
Así que los dos se decantaron por la opción más responsable;
Sin embargo, como el clima era cálido, no habían avanzado mucho antes de que
perro dijo: 'Estoy especialmente agotado, debería aprovechar la oportunidad
dormir.'
'Genial', se dirigió al gorrión, 'hazlo como tal, y mientras tanto,
posarse sobre ese arbusto.
Entonces el perro se estiró y se quedó dormido. sólidamente. Mientras descansaba, se le cayó un carretero con un camión
tirado por tres ponis y apilado con dos recipientes de vino.
El gorrión, viendo que el carretero no apagaba al golpeado
camino, sin embargo, continuaba en la pista donde estaba el perro, para rodar

sobre él, salió, '¡Alto! ¡Detener! Sr. Carter, o será más
lamentable para ti '.
En cualquier caso, el carretero, protestando para sí mismo, 'Lo agrava
el para mí, sin duda! ¿Qué podrías hacer tú? dividir su
látigo, y condujo su camioneta sobre el pobre perro, por lo que las ruedas
lo aplastó hasta la muerte.
'Ahí', gritó el gorrión, 'bribón insensible, has
maté a mi amigo el perro. Ahora fíjate en lo que digo. Esta escritura de
el tuyo te costará todo tu valor de calidad.
`` Haz lo más terrible que puedas y bienvenido '', dijo el
salvaje, '¿qué travesura podrías hacer, no es así?' y
transmitido.
Sea como fuere, el gorrión se arrastró bajo la inclinación del camión
y picoteó el tapón de uno de los recipientes hasta que ella
lo sacó; y luego se acabó todo el vino, sin el carretero viendolo.
Finalmente, miró a su alrededor y vio que el camión goteaba,

y el contenedor muy vacío. —¡Qué desgraciado soy!
gritó él.
¡Todavía no es lo bastante desgraciado! dijo el gorrión, mientras aterrizaba sobre
la cabeza de uno de los ponis, y lo picoteó hasta que se levantó y
golpeado. En el momento en que el carretero vio esto, sacó su hacha
y apuntó un golpe al gorrión, que significa ejecutarlo;
pero ella despegó, y el golpe cayó sobre la cabeza del pobre pony
con tal poder, que cayó muerto. ¡Qué desgraciado soy!
gritó él.
¡Todavía no es lo bastante desgraciado! dijo el gorrión. Además, como el
Carter continuó con los otros dos ponis, volvió a gatear
bajo la inclinación del camión y picoteó el tapón del
siguiente barril, por lo que se acabó todo el vino. En el momento en que el carretero vio esto, volvió a gritar:
¡Miserable que soy!

En cualquier caso, el gorrión respondió: "¡Todavía no es lo suficientemente desgraciado!" y
posó sobre el líder del pony posterior y lo picoteó también. El carretero corrió y la golpeó de nuevo con su hacha, pero
ella voló, y el golpe cayó sobre el pony subsiguiente y
lo mató en el acto. ¡Qué desgraciado soy! dijó el.
¡Todavía no es lo bastante desgraciado! dijo el gorrión, y posado sobre el
tercer pony, ella también comenzó a picotearlo. El carretero fue
angustiado por la rabia, y sin mirar a su alrededor, ni preocuparse
lo que estaba haciendo, golpeó de nuevo al gorrión, pero mató a su
tercer poni como lo ha hecho con los otros dos. ¡Tsk-tsk! Miserable
villano que soy! gritó él.
¡Todavía no es lo bastante desgraciado! se dirigió al gorrión mientras despegaba;
ahora te atormentaré y te rechazaré en tu propia casa.
El carretero se vio obligado finalmente a abandonar su camión y a
Vuelve a casa inundado de fiereza y aflicción. '¡Oh querido!'

le dijo a su esposa, '¡qué karma enfermo me ha sucedido! -
mi vino está todo derramado, y mis ponis cada uno de los tres
muerto.'
'¡Oh querido! Cónyuge 'le respondió. Una traviesa criatura alada
ha entrado en la casa y ha llevado consigo a todos los pájaros en
el planeta. Estoy seguro de que han caído sobre nuestro maíz en el espacio
¡y se lo están comiendo a tal ritmo!
El esposo corrió escaleras arriba y vio una gran cantidad de pájaros
sentado en el suelo comiendo su maíz, con el gorrión en medio
ellos. ¡Qué mala suerte tengo! gritó el carretero, porque vio que el
el maíz había desaparecido prácticamente por completo.
¡Aún no eres lo suficientemente villano! dijo el gorrión; 'Tu crueldad costará
¡Vosotros viven todavía! y se fue volando.
El carretero viendo que de esta manera había perdido todo lo que tenía,
bajó a su cocina, todavía no se arrepintió de lo que había

hecho, pero se sentó con enojo y tristeza en la esquina de la pila.
Sea como fuere, el gorrión se sentó fuera de la ventana, y
gritó 'Carter! ¡Tu crueldad te costará la vida!
Con eso, salt con fiereza, agarr su hacha, y
se lo arrojó al gorrión; sin embargo, la extrañó y se rompió
la ventana. El gorrión ahora saltó, se posó en el asiento
junto a la ventana y gritó: «¡Carter! ¡te costará la vida!
En ese momento se angustió y aturdió de rabia, y golpeó el
asiento junto a la ventana con tal poder que lo separó en dos:
y mientras el gorrión volaba por todas partes, el carretero y su esposa estaban
enojado hasta el punto que rompieron todos sus muebles, vasos,
asientos, butacas, la mesa y finalmente los separadores, sin contactar
el novato por cualquier medio.
Sin embargo, por fin la consiguieron: y la esposa dijo:
ejecutarla al doble?
'No', gritó, 'eso la está soltando con demasiada eficacia: morderá

el polvo una desaparición significativamente más brutal; Me la comeré.

Sea como fuere, el gorrión comenzó a estremecerse y soltarse

por su cuello y gritó: '¡Carter! ¡todavía te costará la vida!

Con eso, no pudo más: así que le dio a su esposa el hacha,

y gritó: 'Esposa, golpea al ave y mátala en mis manos'.

Y la esposa hirió; sin embargo, ella perdió su punto y la golpeó

mejor mitad en la cabeza, por lo que cayó muerto, y el gorrión voló

discretamente a casa a su casa .

LOS SEIS CISANES

En algún momento del pasado distante, un gobernante, persiguiendo en un increíble

madera, persiguió a un cerdo salvaje con tanto entusiasmo, que ninguno de sus

la gente podría seguirlo. Cuando llegó la noche, se detuvo para mirar

sobre él y vio que se había perdido. El Buscó donde sea para una salida del bosque; sin embargo, pudo descubrir

ninguna. En ese momento, vio venir hacia él, una persona mayor cuya cabeza seguía sacudiendo continuamente. Ella era una bruja.

"Mi buena mujer", le dijo a ella, "¿podrías mostrar yo la ruta por el bosque? "

"Oh, en verdad, tu magnificencia", se dirigió a ella, "que puedo,

sin embargo, solo con una condición, y si no lo consiente,

nunca saldrás y deberías patear el balde aquí de apetito."

"¿Cuál es la condición?" preguntó el gobernante.

"Tengo una niña solitaria", dijo el anciano, "ella es tan

hermosa como cualquiera que puedas descubrir en el ancho mundo, y

bien tiene derecho a ser tu esposa; si la haces tu reina, yo

le mostrará la salida del bosque ".

El gobernante, en el pavor de su corazón, estuvo de acuerdo, y el adulto mayor

lo llevó a su casa, donde su niña estaba sentada junto al fuego. Ella

consiguió el gobernante como si ella lo hubiera anticipado, y él vio que

Ella era hermosa. Sin embargo, al mismo tiempo, ella no lo satisfizo,

y no pudo mirarla sin un escalofrío misterioso.

Después de haber levantado a la dama adyacente a él en su pony, el mayor persona le mostró el camino, y el Rey apareció de nuevo en su mansión real, donde se elogió la boda. Había estado casado una vez anteriormente y su primera esposa siete hijos, seis niños y una joven, a quien amaba más que nada en el planeta. Sea como fuere, porque estaba ansioso por la posibilidad de que la madrastra probablemente no tratarlos bien, o incluso hacerles alguna travesura, tomó a un castillo abandonado que estaba en un bosque. Era tan cubierto, y la calle era tan difícil de localizar, que él no lo habría encontrado si una mujer astuta no le hubiera dado un magnífica madeja de hilo; que, cuando lo arrojó ante él, se desenrolló por sí mismo y le mostró el camino. El rey salía con tanta frecuencia a sus queridos hijos, que la reina vio su no aparición, y se cargó de interés por darse cuenta de lo que los negocios lo llevaron de esta manera solo al bosque. Entonces ella dio

sus trabajadores un agregado de efectivo, y le revelaron el

misterio, y le avisó de la madeja, que era lo principal

que podría mostrar el camino. Después de eso, ella nunca se refrescó hasta que

había averiguado dónde la regla guardaba la madeja. En ese punto ella

hizo unas pequeñas camisas de seda blanca, y como ella había tomado en negro

magia de su madre, ella cosió un hechizo en todos ellos.

Es más, un día, cuando el rey salió a perseguir, ella

Cogió las playeras y se internó en el bosque. la madeja mostró

ella el camino.

Los seis hermanos, que vieron a alguien por ahí, pensaron que su querido

El padre venía y corrió a su encuentro, cargado de dicha. Como ellos

acercándose, la reina arrojó una de las camisas sobre cada uno de los

ellos, y cuando las camisas entraron en contacto con sus cuerpos, fueron

se transformó en cisnes y despegó sobre el bosque. La pequeña bruja
niña regresó a casa muy alegre y pensó que se había deshecho de
todos sus hijastros, pero la joven no se había quedado sin
sus hermanos y la reina no pensaba en ella.
Al día siguiente, el rey vino felizmente a visitar a sus hijos, pero
No encontré a nadie más que al hermano menor.
"¿Dónde están tus hermanos?" preguntó él.
"Dios mío, querido padre", respondió ella, "se han ido, y han
me hizo caso omiso ", y luego ella le reveló todo lo que ella
había visto por su ventana; cómo sus hermanos se convirtieron en
cisnes y había despegado sobre el bosque; ella también le mostró
las plumas que habían dejado caer en el patio y que ella
Había conseguido.
El rey se lamentó, pero nunca pensó que la reina había
llevó a cabo esta maldad; sin embargo, porque temía en caso de
la señorita sería arrebatada de él de la misma manera, él

deseaba llevársela con él. Sin embargo, temía a la madrastra
y le rogó al rey que la dejara quedarse una noche más en la mansión
En el bosque.
La pobre joven pensó: "No puedo descansar más aquí; lo haré
proceder a buscar a mis hermanos ".
Además, cuando llegó la noche, ella se escapó y se fue
directamente en la madera. Ella continuó todo a medida que avanzaba la noche,
y al día siguiente también, hasta que estuvo agotada hasta el punto
que no podía ir más lejos. En ese momento, vio una casita
y entró y encontró una estancia con seis pequeñas camas; ella no puso
a descansar en cualquiera, sin embargo, se arrastró debajo de uno de ellos, puso
ella misma en el suelo duro. Tenía la intención de pasar la noche allí.
En cualquier caso, cuando el sol simplemente se iba a poner. Ella escucho un
moviéndose y vio seis cisnes volando por la ventana. Ellos se sentaron
en el suelo, y se silbaron unos a otros, y pasaron cada

una de sus púas y se quitó la piel de cisne como si fuera una camisa.
En ese momento, la joven los vio y la percibió. hermanos, y estaba excepcionalmente feliz, y se arrastró libre de la
cama.
Los hermanos no fueron menos celebrados cuando vieron su
hermanos menores, sin embargo, su euforia no duró mucho.
"No puedes parar aquí", le dijeron, "esta es una casa que pertenece
a los saqueadores; si vuelven a casa y te descubren,
ejecutarte ".
"¿Podrías asegurarme?" preguntó el hermano menor.
"No", se dirigieron a ellos, "podemos quitarnos la piel de cisne por un
cuarto de hora cada noche, y tener nuestra forma normal para
esa vez, pero después de eso, nos convertimos en cisnes una vez más ".
El hermano menor lloró y dijo: "¿Podrías ser capaz de
¿descargado?"
"¡Dios mío, no!" abordado, "las condiciones son excesivamente

difícil. No debe hablar ni reírse disimuladamente durante seis años y debe

para nosotros, seis camisas sin costura durante ese tiempo. Si mientras tu

están haciendo de ellos una palabra solitaria que se origina en tu boca, todos

tu trabajo no será de utilidad ". Cuando sus hermanos le dijeron

esto, después de un cuarto de hora, y volvieron a convertirse en cisnes

y voló por la ventana.

Sea como fuere, la joven se puso firme objetivo de cumplir

sus hermanos, incluso si le costaba la vida. Ella salió y entró

el centro de la madera, y subió a un árbol, y pasó el

noche allí. A la mañana siguiente se bajó, recogió un

cantidad de hierba de puntada, y comenzó a coser. Ella fue incapaz de

dirigirse a nadie, y a ella no le gustaría reír, así que se sentó y

solo miré su trabajo.

En el momento en que ella había estado allí por mucho tiempo, el rey de la

nación la perseguía en el bosque, y sus rastreadores fueron al

árbol en el que se sentó la joven. La llamaron y le dijeron:
"¿Quién tiene razón?"
Sea como fuere, no les respondió.
"Ven a nosotros", dijeron, "no te haremos ningún daño".
Sea como fuere, simplemente negó con la cabeza. Mientras continuaban
empujándola con sus preguntas, las arrojó sobre su oro
collar y pensaron que estarían satisfechos con eso. En cualquier
caso, no lo dejaron, así que les arrojó la faja,
y como eso no era bueno, se bajó las correas y finalmente
todo lo que tenía puesto y podía salvar; con el objetivo de que ella
Sin embargo, no le quedaba nada para cambiar. Sea como fuere,
los rastreadores no serían despedidos, y escalaron el árbol y cortaron
bajó a la joven y la llevó al rey.
El rey preguntó: "¿Quién tiene razón? ¿Qué estabas haciendo en el árbol?"
Sea como fuere, ella no respondió. Lo preguntó en todos los dialectos
que él sabía, pero ella seguía siendo tan estúpida como un pez. Sin embargo, porque ella

era tan hermoso, el corazón del rey se conmovió, y cayó
profundamente enamorado de ella. Envolvió su mortaja alrededor de ella,
la llevó ante él en su pony y la llevó a su
fortaleza. En ese momento, la tenía vistiendo ricas prendas, y
brillaba en su magnificencia como espléndida luz del día; sin embargo ellos
no podía sacarle una palabra. La puso a su lado en la mesa.
Su mirada simple y su conducta legítima lo satisfacían tanto.
que dijo: "Me casaré con ella y con nadie más en el planeta".
y después de un par de días, se casó con ella.
Sea como fuere, el rey tenía una madre malvada, que no era
satisfecho con este matrimonio, y criticó a la joven reina. "OMS
sabe de dónde es la niña ", dijo ella," no puede hablar;
ella no es lo suficientemente buena para un rey ".
Un año después, cuando la reina llevó a su primer hijo a la
mundo, la anciana se lo quitó y se tapó la boca con

sangre mientras dormía. En ese momento, fue al rey
y la acusó de comerse a su hijo. El rey no se fiaría de él y
no dejaría que nadie le hiciera ningún daño. Además, ella
generalmente se sentaba y cosía las camisas, y no reconocía
cualquier otra cosa. La próxima vez, cuando dio a luz a otro
hermoso bebé, la malvada madrastra hizo lo mismo que en el pasado;
sin embargo, el rey no pudo aceptar lo que ella dijo.
Dijo: "Mi esposa es excesivamente devota y buena para hacer
algo como esto; si no fuera tonta, y si pudiera guardarse, se aclararía su inocencia ".
Sea como fuere, cuando, por tercera vez, la persona mayor
sacó al joven recién concebido y acusó a la reina, que no podía dejar escapar el más mínimo pío en su salvaguardia, el rey
no podía mantenerse a sí mismo. Tuvo que entregarla al oficial
tribunal, y fue sentenciada a soportar la muerte por fuego.

En el momento en que sucedió el día siguiente, la sentencia fue
para ser ejecutado, era el día más reciente de los seis años,
en el que probablemente no hablará ni se reirá. Ella la había liberado
queridos hermanos de la intensidad del hechizo. Las seis playeras
terminaron, de nuevo, en realidad, en la última una manga estaba en
necesitar. En el momento en que fue al lugar de ejecución, ella
puso las camisas en su brazo, y cuando se paró en la hoguera. los
se iba a encender el fuego, miró a su alrededor y aparecieron seis
cisnes volando por el aire. En ese momento, su corazón saltó con
satisfacción, porque vio que su liberación estaba cerca.
Los cisnes viajaron hacia ella y se agacharon para que pudiera lanzar
las camisas sobre ellos; cuando movieron las camisas, sus cisnes-
las pieles se cayeron y sus hermanos se pararon frente a ella. Ellos eran
totalmente adulta, sólida y atractiva; solo el mas joven tenia

sin brazo izquierdo, sin embargo, en lugar de un ala de cisne.
Abrazaron y besaron a su hermana normalmente, y luego,
la reina fue al rey y comenzó a hablar, y dijo:
"Querido esposo, ahora puedo hablar y anunciarte que
Soy honesto y deshonestamente acusado. Y ella lo educó
respecto al doble trato de la anciana madre, que había
sacó a sus tres hijos y los ocultó.
Sin embargo, en poco tiempo fueron devueltos de forma segura a la
increíble deleite del rey; y la suegra malvada fue unido a la hoguera y consumido hasta las cenizas. Sin embargo, el rey
y la reina, con sus seis hermanos, vivieron muchos años en
armonía y satisfacción.

EL PERRO Y EL GORRITO

Un perro de pastor tenía un as que no le tenía en cuenta.
Sin embargo, con frecuencia le dejaba soportar los mejores deseos. Finalmente,
no pudo soportarlo más, así que se escapó y salió corriendo en un

temperamento lúgubre y triste. Fuera de casa, se encontró con un gorrión
que le dijo: '¿Por qué dirías que eres tan lastimoso, viejo amigo?
'Porque', dijo el perro, 'estoy increíble, hambriento y tengo
nada para comer.'
`` Si eso es todo '', se dirigió al gorrión, `` acompáñame al
siguiendo la ciudad, y pronto descubriré muchos alimento.'
Así que cuando entraron juntos en la ciudad, y al pasar
junto a una carnicería, el gorrión le dijo al perro: 'Quédate allí un
poco tiempo hasta que te pique un poco de carne.
El gorrión se posó sobre el potro, y después de mirar primero
cautelosamente sobre ella para comprobar si alguien estaba mirando
ella, picoteó y rascó un filete que estaba en el borde del estante hasta que finalmente cayó. En ese momento, el perro se lo tragó.
y mezclado con él en un rincón, donde en poco tiempo
engulló todo.

'Bueno', dijo el gorrión, 'tendrás más si quieres, así que
Acompáñame a la siguiente tienda y te picotearé otro bistec. Cuando el perro se comió esto también, el gorrión
le dijo a él,
'Considerando todo, mi buen compañero, ¿ha tenido suficiente
¿en este punto?'
'He comido mucha carne', se dirigió a él, 'sin embargo, debería obtener una
Aprovecha la oportunidad de comer un poco de pan después.
'Acompáñame en ese punto', dijo el gorrión, 'y lo harás
en poco tiempo también tendrá eso.
Así que lo llevó a una panadería y picoteó dos panecillos
que yacían en la ventana hasta que se caían. Y como el perro a pesar
todo lo que deseaba adicional, lo llevó a otra tienda
y picoteó un poco más para él. En el momento en que eso
comido, el gorrión le preguntó si tenía suficiente en este
punto.

'Ciertamente', dijo, 'y ahora vamos a dar un paseo
fuera de la ciudad.
Así que los dos se decantaron por la opción más responsable;
sin embargo, como el clima era cálido, no habían ido muy lejos antes
el perro dijo: 'Estoy especialmente agotado, debería divertirme
la oportunidad de dormir.
'Genial', se dirigió al gorrión, 'hazlo como tal, y mientras tanto,
posarse sobre ese arbusto.
Entonces el perro se estiró y se quedó dormido.
sólidamente. Mientras dormía, se detuvo un carretero con un camión
tirado por tres ponis y apilado con dos barriles de vino. los
gorrión, viendo que el carretero no se desvió del camino trillado,
sin embargo, seguiría por la pista donde yacía el perro, para rodar
sobre él, salió, '¡Alto! ¡Detener! Sr. Carter, o será más
lamentable para ti '.
En cualquier caso, el carretero, protestando para sí mismo, 'lo agrava

el para mi, sin duda! ¿Qué podrías hacer tú? división
su látigo, y condujo su camioneta sobre el pobre perro, con el objetivo
que las ruedas lo aplastaron hasta la muerte.
'Ahí', gritó el gorrión, 'sinvergüenza despiadado, tú
has matado a mi compañero el perro. Ahora fíjate en lo que digo. Esta
la obra tuya te costará todo el valor de tu calidad.
'Haz tu más notablemente horrible y bienvenido', dijo el animal,
'¿Qué travesura podrías hacer para doblar ese derecho?' y pasó
en.
Sin embargo, el gorrión se arrastró bajo la inclinación del camión y picoteó
el tapón de uno de los recipientes hasta que lo relajó, y luego todos
el vino se acabó sin que el carretero lo viera.
Finalmente, miró a su alrededor y vio que el camión goteaba,
y el barril muy vacío. ¡Qué desgraciado soy! gritó él.
¡Todavía no es lo bastante desgraciado! exclamó el gorrión, mientras aterrizaba
sobre la cabeza de uno de los ponis y lo picoteó hasta que

levantado y pateado. En el momento en que el carretero vio esto, dibujó
sacó su hacha y apuntó un golpe al gorrión, lo que significa
asesinarla sin embargo ella despegó, y el golpe cayó sobre los pobres
cabeza de pony con tal poder, que cayó muerto. 'Desgraciado
¡Miserable de mí! gritó él.
¡Todavía no es lo bastante desgraciado! exclamó el gorrión. Además, como
el carretero continuó con los otros dos ponis, ella volvió a gatear
bajo la inclinación del camión y picoteó el tapón del
recipiente posterior, por lo que se acabó todo el vino.
En el momento en que el carretero vio esto, volvió a gritar:
¡Miserable que soy!
En cualquier caso, el gorrión respondió: "¡Todavía no es lo suficientemente desgraciado!" y
posado en el líder del pony posterior y lo picoteó también. El carretero corrió y volvió a golpearla con su hacha;
sin embargo, ella voló, y el golpe cayó sobre la siguiente

pony y lo asesinó en el acto. 'Desdichado que yo ¡a.m!' dijó el.

¡Todavía no es lo bastante desgraciado! exclamó el gorrión, y posado

sobre el tercer pony, ella también comenzó a picotearlo. El carretero

estaba angustiado por la rabia, y sin mirar a su alrededor, o

preocupado por lo que estaba haciendo, volvió a golpear al gorrión; sin embargo,

mató a su tercer pony como lo hizo con los otros dos. '¡Oh! Triste

¡Miserable de mí! gritó él.

¡Todavía no es lo bastante desgraciado! se dirigió al gorrión mientras despegaba;

ahora te atormentaré y te rechazaré en tu propia casa.

El carretero se vio obligado finalmente a abandonar su camión y a

regresa a casa inundado de furia y aflicción. '¡Oh!' le dijo a su

esposa, '¡qué karma enfermo me ha sucedido! - mi vino es todo

derramado, y mis ponis cada uno de los tres muertos.

'¡Oh! marido ', respondió ella,' y un pájaro malvado ha entrado en

la casa y ha llevado consigo a todos los pájaros del planeta, yo
estoy seguro, y han caído sobre nuestro maíz en el espacio. Ellos
¡Se lo están comiendo a tal ritmo!
El marido corrió escaleras arriba y vio un gran número de
pájaros sentados en el suelo comiendo su maíz, con el gorrión
en medio de ellos. ¡Desdichado que soy! gritó el carretero, porque
vio que el maíz había desaparecido prácticamente por completo.
¡Todavía no es lo bastante desgraciado! se maravilló el gorrión; 'tu crueldad voluntad
¡aún te costó la vida! y se fue volando.
El carretero al ver que posteriormente había perdido todo lo que tenía,
bajó a su cocina, todavía no lamentaba lo que había
hecho, sin embargo, se sentó indignado y abatido en la chimenea
esquina.
Sea como fuere, el gorrión se sentó fuera de la ventana, y
gritó 'Carter! ¡Tu crueldad te costará la vida!
Dicho esto, dio un brinco enfurecido, sostuvo su hacha y la arrojó

en el gorrión; sin embargo, la echó de menos y rompió la ventana. los
gorrión actualmente rebotando, encaramado en el asiento junto al
ventana y gritó: «¡Carter! ¡te costará la vida!
En ese momento se puso frenético y aturdido por la rabia, y golpeó el asiento
junto a la ventana con tal poder que la partió en dos: y
mientras el gorrión volaba aquí y allá, el carretero y su esposa estaban
enojado hasta el punto, que rompieron todos sus muebles, vasos,
asientos, butacas, la mesa y finalmente los separadores, sin contactar
el pájaro por cualquier tramo de la imaginación. Sin embargo, por fin la consiguieron: y la esposa dijo:
matarla al doble?
'No', gritó él, 'eso la está soltando con demasiada eficacia: ella pateará
el cubo un paso significativamente más despiadado; Me la comeré.
Sin embargo, el gorrión comenzó a tambalearse y soltó su
cuello y gritó: '¡Carter! ¡todavía te costará la vida!
Con eso, no pudo más: así que le dio a su esposa el hacha,

y gritó: 'Esposa, golpea al pájaro y mátala en mis manos'.

Y la esposa hirió; sin embargo, ella perdió su punto y la golpeó

marido en la cabeza, por lo que cayó muerto, y el gorrión voló

discretamente a casa a su casa.

HISTORIA DE TORTUGA Y CONEJO

Un día, un conejo se jactaba de lo rápido que podía correr.

Se estaba riendo de la tortuga por ser tan moderado. Mucho para el

Conmoción del conejo, la tortuga lo provocó a una carrera. El conejo

razonó que era una buena broma y reconoció la demanda.

El zorro estaba en condiciones de ser el árbitro de la competencia. Como la carrera

Comenzó, el camino apresurado del conejo frente a la tortuga, al igual que

todos razonaron.

El conejo llegó al punto medio y no pudo ver a la tortuga.

cualquier lugar. Tenía calor y estaba agotado y decidió detenerse y tomar

una pequeña siesta. Incluso si la tortuga acelera más que él, él

tiene la opción de correr hasta la meta final frente a él. Esta vez
la tortuga siguió caminando paso a paso. El nunca cede
independientemente de lo caliente o cansado que estuviera. Continuó adelante.
Sin embargo, el conejo descansó más de lo que pensaba y se despertó.
arriba. ¡No pudo ver a la tortuga en ningún lado! Fue al máximo
acelerando hasta el objetivo final, pero encontré a la tortuga allí sentada
él.

EL JACKAL QUE SORPRENDIÓ AL REINO ANIMAL

Hace algún tiempo, había un león en un desierto. Cuando hubo ido a saborear el agua de un arroyo, sus pies se estancaron
en el lodo húmedo y fangoso del arroyo, y no pudo conseguir
afuera.
Necesitaba mentir sin alimentarse durante bastante tiempo como
que como no vio ayuda para detenerse.
En algún momento, pasó un chacal pensativo y el chacal

descubrió una ruta de la arena y, con el poder adicional
del león, lo ayudó a escapar del barro y lo liberó.
El león estaba agradecido por esto y agradeció al chacal por
perdonándole la vida. Él, en ese momento, le ofreció al chacal que viviera cerca
él y se comprometió a cuidar de él en cualquier momento
alimento.
Entonces el chacal comenzó a vivir con el león, y compartieron el
persecución.
En poco tiempo, ampliaron sus familias y tuvieron novatos y
chacales infantiles.
Después de mucho tiempo, la leona, mujer de la casa del león, se convirtió en
agotado de la amistad del chacal y su señor. Ella no
tener la más confusa idea sobre los solitarios; el chacal perdonó al león.
Transmitió el mensaje a su descendencia y se lo pasó al
mensaje a los niños chacal, quienes se quejaron a la mujer chacal.
La mujer chacal le contó esto a su marido. El chacal fue a

el león y le dijo que si no necesitaba que el chacal se quedara
con él, debería habérselo dicho hace mucho tiempo.
El león se asombró ante esto y garantizó al chacal que no
sentimientos tan enfermizos estaba entre el león y el chacal y aseguraba
él que conversaría con la leona.
En cualquier caso, el astuto chacal en ese momento dijo: "Compañero, yo
date cuenta de que eres verdad. Sin embargo, nuestras familias pueden no responder a una
grado similar de amistad. Así que permanezcamos separados y encontrémonos
regularmente como amigos e incluso pueden ir juntos a asesinar. En
en cualquier caso, es mejor que nuestra familia permanezca separada de la suya ".
El león consintió en esto.
Es más, las dos familias se separaron como amigas y el chacal
y el león todavía eran queridos amigos y solían ir a por ejecuciones
juntos.
Moraleja: No anticipe que su familia debería responder a una
grado similar de amistad que tienes con alguien.

PESCADO FUERA DEL AGUA

A pesar de que Fish era un pez como los diversos peces que lo rodeaban, se sentía
diferente. Para algo específico, él era el pez principal.
concebido que no sabía nadar. Tenía Happy Fins y podía
chapotear y aplastar y chapotear. Sin embargo, no pudo
nadar.
Por otro, otros se sentían cómodos en este pequeño lago conduciendo
sus cortas vidas.
Fish tuvo la mala suerte de comprender que había una
mundo pasado. Además, el mundo pasado le atraía.
El niño estaba exhausto y agotado de su escuela, compañeros de escuela y tutores. Últimamente, sus padres lo habían reclutado.
en una clase de movimiento, por lo que estaba cansado desde que tiene memoria.
Tenía Happy Feet y no podía acertar con el ritmo. Incluso el
La educadora, mientras callaba a los demás, no podía controlar su sonrisa. Él
necesitaba huir. No pertenecía aquí ...

Fish le preguntó a su madre: "¿Podré hacerme crecer alas?"
"No, Fish, no te pueden crecer las alas."
"¿Por qué razón no podría hacerme crecer alas?"
"Porque entonces, te convertirías en un pájaro".
"¿Podría al menos montar en un pájaro?"
"No, porque el pájaro te comerá. Ahora procede a jugar con tu
¡colegio!"
Fish hizo un malhumor a pescado. ¡Aborrecía su escuela por los peces!
El niño le dijo a su madre: "Preferiría no ir a moverme
clases ".
"Es necesario. Todo el mundo debería saber cómo moverse".
"¿Podría dejar el entrenamiento de cricket?"
"No, todos los chicos deben saber críquet".
"¿Podré jugar al cricket y dejar la escuela?"
"¡No, muchacho, no puedes dejar nada! Ahora cállate y ve a
¡colegio!"
¡Cómo despreciaba Boy la escuela! Gordo y lento, no encajaba
cualquier lugar. Así que no le importaba en ningún lado.
Los peces estaban facilitando su desafío anual anticipado,

Buscando a Nemo. Este año Fish era Nemo y necesitaba cubrir
arriba. Los halcones estaban ayunando, sin duda más divertido ver Fish que
comiéndolos hoy! Los pescadores desecharon sus señuelos y sostuvieron
con aliento aguijoneado. Tres ... dos ... uno ... ¡trae a Nemo!
La escuela de niños tenía funciones anuales. El chico estaba en una reunión
moverse. Toda la escuela aplaudió en medio de espléndidas luces, el
ojos aún más brillantes. El adorno de la ventana se elevó y el
comenzó el movimiento ...
Shh ... shh ... se dijo Fish. Simplemente sigue escondiéndote detrás
este nenúfar, y estás protegido ...
"¡Ahi esta!"
Whaaa ... ?? Fish estaba alarmado. Era terrible encubrirse y
más horrible para seducir. Si perdiera ahora, además del hecho
que perdería, sin embargo, también rompería los récords
siendo el fracaso más rápido. Así que empezó a nadar, a girar,
girando por su vida ...

Sólo tres minutos y diez segundos, se dijo Boy. Se acabará
antes de que comience! Son solo cuatro brazos y piernas moviéndose con un estúpido
¡sonrisa! Una hermosa sonrisa para las luces brillantes.
Sin duda, Boy estaba sonriendo espléndidamente. En cualquier caso, eso es todo lo que
estaba haciendo. ¡Se había olvidado de moverse por cualquier medio! Pronto
estaba detrás de los demás, bombardeó el estado de ánimo, y el
la cadencia lo atacó. Así que dejó de moverse y empezó a correr
tambaleándose, bamboleándose por su vida.
El niño corrió y corrió con su bebé elefante bamboleándose hasta que
llegó a la orilla del lago. Haciendo una pausa para respirar, empapándose las piernas,
comenzó a llorar.
Fish buscaba un pájaro para saltar. Él no descubrió un
pájaro, sin embargo, encontró a Boy.
¡Ruido sordo! Pez mojado y mojado saltó al regazo del niño. ¡Oui! Dijo el niño,
arrojar pescado al agua. Fish lo intentó de nuevo y se lamió

pies, estimulándolo divertido. El chico se rió entre dientes, miró a Fish
ojos vagabundos de Annie, y al encontrar una botella en mal estado, puso a Fish
dentro.
Ahora Boy cuida de Fish mientras Fish besa los dedos de Boy. El pescado es
liberado de la escuela; sin embargo, Boy no es tan afortunado. En cualquier
caso, volver a casa con un compañero le satisface. Alegre
los niños mejoran, por lo que Boy se mueve, estudia y batea mejor. Pescado
Le encanta cómo los labios humanos producen sonidos, su único aire produce
bolsillos y ceños fruncidos! La familia del chico es ideal para pescar, le dejan
mire ese contenedor con imágenes en movimiento y sonidos. Visualizar,
¡La gente hizo una película de Buscando a Nemo!
La mejor parte es que Fish es amado sin ganar inevitablemente. Asi es
Chico. Los niños ignoraron a Boy, pero ahora juegan en la casa de Boy
jugar con Fish. En el momento en que Boy lleva a Fish al lago,

Los asombrados amigos de Fish ven a Boy obsesionado con Fish y saludan
su dirección. La madre de Fish lo ve sonriendo, por lo que también sonríe.
Porque ella siempre se ha dado cuenta de que Fish no estaba destinado a la
aguas, Fish fue diseñado para los cielos. Además, encontró el
compañero que le dio alas.

LA PATA DEL MONO

Bajó en la penumbra, se abrió camino a tientas hasta la sala y
luego a la pieza del manto.
El encanto estaba en su lugar, y un terrible pavor de que el implícito
Ojalá pudiera traer a su hijo dañado antes de que pudiera escapar.
de la habitación se apoderó de él, y recuperó algo compostura cuando descubrió que había perdido el rumbo del
entrada.
Su frente estaba fría de sudor; sintió su camino alrededor de la mesa
y se agarró a lo largo del divisor hasta que se encontró en el pequeño
entrada con la cosa peligrosa en sus manos.

Incluso el rostro de su esposa pareció cambiar cuando entró en el
habitación.
Era blanco y esperanzado, y sus sentimientos de pavor parecían
tener una vista increible. Él la temía.
"¡DESEO!" gritó con voz confiable.
"Es absurdo y perverso", titubeó.
"¡DESEO!" repitió su esposa.
Levantó la mano. "Deseo que mi hijo viva una vez más".
El hechizo cayó al suelo y lo respetó terriblemente.
En ese momento, se hundió temblando en una silla mientras la persona mayor,
con ojos ardientes, caminó hacia la ventana y levantó visualmente
dañado.
Se sentó hasta que se sintió helado por el frío, mirando de vez en cuando
mientras que en la figura de la persona mayor mirando a través de la
ventana.
El final de la luz, que se había consumido debajo del borde del
vela de porcelana, arrojaba sombras pulsantes sobre el techo y

divisores hasta que con un destello más grande que el resto, caducó.

La persona mayor, con un horrible sentimiento en el

decepción del encanto, se arrastró de regreso a su cama, y un

Poco tiempo después, el adulto mayor vino en silencio y

sin emociones junto a él.

Ninguno de los dos habló, sin embargo, se sentó en silencio sintonizando el tic-tac del

reloj.

Un paso chirrió, y un ratón ruidoso se apresuró a cruzar ruidosamente

el divisor.

La penumbra era severa, y después de estar un rato acostado,

en su osadía, tomó el contenedor de fósforos y golpeó

uno, bajó las escaleras en busca de una llama.

Al pie de la escalinata, se apagó el fósforo y se demoró

golpeando a otro; y en un segundo similar, un golpe llegó tan tranquilo

y sigiloso como para ser apenas perceptible, sonaba en el frente

entrada.

Los fósforos se le cayeron de la mano y se esparcieron por la sección.
Permaneció inmóvil; su respiración se suspendió hasta que el golpe fue
refrito.
En ese momento, se dio la vuelta y huyó rápidamente de regreso a su habitación y
cierra la entrada detrás de él. Un tercer golpe sonó
la casa.
"¿QUE ES ESO?" gritó el anciano, disparando.
"Un roedor", dijo el anciano en tono tembloroso, "un roedor.
me pasó en los escalones ".
Su esposa se sentó en la cama, sintonizando. Un fuerte golpe resonó
la casa.
"¡Es Herbert!"
Corrió hacia la entrada, pero su marido estaba delante de ella, y
tomándola del brazo, la sostuvo firmemente.
"¿Qué vas a hacer?" murmuró ásperamente.
"Es mi chico;
¡Es Herbert! ", Gritó, luchando con precisión.
"Pasé por alto que estaba a dos millas de distancia. ¿Qué me estás sosteniendo?
¿para? Rendirse. Debería abrir la entrada ".

"Por el bien de Dios, no le des acceso", gritaban los ancianos.
persona, temblando.
"Estás ansioso por tu hijo", gritó, luchando. "Lanzamiento
yo. Ya voy, Herbert; Ya voy."
Hubo otro golpe y otro. La persona mayor con un abrupta llave inglesa se soltó y salió corriendo de la habitación.
Su marido siguió hasta la llegada y le gritó imperativamente mientras corría a la planta baja. Escucho la cadena
repiqueteo, y el cerrojo fue extraído gradual y rígidamente de
el adjunto.
En ese momento, la voz del adulto mayor se estresó y jadeó.
continuamente.
"El rayo", gritó ruidosamente. "Desciende. No puedo llegar".
Sea como fuere, su marido estaba a cuatro patas agarrando
incontrolablemente en el suelo buscando la pata. Si nadie más que él
Podía descubrirlo antes de que entrara la cosa de afuera.
Una ráfaga ideal de golpes resonó en la casa, y él

escuchó el ruido de la silla cuando su esposa la recostó en el
Sección contra la entrada.
Escuchó el crujido del cerrojo mientras regresaba gradualmente,
y en un segundo similar, encontró la pata del mono, y
Respiró frenéticamente su tercer y último deseo.
Los golpes se detuvieron abruptamente, aunque los ecos fueron
todavía en la casa.
Escuchó que la silla se movía hacia atrás y la entrada se abrió.
Una envoltura de virus subió corriendo el tramo de escaleras, y un aullido largo y ruidoso
de insatisfacción y miseria de su esposa le dio la atrevimiento para bajar a su lado, y luego a la puerta
pasado.
La luz de la calle que parpadeaba a la inversa brillaba en un lugar tranquilo y abandonado.
calle.

HUMILDE ELEFANTE JUGANDO CON ANIMALES MAS PEQUEÑOS

Un día, un elefante deambulaba por los bosques en busca de

amigos. Vio un mono en un árbol.
"¿Serás mi compañero?" cuestionó el Elefante.
El mono respondió: "Eres demasiado grande". No puedes moverte de
un árbol al otro como yo ".
A continuación, el elefante se encontró con un conejo. Le pidió que fueran sus amigos.
En cualquier caso, el conejo dijo: "Eres demasiado grande para jugar en mi
¡túnel!"
Así, el elefante se encontró con una rana.
"¿Serás mi compañero?", Preguntó.
"¿Cómo puedo?" preguntó la rana.
"Eres demasiado grande para saltar como yo".
El elefante estaba molesto. Se encontró con un zorro de inmediato.
"¿Serás mi compañero?" le preguntó al zorro.
El zorro dijo: "Lo siento, señor, es demasiado grande".
Al día siguiente, el elefante fue testigo de todos los animales en el
bosques que corren por sus vidas.
El elefante les preguntó cuál era el problema.
El oso respondió: "Hay un nivel en el bosque. Está intentando comernos a todos! "
Todos los animales huyeron para esconderse.
El elefante se sorprendió de lo que podía hacer para abordar a todos.

en el bosque.
Mientras tanto, el tigre seguía comiendo, a quien pudiera
descubrir.
El elefante se acercó al tigre y le dijo: "Si no
Tenga cuidado, señor Tigre, no se trague a estos pobres animales ".
"¡Manténgase fuera de los asuntos de otras personas!" gruñó el tigre.
El elefante aún no ha decidido darle una fuerte patada al tigre.
El tigre asustado corrió por su vida.
El elefante se acercó tranquilamente a los bosques para declarar el
buenas noticias para todos.
Todos los animales expresaron su gratitud hacia el elefante.
Dijeron: "Tienes el tamaño perfecto para ser nuestro compañero".
La serpiente blanca y la serpiente negra:
En algún momento, el rey Salomón estaba persiguiendo cuando vio dos
serpientes ocupadas en una batalla.
La serpiente más grande era blanca y brillante. El otro era pequeño
y negro con dientes largos y dañinos.
Del mismo modo, como la serpiente negra iba a darle a su rival un

mordisquear, el rey cogió una piedra y la mató. A salvo finalmente, el blanco
serpiente se fue a los árboles.
Algún tiempo después, el rey se enfrentó a un mamut que mostraba
de los bosques. Salomón se asustó; sin embargo, el
mamut lo consoló. Le dijo que era la serpiente blanca
que Salomón había ayudado antes, y aclaró que el negro
La serpiente era un enemigo que había intentado hacerle daño.
A lo largo de su pelea, ambos se habían convertido en serpientes. 'Mostrar
Mi deuda de gratitud es por su ayuda ", prosiguió el goliat,
"Quizás quiera ofrecerte un regalo. Está bien, prefiero un regalo de oro o un
don de recuperarse?
`` Ya soy bastante rico ", respondió el rey, y el otro regalo
sería progresivamente razonable para un especialista '.
'Considerando todas las cosas, ¿qué necesitas?' preguntó el goliat.
"Perspicacia", respondió el rey.

"Lo tendrás en recompensa", garantizó el mamut.

Además, así fue como el rey Salomón se convirtió en el más

hombre inteligente en el planeta.

LA EXPERIENCIA DE SPRINKLES LOS GATOS: EL REY

King Tom manejó la tierra con mano de hierro. El era un

rey brutal y salvaje, que pensaba más en el

magnificencia del reino que los individuos que vivieron

dentro de sus afueras. Estaba dispuesto a garantizar que todos los terrenos estuvieran cerca y

lejos, sin siquiera pestañear de las vidas en las que podría ser colocado

camino del daño.

Su ejército fue el más grande en la historia de los gatos; sin embargo, por fin,

no eran contrapartes del guerrero de buen corazón al que se refería

sobre el terreno como Sprinkles the cat. Con su murmullo tranquilizador

y su mirada cariñosa, podía hacer que incluso el más dedicado

los luchadores se van en armonía. Las madres ya no lloraban en las calles,

sentados firmes para el regreso seguro de sus hijos. Donde sea que él
fue, llevó la paz y la tranquilidad con él. El estaba genuinamente
un alma relacionada, perspicaz después de sus años.
Una noche, cuando el rey estaba listo para cenar, escuchó la noticia
que un gato se había hecho más conocido y considerado que
él, y esto lo enfureció. "Te pido que atrapes a este gato y
¡Tíralo a la celda! quién se cree que es? ¡Esta es mi propiedad!"
Dijo el rey.
Así que los oficiales se trasladaron con otro crucial. Atrapar
Espolvorea, en cualquier condición. Después de bastante tiempo de preparación,
estaban seguros de que podían hacerlo. En cualquier caso, como cada tropa de hombres
salió, se quedaron lejos para siempre. Mientras esto procedía, el rey
se enfureció progresivamente. Su pueblo fue drenado,
hambriento, herido. Vivían atemorizados por Sprinkles, ya que sus amados

los que se quedaron y se quedaron fuera para siempre en casa. Ellos estaban perdiendo
cualquier expectativa de observarlos regularmente una vez más.
En ese momento, en un día leal, se vio a los gatos caminando sobre el
horizonte hacia el reino. Un gato extraordinario, la totalidad
de los oficiales desaparecidos. Sea como fuere, en este momento no
difundir un mensaje de crueldad. Obtuvieron de Sprinkles el
métodos de consideración y liberalidad. Además, tenían
partieron, difundiendo el mensaje a todos los que quisieran sintonizar.
esparcidos por las calles y fueron reunidos con sus
familias, el reino celebró. Su ruido se podía escuchar desde
millas de distancia mientras se abrazaron y se lamieron. Niños
y padres juntos una vez más.
Todos estaban felices. Considerando todo, casi todo el mundo.
El rey estaba preocupado. Todos sus arreglos se habían frustrado.

Corazones tan negros y fríos como él se esforzaría por arreglar.

Sus propios guerreros irrumpieron en su castillo, lo sacaron de su

posición de la realeza, y lo arrojó a la celda. Pena capital

era un lugar común bajo su gobierno; sin embargo, su destino estaba en el

aire.

El reino votó que la corona debería ir a Sprinkles El gato, su ángel de la guarda y ahora su rey. Como el

desarrollado más experimentado, se casó y tuvo pequeños gatos. Él

les mostró, junto con el reino, que la generosidad gana constantemente. Dijo: "Que se dé cuenta de que incluso cuando un

La lucha se pierde y las cosas materiales se han ido, la consideración en

el corazón de un individuo es la fortuna más importante de todas ".

Con respecto al rey anterior, invirtió energía en la celda.

Sin embargo, finalmente fue dado de alta dependiendo de la

Requisito previo de que le corten las uñas y vaya a una indignación de varias semanas

el curso del ejecutivo seguido de tratamiento por la duración de
su vida.
El fin.

LA TORTUGA Y EL TAMBOR DE ENCANTAMIENTO

Hace algún tiempo, un rey reclamó un tambor sobrenatural. En lo que sea
punto lo golpeó, apareció una gala. El rey dio la bienvenida
todos al palacio para compartir sus riquezas. Así, toda la tierra
fue apaciguado, y nadie en ningún momento luchó.
Ahora el encanto del tambor dependía del propietario
teniendo en cuenta. Nunca debe pisar una rama caída; Si
lo hizo, el juju desaparecería, y sólo una carga iría a
el propietario del tambor.
Pasó el tiempo. Todos amaban al rey, tierras y rancheros,
lecheras y elefantes, perforadoras de masa y primates y

bebés, también, porque era excepcionalmente liberal.

Ahora, un día, Tortuga se subió a un árbol para recolectar nueces para su familia.

"Nunca habrá una conclusión para mi trabajo", se quejó. los

Tortuga había comenzado a sentirse frustrado consigo mismo, y había

comenzó a envidiar al rey.

Mientras trabajaba, una de sus nueces cayó al suelo y se

debajo, una dama lo escuchó caer. Ella se volvió, lo tomó y se lo comió.

"Te comiste mi nuez de palma", gritó Tortuga.

"Estoy tan desconsolada", dijo. "No estaba familiarizado con,

era tuyo ".

Ahora esto le dio a Tortuga un pensamiento. "Me abrocho todo el

día, constantemente, y ahora has tomado el alimento de mi familia.

Debería denunciarte al rey como un matón ".

"Dios mío, tortuga", dijo la dama, "soy la esposa del rey;

sin embargo, si desea enviar una pregunta, lo acompañaré a

el Palacio."

Juntos fueron a ver al rey, y Tortuga reveló el

robo.

"Muy afligido", dijo el rey. "Permítanos compensarlo. Tome

lo que quieras del palacio ".

"Lo haré", dijo Tortuga, y deambuló por el palacio durante

bastante tiempo, oliendo esto, contactando, y de manera similar al sol

se estaba poniendo, se detuvo ante el tambor.

"Me quedo con ese tambor", dijo.

El rey era un hombre de su declaración, por lo que le dio a Tortuga el

tambor. Sea como fuere, no lo educó acerca de su

conocimientos privilegiados.

Tortuga corrió a casa. "¡Eran ricos!" lloró, y la familia estaba

satisfecho de escuchar esto.

"Muéstranos cómo funciona", rogaron sus hijos.

La tortuga golpeó el tambor, y una asombrosa extensión mostró

y durante un tiempo considerable, la familia hizo bastante

mucho nada todavía comer. Tortuga dejó de trabajar y desarrolló

gordo y lánguido. En el momento en que no comía, deambulaba

jactándose de su riqueza, y un día cuando estaba

avanzando, tropezó con un palo.

De regreso a casa, agotado y hambriento, golpeó su tambor. sin embargo, el

juju se había ido, así que en lugar de una experiencia gastronómica, muchos

los adversarios llenaron la casa y asaltaron a Tortuga.

"¡Le haremos la guerra a tu eternidad!" ellos lloraron.

Aterrorizado, Tortuga reunió a su familia y se apresuró a

orilla del río. Allí se taparon, y allí vivieron desde que apuntan hacia adelante, devorando productos naturales caídos, sobre babosas

y milpiés, en caracoles y gusanos.

Además, ¿ese tambor? Nadie sabe a dónde se ha ido, sin embargo

todos buscan y todos anhelan la armonía mundial.

LA TORTUGA Y EL ELEFANTE

Me considero el más inteligente de los pájaros. yo nunca

incomodarme con el trabajo o el riesgo. Me siento degradado en un

árbol o extender mis alas peludas y doblar suavemente sobre el africano

campos. En el momento en que veo a un león comiendo su asesinato, me quedo sentado para que se complete, y luego rebote y elija el
huesos limpios. Los extras son carne deliciosa y sencilla. Entonces
ya ves, los buitres vivimos de lo que otros han creado. ¿No es eso el
enfoque más inteligente para vivir?
Hace unos días, vi a un animal realizar un truco que incluso
deslumbró a un viejo pájaro astuto como yo. No era mucho para echar un vistazo
en - sólo un lánguido, de piernas cortas, miró hacia, con la boca arrugada
Tortuga. No parecía ser un erudito rápido; sin embargo, no dejes
sus pasos razonables te engañan, por su abrumador caparazón duro
envuelve un cerebro de engañoso.
Estaba descansando en la hierba cuando llegó un elefante
junto con sus abrumadores pies gordos. El suelo temblaba;
sin embargo, no se despertó ni mezcló su caparazón.
"Fuera de mi camino, lanzamiento, o te pisaré", salió el
Elefante.

"Esa es una advertencia razonable", pensé. "Él haría bien en

escapar por el camino como rápido. "Pero la Tortuga no se movió.

Más bien, sacó la cabeza y dijo: "Haz lo que quieras

como Jumbo, ¡estoy más enraizado que tú! "

"¡Desperdicio! ¡Nadie está más castigado que yo!" Trompeteó el

más grande de los dos brutos, y eso es bastante restar importancia a su

diferencia de tamaño por cierto.

"Bueno, estoy demasiado somnoliento para siquiera pensar en moverme, y no podía

No importa si me rastreas ", respondió el pequeño con valentía.

"Está bien, en ese punto, lo pediste, hermano", dijo el elefante.

Un segundo después, puso su pie y sus seis toneladas de peso en el

caparazón del lento. Incluso yo hice una mueca ... en ese momento; me preguntaba

lo que la Tortuga aplastada tendría un regusto como. No muy

delicado, pensé, pero no puedes quejarte del menú cuando

comes por nada.

Para sorpresa de todos, la Tortuga no fue exprimida.

Su caparazón podría contener incluso a un elefante. Bueno, eso fue algo

¡techo!

"¡Humph!" Dijo el elefante. "No eres sólido; simplemente no eres

suave, eso es diferente".

"Eres sólo un terrible fracaso", dijo la Tortuga con un bostezo.

antes de volver a descansar.

Bueno, esa pequeña escena creó un escándalo en la llanura africana.

Al poco tiempo, todos los animales estaban cotilleando sobre cómo

La tortuga mostró signos de mejora del elefante. Poco hizo

entendemos que a pesar de todo hubo mejor para

¿ven? Hacia la tarde, cuando el sol comenzó a ponerse hacia

cama detrás del horizonte, la tortuga se abrió camino hacia

el río para probar el agua. Allí, en los bancos, tenía

encuentro con un hipopótamo.

El hipopótamo sonrió al ver al pequeño individuo y dijo: "Yo

escuché cómo mejoraste de ese viejo y gordo trozo de elefante, pero
no seas tan tonto como para aceptarme. No soy un idiota. Yo te convertiría
antes de que te aplastara, así que no vayas a pensar
sobre tu estación ".
"No es diferente, apuesto a que estoy más castigado que tú", alardeó el
tortuga. Estaba sintonizando esta discusión, y esta vez, pensé
ese triunfo se le había subido a la cabeza al pequeño individuo. Él era
alardeando excesivamente, y su orgullo indudablemente provocaría
su caída. No puedes evitar enfrentarte a lo más magnífico
y los animales más importantes y espero vivir mucho tiempo, o eso
pensamiento. El hipopótamo obviamente pensó lo mismo. Él
respondió: "Esa es una apuesta que preferiría tomar".
"Bueno, ves esa cuerda que dejó el barquero tras el cocodrilo
le dio la bienvenida para el almuerzo. Lo utilizaremos para un intercambio ".
"Estás encendido", dijo el hipopótamo.

"¿Qué cree que está haciendo?" Reflexioné. "Por qué medios
¿Puede acaso ganar ese inquilino geriátrico este preliminar de
solidaridad con el mamut de río regordete? "
El hipopótamo consiguió un extremo de la cuerda y la tortuga
el otro. Había mucha holgura en él, y parecía ser saludable que la tortuga lleve su extremo por la orilla del río
y por el lado opuesto.
"Trate de no tirar hasta que grite listo", gritó. Ahora vi que
Él estaba haciendo. En el lado opuesto del banco, se encontró con el
Elefante.
"Hola, gordo", dijo la tortuga. "Te daré la posibilidad de
revancha. ¿Qué tal un ir y venir? "El elefante, que estaba
todo el tiempo saliendo de su antes de la desgracia, estaba feliz
también concurren.
Ahora la tortuga se escondió en el vacío, cerca de lo más alto
punto del banco, y gritó: "¡Listo!" Tanto el inmenso

los animales de la protuberancia tiraron de la cuerda, sin saber quién era
en el extremo opuesto. Primero, el hipopótamo cedió un par de pasos,
y luego, tiró del elefante hacia atrás. Ninguno pudo ganar
triunfo hasta que finalmente, la cuerda se rompió en el centro. los
Se corrigió la notoriedad de la tortuga. Todos los animales actualmente
pensó que el pequeño era invulnerable. La conversación
eludió que podía hacer magia negra. Acababa de ver el
dos partes del truco de las gangas.

EL PEINE DE CONCHA DE TORTUGA Y EL PELO

Jamie no era un alumno de tercer grado convencional. Ella quería usar
vestidos de lunares, tenía catorce pares de zapatos en su almacén
habitación, y podía cantar mejor que nadie en la escuela
conjunto.
Ahora Jamie no se preocuparía por las manchas que estaban esparcidas por todas partes

su rostro, eso estaba bien, pero su cabello era una historia diferente en
¡realidad!
¡Jamie tenía el pelo revuelto!
Era rojo y espeso, tan enredado que Jamie ni siquiera podía correr.
sus dedos a través de él.
Independientemente de lo que hizo, no pudo conseguir que su cabello
relajarse.
Las personas dijeron que el cabello de Jamie tenía su propio cerebro.
"Me he roto numerosos peines", pensó el cabello de Jamie. "Ella tiene
Intenté todo, excepto que nada puede domarme. Soy el
el cabello más impresionante alrededor, y ningún peine me dejará
abajo."
Era válido, Jamie había intentado todo; acondicionadores,
desenreda, cepilla y cada estilo de peine que pueda imaginar. Eso
parecía estar triste. Ese cabello era grueso y rápido y
ganar constantemente.
Un día pasó la abuela de Jamie. Ella le presentó a Jamie un

impresionante paquete envuelto con una tira rosa. Jamie confiaba en que era

otro par de zapatos, pero cuando lo abrió, vio que era un

hermoso peine de concha de tortuga con ribete dorado. ¡Ella estaba contenta!

Lo llevó directamente al espejo de su armario y eligió peinarlo.

su pelo. "Gracioso, ¿por qué gastar tu tiempo?" el pelo

dijo. "Numerosos peines han intentado atravesarme, y generalmente demuestro ser el mejor ".

"No tengo prisa", dijo el peine con voz perezosa. "Tomo como

tanto tiempo como sea necesario. Estoy tan retrasado como una tortuga ".

De hecho, ese peine era correcto porque Jamie le echó un vistazo.

y pensé en todos sus diferentes peines que estaban rotos, arqueados,

y completamente inútil. "Preferiría no perder este peine",

pensó Jamie. "Me tomaría todo el tiempo que fuera necesario e iría

moderado para que no se rompa ".

Es más, eso es precisamente lo que hizo Jamie.

Comenzó en el punto más alto de su cabeza y consiguió esa tortuga-
peine lentamente a través de su cabello.
"¿Jr moderado? ¿Tómate todo el tiempo que sea necesario? Qué broma".
dijo el cabello. "No me atraparás sin una batalla."
Así que el cabello de Jamie comenzó a gruñir, girar y enredar.
En cualquier caso, el peine fue lento ... muuuuuy lento.
En ese momento, el cabello de Jamie intentó doblarse sobre el
peinar y sacar una porción de sus dientes. Sea como fuere, el
el peine retrocedía un poco y avanzaba lentamente ... muuuuuuy lentamente.
Ese cabello era tan obstinado. Comenzó a retorcerse y entrelazarse y
atadura. Sea como fuere, el peine avanzó lentamente ... muuuuuy lentamente.
Inevitablemente, el cabello estaba tan gastado que decidió sentarse y descansar.
Eso es precisamente lo que el peine necesitaba que hiciera.
Cuando el cabello recuperó parte de su vitalidad, el caparazón de tortuga
comb había despejado su camino a través de todos y cada uno de los hilos.

Ahora el cabello de Jamie es lujoso y suave y ya no tiene su

muy propio cerebro.

Además, la lección de esta historia es:

Las mentalidades inquebrantables siempre ganan al final.

LA TORTUGA Y EL BABOON

Baboon era un estafador y continuamente intentaba explotar

animales diferentes.

Una noche, cuando la tortuga se arrastraba lentamente a casa,

conoció a babuino en su camino.

"Hola, anciano", dijo el babuino sanamente. "¿Has encontrado un

mucho para comer hoy? "

'No', respondió Tortuga, por desgracia. "Casi no sin un

duda."

El babuino se movía aquí y allá, riendo entre dientes con una risita

pensamiento que se le había ocurrido recientemente. "Sígame, pobre viejo

Tortuga ", gritó," y cuando llegues a mi casa, tenga la cena lista para usted ".

"Muchas gracias a ti. Muchas gracias", dijo el agradecido

Tortuga mientras el babuino se dio la vuelta y saltó alegremente
la forma en que impulsó su hogar.
La tortuga lo siguió tan rápido como se podía esperar bajo el
circunstancias, que sin duda fue moderada, principalmente
cuando fue duro.
Unas cuantas veces, se detuvo para descansar cuando el suelo resultó ser
desigual hasta el punto que se desanimó, sin embargo, manteniendo su
cerebro la imagen de un reventón brillante, siguió caminando.
Finalmente, llegó al lugar de los arbustos donde el babuino
llamó a su casa.
Allí estaba, saltando y sonriendo para sí mismo, y cuando
Echó un vistazo rápido a Tortuga, gritó: "¡Favor de mi cola!
bastante tiempo has tardado en llegar. Anuncio que debe ser
mañana ya!"
"Estoy tan desconsolado", dijo Tortuga, resoplando un poco después de su
larga excursión. "Estoy seguro de que ha utilizado mucho tiempo para prepararse

la cena, así que no me protestes ".

"¡Oh, de verdad, seguro!" respondió el babuino, frotándose las manos

juntos. "La cena está lista. Simplemente debes subir y conseguir

eso. ¡Mira! "Dijo, resaltando el punto más alto de un árbol.

"Tres botes de mijo-lager, fermentado especialmente para ti".

La pobre tortuga miró hacia las ollas, que el babuino había

encajado en las ramas por encima de su cabeza. Se dio cuenta de que lo haría

nunca los contacte, y el babuino también se dio cuenta.

"Tráeme uno, hay un viejo amigo", preguntó Tortuga.

sin embargo, el babuino trepó al árbol en poco tiempo y

le gritó: "¡Oh, no! Cualquiera que necesite cenar conmigo

debe trepar para conseguirlo ".

Entonces, la pobre Tortuga podría comenzar su larga excursión de regreso a casa con

un estomago extremadamente vacío, quejándose de su fracaso para escalar

arboles

Sea como fuere, cuando llegó, elaboró una impresionante
arreglo para recuperar el suyo en el mandril sin corazón.
Un par de días después, el babuino tuvo el desafío de comer
con Tortuga.
Baboon estaba asombrado, sin embargo, sabiendo cuán moderado y bien
intencionada era la tortuga, el babuino se dijo: "Oh,
bueno, el individuo obviamente observó la broma y no me aburrió
malignidad. Vendré y veré qué puedo escapar de él".
A la hora señalada, el babuino partió por la pista que
incitó a la casa de la tortuga.
Ahora era la estación seca, cuando ocurren muchos incendios de arbustos,
que dejan la tierra chamuscada y negra.
Pasado el río, el babuino encontró una amplia franja de tierra quemada y
hierba ennegrecida, sobre la cual se limitó a Tortuga, que
se paró sosteniendo cerca de una olla de cocina de la que dio el

el más exquisito de los aromas. "¡Está bien, es mi amigo el babuino!" dijo
Tortuga. "Estoy satisfecho de verte. En cualquier caso, ¿tu mamá
nunca le indique que debe lavarse las manos antes
cenas? ¡Simplemente échales un vistazo! Son tan negros como los residuos ".
El babuino vio sus manos, que eran, sin duda, negras
desde la intersección el terreno quemado.
"Ahora vuelve al río y luego lávate", dijo Tortuga, "y
cuando estés impecable, te daré algo de cenar ".
El babuino se apresuró sobre la tierra negra y se lavó en
el río, sin embargo, cuando regresó a Tortuga, descubrió que necesitaba cruzar la tierra quemada de nuevo, así mostró
tan desordenado como en el pasado.
"¡Eso nunca funcionará! Te revelo que puedes comer conmigo
si fueras perfecto. ¡Vuelve y lávate una vez más! Y lo que es más,
Sería prudente ser ágil al respecto porque he comenzado
mi cena ya ", dijo Tortuga, con la boca cargada de

comida.

El pobre babuino regresó al río una vez más, sin embargo, intente
como pudo, se puso las manos y los pies negros cada vez que
regresó. Tortuga no le daría nada de la deliciosa comida
que se estaba desvaneciendo rápidamente.
Mientras Tortuga se tragaba el último trozo, el babuino reconoció que
había sido engañado, y con un grito de ira, cruzó el quemado
tierra de una vez por todas y corrió lo más lejos posible de casa.
"Eso te mostrará una cosa o dos, viejo amigo", dijo la Tortuga,
sonriendo, mientras todos a su alrededor se ocupaban y estaban satisfechos, se retiró
en su caparazón para un descanso nocturno difícil.

CAPÍTULO TRES: HISTORIAS DE LA HORA DE DORMIR PARA NIÑOS

ACERCA DE LAS SIRENAS

AARALYN, LA HIJA DEL REY DEL MAR

Hace mucho tiempo vivía una hermosa sirena llamada Aaralyn en
una tierra lejos de esta. Ella era hija de un rey del mar,
que gobernó su tierra con prosperidad y mano misericordiosa. Ella
era su primogénito y heredero solo porque su madre había muerto
muchos años antes. Ella miraría a través de los rayos de luz
fluyendo brillando a través de las ondas en días secos y soleados, y
podría jurar que su madre le arrojó la luz del sol. Pero
ella no sintió ninguna pérdida. Ella creció como una mujer joven con
admiración por su padre y su guía de todas las criaturas marinas y

Aspiraba como monarca a seguir sus pasos.
Aaralyn tenía una hermosa voz, y todos los hombres juraron que era una
bendición del propio Poseidón. Su padre la convencería para que
cantando sus melodías a todos los miembros de su reino y
animaba mientras sus melodías se interpretaban alrededor de ellos. Ellos habrían
le suplico que continúe mientras su voz se cansó. Y ella fue
preocupada por eso ... pero solo un poco, porque era su mayor regalo.
Su padre había tomado una nueva esposa la víspera de la boda de Aaralyn.
decimocuarto cumpleaños. Ella era mucho más joven que la madre de
Aaralyn, pero iba a tener el nuevo hijo de su padre, un
merman se llamará Samundra. Por su memoria, entró en
el mundo para una fiesta de lujo y Aaralyn le cantó al oído el
canción del mar mientras lo sostenía en sus brazos por primera vez. Ella
juró contarle todas las cosas que había aprendido de ella
padre acerca de su país, y juntos gobernarían el

océano como reyes templados.
A medida que Samundra crecía en tamaño, nadaba al lado de su hermana.
mientras le mostraba todas las maravillas de su tierra, desde la más pequeña
campos de algas marinas hasta las ballenas más grandes. Él se reiría mientras ella tarareaba
sus melodías y enroscar sus diminutos dedos por su cabello. Y él
amaba a Aaralyn. Pero las mareas en su imperio estaban cambiando, y
su padre le prestó poca atención mientras golpeaba su nuevo
novia e hijo pequeño. Descuidó sus lecciones y tuvo que gastar
tiempo con ella sólo cuando él quería que cantara la canción del mar.
Cuando Aaralyn cumplió diecisiete años, se enfrentó a su padre, quien
estaba sentado en su trono, charlando públicamente con un pez espada sobre
su estado militar. Ella se desvió en la línea de sus ojos, pero esperó hasta que su
negocio estaba hecho, como le habían enseñado desde que era muy
joven.
"Padre, ¿por qué no me enseñas más lecciones de monarquía?"

preguntó con curiosidad cuando tuvo su atención.

"Ya no eres el heredero del trono, querida niña", respondió.

"Esta carga ya no está sobre ustedes".

"¿Qué quieres decir, papá?"

"Samundra ocupará mi lugar como gobernante de este reino; es su

primogenitura como mi único hijo ".

Aaralyn flotó más cerca e intentó empaparse de sus palabras y hacer

sentido de lo que significan.

"Pero siempre he tenido la esperanza de cumplir tu ejemplo", dijo

suplicó: "¿Por qué no puedo ocupar tu lugar?"

Su papá se rió. "No tienes que preocuparte por las noticias de los hombres.

Solo cántanos tu melodía, ese es tu regalo que el mismo Poseidón

te ha dado. "

"Pero por este Reino puedo hacer más que entretenerlos con mi

voz. Permítame probarme a mí mismo ".

"Suficiente de esto", dijo su padre con confianza, "adquirí un nuevo

postizo de concha fina y perla para ti. Úselo esta noche mientras

canta para nosotros ".

Extendió la mano hacia atrás, sacando un hermoso tocado y
luego, sin otra palabra, envió a una desconcertada Aaralyn sobre su
camino.
Los meses se convirtieron en años y Aaralyn se estaba cansando de
la canción del mar. Estaba cansada de pedirle a su padre que seleccionara un
pareja, y del joven tritón comentando sus caparazones y
ojos Ella se volvió delgada y aburrida, y ya no miró hacia el
los rayos del sol mientras la rodeaban. Los tritones comenzaron
susurrando sobre ella, pero no les prestó atención. Ella
tuvo que mantenerse sola y jugar solo con la joven Samundra, porque
ella no le albergaba ninguna mala voluntad.
"Pobre Poseidón", gritó en la oscuridad, "¿No hay nada
más para mí en el océano pero mi voz? ¿No estoy cumpliendo con ninguno?
otro propósito? "
El tono de voz de Poseidón resonó en su mente.
"Te he dado un regalo, niña", dijo la voz, "Depende de ti hacer

Lo que quieras.

En el día de la coronación de Samundra como futuro heredero del

trono, el padre de Aaralyn se volvió hacia ella con ojos fríos y le preguntó

ella para cantar la canción del mar. Estaba decepcionado de ella, por lo que se

impaciente intentando convertirla en una verdadera sirena. Aaralyn

lo miró a los ojos, sus iris turquesa en los ojos de él, y luego huyó.

Nadó hasta que le dolieron las aletas y luego subió a la superficie para

atrapar los rayos del sol en una roca cubierta de percebes.

Varios marineros pasaban cerca y comenzaron a gritar

en voz alta a Aaralyn, tratando de persuadirla de que les cante, de

usarlos y amarlos. Entonces ella gritó con su increíble

voz, y mientras atraía el barco cada vez más cerca, sonrió

sonrisa malvada cuando el casco se rompió en la roca en la que estaba viviendo.

dispararon pasajeros y saquearon las profundidades del océano que

una vez fue su casa, y sonrió.

La leyenda habla de una sirena llamada Aaralyn hasta el día de hoy, cuya voz
ha llevado a los marineros a su perdición. Ella está pintada como un monstruo de
violencia, un tentador diabólico. Pero si alguna vez la ves, ella lo hará
siempre saluda. Al final, su voz es la suya por ahora.
Hace mucho tiempo, el rey del mar vivía con sus cinco hijas sirenas en
el reino de las profundidades marinas. Sirenetta estaba entre ellos el
la más joven y la más hermosa. Tenía una hermosa voz y
todos de todas partes vinieron a escucharla cantar y su voz
y su belleza fue alabada.
Un día, mientras Sirenetta nadaba en la superficie del agua y
al ver pasar los barcos, vio a un joven caer de su barco.
Ella nadó rápidamente y lo arrastró a la orilla para salvarlo de
ahogo. Pronto, el hombre fue encontrado en la orilla por personas y
Sirenetta se alejó nadando. El Príncipe de un Reino era este hombre. los

Prince miró a su alrededor cuando se dio cuenta de la chica que había
lo salvó, pero nadie sabía quién era ella.
Sirenetta a menudo pensaba en el joven y se enamoraba
con el Príncipe, pero estaba triste porque nunca podría ser como todos
las otras damas que conocía. Tenían dos pies y ella vestía
¡una cola de pez!
Una bruja con poderes mágicos había vivido en las profundidades del mar. Sirenetta
Fui un día a rogarle por piernas humanas. La bruja dijo: "Dale
me tu hermosa voz! ¡Solo entonces te daré piernas! Pero tu
debe recordar, dolerá mucho cada vez que ponga su
pies en el suelo! "asintió Sirenetta. Ella no prestó atención a la
dolor. Ella solo quería estar con el Príncipe. Sirenetta se convirtió
estúpido tan pronto como consiguió sus dos pies. Cuando ella se fue, la bruja
dijo: "Si tu príncipe se casa con otra persona, te disolverás en
el agua de mar. ¡Nunca más podrás convertirte en una sirena!"

Sirenetta se encontró tendida en la playa con el hechizo mágico de
la bruja y el príncipe mirándola desde arriba. "Dónde estás
", preguntó, pero ella no pudo contestar. El Príncipe la llevó
subió a su palacio y la cuidó. Se hicieron buenos amigos,
y juntos se lo pasaron genial. Sirenetta dolió cada moverse, pero ella lo soportó todo en paz. Ella amaba al Príncipe, pero
el Príncipe amaba a la hermosa doncella que lo había rescatado. los
Prince no se dio cuenta de que había sido Sirenetta, y no podía decirlo.
él.
En respuesta a los deseos de su padre, el Príncipe fue a visitar un
la hija del rey vecino. El príncipe, impresionado por ella
apariencia, estaba persuadido de que se trataba de la misma doncella que
lo salvó. Pidió que la princesa se casara con él. Hubo un
gran boda.
Sirenetta estaba desconsolada. Ella fue a la orilla del mar que
noche y gritó. Ella vio cuatro sirenas allí por qué

eran su familia! Uno de ellos le dio un cuchillo y pronunció

"¡Aquí, Sirenetta! ¡Este es un cuchillo mágico! Le dimos a nuestro cabello largo

cerraduras a la bruja del mar profundo y ella nos lo dio a cambio. Matar

tu Príncipe, ¡y volverás a convertirte en una sirena!

Sirenetta tomó el cuchillo mágico y de noche se dirigió a la habitación de

el príncipe. Sin embargo, ella lo amaba tanto que no podía matarlo. Ella

Sabía que desaparecería en el mar al amanecer, al igual que Deep-Sea

bruja le había dicho antes. Ella se paró en la playa y

lloró en silencio.

De repente, una nube rosa surgió del cielo. La levantó

hacia el cielo desde la tierra. "¿Dónde está? Preguntó Sirenetta; ella

podría hablar por ahora. Las hermosas hadas respondieron: "Somos los

hadas del aire. Eres uno de nosotros hoy, porque has hecho

una buena acción para el que amas. Ven con nosotros.

A partir de entonces Sirenetta, la sirenita, se quedó con las hadas
en la noche.

LA SIRENA Y BANSHEN

"No puedes", dijo la bruja.
Llevaba una túnica verde mugrienta con una capucha que le nublaba la frente
y los ojos. Su nariz enredada con su punta bulbosa colgaba sobre ella
boca cavernosa, estremeciéndose un poco cuando hablaba.
"Yo puedo", respondió la joven a quien no le gusta para nada la bruja
no llevaba nada. Su piel parpadeó, reflejando los brillantes rayos de
el sol de la tarde. Su cabello que brillaba con luz propia
derrama un brillo etéreo sobre su rostro; iluminando su verde mar
ojos y haciendo que el tinte de sus delicados labios lujosos parezca más
Extravagante. Su cuerpo fue arrojado en alabastro y moldeado para
impecable, pero se movía con la suavidad de la música, de
agua, de aire ...

La bruja se rió. Su risa fue desigual y áspera, muy parecida a
su piel verrugosa, pero no hizo la diferencia porque nadie estaba
sintonizando. Estaban distantes de todos los demás aquí, ambos de
ellos. Nunca observado, nunca escuchado, hasta que necesitó ser visto
o escuchado.
"Permítanos intentar", dijo la anciana, su pareja de
dientes restantes brillando un amarillo brillante contra la penumbra vacía
de su boca.
La hermosa sirena le sonrió a su terrible compañera. El arrugado
El poste de frijol no tenía ni idea de lo que podía hacer la maravilla de una sirena
realizar. Ella se enteraría hoy.
Ella, en ese momento, comenzó a cantar. La brisa que soplaba delicada
y la luz transmitió su melodía a los marineros en los barcos que
eran motas no muy lejos. Ella sabía que podía encantarlos
todos, pero solo necesitaba que uno de ellos lo escuchara. James McCormick.

Lo había necesitado desde el momento en que lo vio.
Ella había perdido su corazón por él durante el último ataque de sirena cuando
las sirenas de la isla habían cantado juntas y les habían hecho asentir a todos
apagado.
Solo necesitaba cerrar los ojos para ver su rostro. Las sirenas
no deberían empezar a verse con los ojos llenos de estrellas. Ellos eran
hecho para convocar a la necesidad en los hombres - podrían tomar las fantasías de
hombres y convertirlos en las mujeres que quisieran, podrían
permítales salir de fiesta con los fondos de inversión de su vida. los
Las sirenas podían cantar tan bellamente, tan fascinantemente que los hombres
se pasaron por alto.
Las sirenas deben experimentar sentimientos apasionados por. Ellos eran
vilipendiado. No podían quedarse con un hombre como el de ellos.
Pero lo hizo, y lo que sea que diga el apestoso poste de frijoles, ella
Sabía que ella podía entrarle adecuadamente para hacerle

permanecer.
Así que cantó la mejor melodía que conocía, y cuando sus notas
llegó a James, pasó por alto todo y rebotó en el Oceano. Su barco había abandonado recientemente el muelle y no estaba
extremadamente distante de la orilla. Emocionado por la melodía de la sirena, nadó hasta la orilla, sin otro pensamiento en su mente. Él
sabía que ella lo estaba llamando, y no había nada en el
planeta que necesitaba más que contactarla.
La persona mayor lo vio salir del agua.
y chapoteando hacia ellos, penetra, su camisa y su cabello
mojado y goteando. La persona mayor se rió una vez más, pero
ni la vi ni la escuché. Vio solo a la hermosa mujer que
sentada sobre una piedra, su cuerpo desnudo delineado contra el
exquisitez del horizonte occidental. Se dejó caer en su abierto
brazos y apoyó la cabeza sobre su delicado pecho. Ella la frotó
dedos a través de su cabello y sonrió a su arrugado compañero.

"Puedo quedarme con él", murmuró.

El adulto mayor dejó de reírse. Una sombra cruzó su rostro y

se posó en su sien para hacerla mirar.

"No, no puedes", se rascó y luego soltó un aullido.

tan horrendo que se llenaron los ojos de lágrimas de todos los que

lo oyeron, y lo oyeron a millas de distancia.

James se liberó del agarre de la sirena y se mantuvo firme. Parecía perdido.

"¿Qué es?" preguntó la sirena, pero James no la escuchó. Más bien él

se volvió y echó a correr hacia la orilla. La última mirada de la sirena

ante su atractivo rostro le dijo que había estado llorando.

La indignación la atravesó. Fue obra de la bruja. Su horrible

lamento ... podría poner a un hombre frenético.

"¿Por qué? ¿Por qué tienes que llorar?" preguntó ella temblando

hombros de la anciana, haciéndola detenerse.

El adulto mayor se echó la capucha hacia atrás y miró a la sirena.

ojos "Porque a 300 millas de distancia, a raíz de traer su

niño, su esposa ha inhalado recientemente la última vez. La melodía de una sirena puede
ensillar el anhelo de un hombre y llevárselo a ella; su corazón y su alma
tener un lugar con los que adora ".
"Podría haberlo conservado, si no hubieras interferido.
hizo que él pasara por alto todo … "ella dijo," si sólo tú
no había llorado ".
"Soy una banshee", respondió la persona mayor. "Una sirena puede cantar
cien melodías, pero cuando una banshee llora, el espectáculo se cierra ".

LA SIRENA BAJO EL MAR

Muy lejos, bajo el mar, donde el agua era profunda, el Rey del
El mar dominaba el mundo submarino.
Su castillo estaba en la ubicación más profunda junto al mar. Las paredes estaban
hecho de azul coral.
Había conchas en la pared, abriéndose y cerrándose a medida que pasaba el agua
por. Y ahí es donde el Rey del Mar vivía con su mamá y
cuatro hijas, cada una nacida con un año de diferencia.

La Sirenita era la mayor de las cuatro princesas. Ella
pasaba la mayor parte del tiempo navegando en barcos que caían al
fondo del mar. ¡Los barcos tenían los mejores tesoros del mundo! Ella la llenaría
brazos aquí y allá y preparó su rango. Ella cantaba, todo el mientras. Fish dio vueltas para escucharla, al igual que ella. Por la voz del
La Sirenita era la más bonita bajo el mar.
Las chicas aprendieron que podían nadar hasta la superficie por primera vez.
tiempo desde que cumplieron 15. La Sirenita debería haber tenido que
espera mucho tiempo, porque ella era la más joven! Y ella la dejo
la abuela le cuenta todo sobre la vida en tierra - cuentos sobre barcos
y pueblos, y todas las cosas que escuchó sobre los humanos.
Porque la voz de la Sirenita era la más bonita bajo el
mar.
El hermano menor cumplió poco tiempo 15 años. Ella fue la primera en
se le ha permitido subir a la superficie. Ella tenía muchas maravillas que contar
sus hermanas de cuando ella regresó!

Dijo que descansaría sobre la arena blanca y suave. Por encima
ubicado un cielo azul profundo con nubes blancas hinchadas. Ella dijo el sol
se puso más tarde, y todo el cielo se volvió rojo y dorado. Ella tenía
observó los pájaros volar por encima de ella, sumergiéndose en el rojo y
cielo dorado y dando vueltas.
Era invierno, cuando la siguiente hermana cumplió 15 años. Ella habló de
icebergs flotando y brillando brillantemente en el agua. Todos
los barcos esperaban lejos de los icebergs, dijo, como si tuviera miedo. Todavía
los icebergs no se sentían aislados. Eran como amigos y
flotaron cerca uno del otro.
Cuando fue el turno del tercer hijo, ella dijo que lo más cerca posible de la entrada de la ciudad. Ella escucho gente
gritando, caballos corriendo por el camino. Incluso hay canciones
ella nunca había jugado antes.
¡Tenía muchas maravillas que contarles a sus hermanas cuando regresara!
La Sirenita escuchó todo esto con asombro. No era justo que ella

¡Tuve que esperar más tiempo! Entonces, llegó el día en que ella también

cumplió 15 años. Ahora podía elevarse sobre la superficie y ver

sí misma.

La Sirenita estaba junto a un gran barco mientras flotaba

Sobre el mar. En el avión había sonado una música hermosa. Marineros

estaban en la cubierta bailando. Se rieron y lo pasaron muy bien.

¡Solo tiene que ser una fiesta! De vez en cuando cuando la Sirenita

fue llevada por las olas que podía ver bien. Una hermosa joven

El hombre subió a la cubierta. Cien cohetes se elevaron en el aire, como

así lo hizo. Para él fue la fiesta. ¿Fue este el día de su nacimiento?

Nadó cerca de él. A toda la gente parecía gustarle este joven

hombre. Los marineros se reirían mientras hablaba. Le dieron unas palmaditas en la

de vuelta, a veces con alegría. Esto hizo que su corona se cayera. los

la gente bromeaba y la sostenía. "Un anillo" el Pequeño

Dijo Sirena. "Debe haber sido un príncipe".

Entonces llegó el día en que ella también cumplió 15 años.

Pronto empezó a hacer mucho frío y la tormenta se apoderó de él. los

Los marineros empezaron a correr por cubierta. Apartaron la vela.

El barco se precipitó y se hundió. Rodó uno al lado del otro y en lo alto

olas, arriba y abajo.

Y relámpago-trueno. Una fuerte tormenta golpeó. El pobre barco empezó a

punta sobre las olas rugosas! Estaba tan oscuro que no podía ver nada por

la Sirenita. Entonces un rayo iluminó el cielo, y ella

Podía ver al Príncipe en cubierta. Parecía el único todavía

¡alli de pie! Trabajó incansablemente para mantener el barco a flote.

Lanzó cuerdas a sus hombres que habían aterrizado. Pero entonces, el

las olas se hicieron muy altas a la vez y el barco comenzó a volcarse.

El Príncipe fue arrojado por la borda y arrojado al costado del

¡Embarcacion! Cayó al mar.

Bajó muy rápido. ¿Qué pasó con la Sirenita?

Sabía que los humanos no podrían vivir bajo el agua. Ella
se zambulló profundo y rápido. Ella extendió la mano y tomó su chaqueta. Entonces
nadó tan fuerte como pudo de regreso al agua. Finalmente, pudo sacar su cabeza del agua. Los dos yacen
allí, mientras las olas subían y bajaban. El huracán se había ido
por la mañana. Sin embargo, el príncipe estaba tan quieto como lo había estado toda la noche.
La Sirenita había visto cimas de colinas desde muy lejos. "¡Tierra!"
dijo ella.
Nadó hasta la orilla y lo arrastró detrás de ella. Tirando del
joven sobre arena seca no fue fácil, pero lo hizo.
¿Murió? Cantó una canción triste. El Príncipe de repente
comenzó a moverse. "¡Oye! ¿Estás bien?" preguntó ella, frotando su
frente.
De repente, comenzó a moverse.
En ese momento escuchó a un grupo de chicas que se acercaban. Ella durmió
al mar de inmediato y se escondió detrás de una roca. No se les permite

verla, una sirena! Las chicas habían encontrado al príncipe, ahora despierto.

Pidieron ayuda y pronto se lo llevaron. El príncipe

nunca sabría que ella lo había salvado. La Sirenita se hundió en

profunda tristeza. Cuando llegó a casa, sus hermanas querían

aprenda más sobre su viaje. Sin embargo, ella había estado demasiado deprimida para

hazlo.

Pasaron los días.

Luego, semanas después ... las niñas fueron a apoyar a su abuela. los

mujer mayor se había trasladado a su nieta. "Niño, ¿qué

¿Eso importa?", dijo.

La Sirenita gritó: "Abuela, nunca voy a

ser feliz de nuevo!" Ella le contó sobre su encuentro con el Príncipe y

salvándolo. Entonces tienen que dejarlo atrás. "Si no puedo caminar

en tierra de nuevo para estar con ese chico joven, seré miserable por el

resto de mis días!"

"Querida", dijo la abuela, "sabes tan bien como yo que

¡una sirena no puede caminar sobre dos piernas! Por qué, Sea Witch es la única
¿Quién puede hacer algo así, pero es demasiado peligroso acudir a ella?
por supuesto."
¡La bruja del agua! La Sirenita se dirigía, antes de que ella
lo sabía, hasta el rincón más alejado del mar donde vivía la Bruja del Mar.
"El único capaz de hacerlo es la Bruja del Mar".
"Esto no es un problema", dijo la Bruja del Mar cuando le dijeron lo que
la Sirenita necesitaba. "Soluciono problemas mucho más difíciles que este.
Por tener dos piernas; todo lo que necesitas hacer es beber mi poción ", dijo
se volvió para mirar a la chica. "Pero entiendes, no solo lo estoy dando
lejos."
La Sirenita dijo: "¡Oh!", ¿Cuál es tu precio entonces?
levantar en su espalda. Así que había de tal manera que pudiera tener dos
piernas y después de todo han estado con el príncipe!
"Oh, no demasiados" dijo la Bruja del Mar. "Tienes que renunciar a tu
discurso, para uno ".

"¿Mi voz?" preguntó la Sirenita. Ella sabía que su voz
era lo que más amaba de ella.
"Eso no es necesario", dijo la bruja del mar. "Chitter, charla, ¿qué
¡una pérdida de tiempo! Pero debes saber esto, pequeña bonita. Si el Príncipe consigue
casado con otra persona, tendrás que morir al día siguiente. Y
tu voz mora en mí para siempre pero ¿quién sabe?
El corazón de la Sirenita dio un salto.
La Bruja del Mar le tendió una botella de porciones negras. "¡Entonces!" ella
declarado. "¿Qué debes hacer? ¡Decídete! No tengo
el dia entero."
El pequeño amor tomó la poción y se la bebió. Ella sintió
repentinamente mareado y en agonía, como si una espada fuera
a través de su cuerpo. Ella dio una sacudida y giró, luego se hundió. Cuando
se despertó, estaba en la misma tierra seca que cuando el Príncipe
había sido salvado. Levantó la cabeza y vio que su sueño había
Hacerse realidad.

¡Allí tenía dos piernas adultas donde había estado su cola!
El pequeño amor tomó la poción y se la bebió.
"Diga, señorita: ¿está en problemas?" ¡No era más que el Guy! Ella
quería decir algo, pero no le sacaba palabras boca. "¿No puedes hablar?" él dijo. Ella sacudió su cabeza,
"No." "Oh, bueno, déjame llevarte al castillo, y puedes conseguir
algo de ropa seca para usar ".
Puede estar seguro de que la Sirenita estaba muy contenta de
únete al príncipe en el castillo!
Al principio le resultó incómodo caminar sobre sus dos rodillas. Pero ella consiguió
pronto lo dominará. El Príncipe le mostró las habitaciones de
el Castillo esa noche. Él señalaría una foto y le diría
más sobre el chico. Se rieron juntos cuando dijo
Algo gracioso. Cuando la historia era triste, sus ojos amables decían
él sabía por qué y también se sentía triste.
Al día siguiente fue una banda real. El príncipe no estaba mirando
hacia eso. Horas de pie con gente bien vestida hablando

y hablar y no tener nada que decir! Se preguntó si ella debería

ven con él. Ella asintió con un gran "¡sí!" El príncipe sintió

pacífico ese día, con la Sirenita a su lado. A menudo, él

comenta sobre ella con una voz suave. Y por su expresión y ojos

sabía que ella entendía.

El Príncipe entonces todos los días quería a la Sirenita a su lado.

Incluso pensó que podría enamorarse de ella. Pero el aun sostenia

con la esperanza de casarse con el de la hermosa voz que

recordado desde el momento en que fue rescatado. Por supuesto que no podría

ser su nuevo y hermoso amigo que no podía hablar, y mucho menos cantar.

Él sabía por su rostro y sus ojos que ella entendía.

Un día, el rey llamó a su hijo. "Hijo", dijo, "la elección

fue tomada por tu madre y yo. Es hora de que tomes esposa. Eres

suerte que ya hayamos elegido uno para ti ".

"¿¡Qué!?" preguntó el príncipe. Quería simplemente casarse con la dama

con la hermosa voz que recordó. "¿Cuál es ella?"

"Una princesa del territorio cercano. Viene con sus padres
esta noche, y vamos a hacer los arreglos de la boda.
"El Príncipe fue aplastado. Además, la Sirenita sintió miedo. Ella
Sabía lo que podría sucederle el día después de que el príncipe se casara
¡otra persona!
Esa noche sus dificultades se deterioraron. Lo que la sirenita
no sabía era que la Bruja del Mar había puesto su voz en este
princesa. Ella era una princesa presumida que pensaba claramente en
sí misma. Sin embargo, cuando habló, fue la sirenita
voz que salió! El Príncipe se sorprendió. Pidió que la princesa canta. Era la voz de la Sirenita la que ocupaba
la habitación. ¡El príncipe no pudo aceptar su increíble buena fortuna!
¡Finalmente, podría casarse con la mujer que había anhelado esta vez! A
el momento en que le impartió su dicha a la Sirenita, ella
intentó demostrar que estaba optimista con él. Pero la infelicidad

llenó su corazón.

La Sirenita sintió miedo. Ella sabía lo que podría pasarle
cuando el príncipe se casó con otra persona!

A la mañana siguiente, al amanecer, la Sirenita fue a
el mar. Sus hermanas, estresadas por no haber sabido nada de ella,
se elevó sobre el agua para percibir cómo estaba. Su más joven
hermana les hizo saber la dificultad en la que estaba.

¡La boda iba a ocurrir excepcionalmente al día siguiente!

Además, al día siguiente, debería morder el polvo. los
¡Las hermanas dijeron que no hicieran hincapié en lo que habían pensado! Le aconsejaron
para volver a la orilla poco después. En ese punto, se zambulleron
de vuelta al mar.

Esa noche, la Sirenita regres a la orilla como estaba
aconsejado hacer. Las tres hermanas se levantaron una vez más. Se fue
su hermoso cabello largo. Porque lo habían cortado todo para

proveer para la Bruja del Mar a cambio de un cuchillo. Con el cuchillo, el

La Sirenita debe ejecutar a la princesa esa misma noche. A eso

punto, la boda no podría ocurrir, y ella podría volver a

el mar y estar con su familia. Ella tomó el cuchillo, porque sabía

la cantidad que habían logrado por ella en afecto. Pero en ella

corazón, sabía que ejecutaría a la princesa.

Había llegado el día de la boda. La Sirenita se aventuró

al barco nupcial con diferentes visitantes. La boda seria

ocurren al anochecer.

Mientras tanto, las tres hermanas habían regresado a casa. Se reunieron con

un papá enojado. "¿Donde está tu hermana?" gritó el Sea King. "Dónde

han estado todos ustedes?"

Le dijeron al papá la dificultad que tenía su hermana menor.

papá nadó hasta el barco de la boda. Vio al Príncipe y

princesa preparándose para casarse. Sabía que su pequeña no utilizaba

el cuchillo la noche anterior.

Sin un momento de demora, el Sea King se apresuró a ver el mar

Bruja. Ella rió disimuladamente. Ella dijo que solo había un método para

salvar a su hija menor de su destino. Si simplemente le entregara

sobre su bastón para ella, la Sirenita podría salvarse. Con el

equipo en sus manos, la Bruja del Mar gobernaría el mercado negro

¡Reino! El Sea King respiró hondo. ¿Qué más haría?

¿ser capaz de hacer? De esta manera, estuvo de acuerdo.

La boda iba a ocurrir al anochecer.

La Bruja del Mar le arrebató el bastón y se rió de felicidad. Ella

se apresuró al barco nupcial para verla triunfar. El pequeño

Sirena vio a la Bruja del Mar emerger del mar. Ella vio eso

con el bastón, la Bruja del Mar se había convertido en un enorme mar

monstruo. Los apéndices se doblaban por todo su cuerpo

como un pulpo. La Sirenita sabía que debía asegurar el

Prince e incluso su nueva dama de la hora. Entonces ella sacó el
cuchillo. Simplemente en ese punto, uno de los apéndices de Sea Witches
conectó y levantó a la Sirenita directamente del barco.
"¡Este es tu fin!" gritó la bruja del mar.
Antes de que la Sirenita lo observara, estaba envuelta por
la extremidad. Ella fue girada al pecho derecho del Sea Witch.
Es más, el cuchillo que sostenía, el especial de Sea Witch
cuchillo - lo utilizó y lo clavó profundamente en el pecho del
monstruo.
La Bruja del Mar se tambaleó hacia atrás atormentada, y la Sirenita
fue liberado. En el barco, los visitantes daban vueltas atemorizados. los
Prince disparó muchos rayos al monstruo. Por fin, la bruja del mar
ahogado bajo el agua. Mientras se ahogaba, la Sirenita
la voz se abandonó y volvió a ella.
La princesa, en ese momento, gritó con voz áspera e implacable:

"¡Qué reino tan pésimo es este! Ni siquiera puedes tener un
boda! "El Príncipe observó a la princesa y supo que ella
no era quien pensaba que era. En ese momento el pequeño
Mermaid comenzó a cantar. El Príncipe sabía que la voz que él
recordado tenía un lugar con el excepcionalmente que había desarrollado
para apreciar.
La princesa furiosa salió furiosa del barco nupcial. Y lo que es más,
su familia la siguió no muy lejos.
En el momento en que apareció el Sea King, el personal estaba
en el mar, como si estuviera sentado para él. Con una brújula
de su brazo, era suyo una vez más.
"¡Bien!" dijo el Rey del Mar. "Veo que mi chica está en buenas manos".
y, con un movimiento rápido de su bastón, levantó a la Sirenita hacia atrás
en el barco.
El príncipe la rodeó con sus brazos. "Ahora, me doy cuenta de que fue todo
", dijo el príncipe." ¿Quieres casarte conmigo? "

Mermaid recuperó la voz en este punto. Pero con todo el
satisfacción en su corazón, no pudo lograr hablar. Entonces
ella hizo un gesto "sí" con una sonrisa reconfortante. Además, un a bordo
El barco de la boda ocurrió considerando todas las cosas.

LA SIRENA Y EL PULPO MALVADO

Mucho tiempo atrás, en el mar de Ociana, hubo un
sirena llamada Rose. Ella tuvo dos hijos. Uno era una señorita
y uno era un niño. Su esposo liberal se llamaba Ryan.
Una noche, la sirena fue a descubrir la nutrición. Sobre su
camino, vio un pulpo gigantesco! Parecía hambriento. Se sentía como
comiéndola ... ¡Te comeré!' dijo el pulpo. La sirena fue
petrificado.
De la nada, recordó la increíble espada de su abuelo.
Ella eligió ir a su media naranja para recuperar la espada. Ella

nadó como si estuviera en llamas. Cuando volvió en sí, corrió hacia ella
espacio para garantizar lo que era suyo.
En el momento en que llegó a la extraña cueva del pulpo, estaba
dormitando! Ella estaba atónita. El pulpo escuchó un sonido y se levantó
arriba. ¡Sintió que Rose era la reina de los pulpos! Ella le dio la bienvenida a tomar el té, y estaban antes de un gran bocadillo
bollos. Voy a agarrar una bebida. Volveré directamente.
Lo que el pulpo no notó fue que Rose se estaba preparando para
matarlo. Al poco tiempo, el pulpo fue ejecutado y Ociana quedó en armonía y concordancia.

UN PULPO EN SITUACIÓN DIFÍCIL

Hace bastante tiempo, había un pulpo tímido y tranquilo. Él
casi siempre iba completamente solo porque, aunque él
necesitaba tener un montón de amigos, era demasiado reacio.
En algún momento, el pulpo estaba intentando obtener un
almeja excepcionalmente caliente. Antes de que se diera cuenta, había integrado

él mismo con un grupo gigantesco, y no pudo moverse. Él
intenté enérgicamente librarse, pero no fue nada más
que un mal recuerdo. Por fin, a pesar de lo extraordinario
humillación que sentía al ser visto en tal nudo, necesitaba
pide ayuda a los peces que pasan. Muchos peces pasaron nadando,
mirándolo, pero un pececito extremadamente amable se ofreció a
ayudar a desatar cada uno de esos apéndices de cada uno
de esos tontos.
El pulpo se sintió saludablemente aliviado cuando por fin fue liberado,
pero era tan tímido que no se propuso conversar con el pez y entablar amistad con él. El solo expreso
gratitud hacia el pez, e inmediatamente nadó. Después,
el pulpo se pasó toda la tarde pensando que había
desperdiciado una oportunidad increíble de hacer amigos con ese
pececito extremadamente amable.

Después de varios días, el pulpo descansaba entre específicos
piedras cuando vio que todo el mundo a su alrededor estaba rápidamente
nadando pasado. Investigó la separación y vio un
peces colosales acercándose a alimentarse por allí. El pulpo
inmediatamente guardado; en ese punto, asomando un ojo desde
su escondite, vio que el pez gigante estaba persiguiendo al
pensativo pececito que lo había desatado. Ese pequeño pez
de hecho requirió asistencia crítica, pero el pez gordo estaba tan
aspecto peligroso que nadie se propuso acercarse. El pulpo,
recordando cómo el pececillo lo había ayudado, sintió que necesitaba
hacer todo lo posible para acudir a su guía.
Sin vacilar, el pulpo se alejó de las piedras,
similar a una viga. Se puso directamente en el camino del gigante
pescado, y antes de que el pescado pudiera hacerse cargo del negocio, el pulpo
había disparado el mayor chorro de tinta de su vida. Le arrebató el

peces pequeños y nadó de regreso para esconderse en las piedras.

Todo sucedió tan rápido que el pez grande no tuvo tiempo de

responder. En cualquier caso, pronto se recuperó de la conmoción.

Se fue a las piedras, buscando el pulpo y el pequeño

pescado. ¡Ahora realmente necesitaba comérselos!

Sin embargo, en poco tiempo, comenzó a sentir un hormigueo horrible, primero en

bastante tiempo agallas, y luego en sus espadas, y luego todo

sobre su cuerpo. Resultó que este pez gigante tenía un magistral

naturaleza; adoraba los tonos, y la tinta oscura del pulpo le había dado

una horrenda hipersensibilidad !!

Así que el pez grande se alejó nadando, molesto por todas partes.

Cuando se fue, todos los peces que habían estado cubriendo vinieron

y felicitó al pulpo por ser tan valiente. A eso punto, el pececito les reveló a todos cómo había ayudado al pulpo un par de días antes, pero nunca se había dado cuenta cualquiera está agradecido por el punto de que terminarían

logrando algo tan peligroso. Al escuchar esto, el otro
Los peces descubrieron lo decente que era el tímido pulpo, y todos
alrededor fue rápido para ser el compañero de un intrépido y
pulpo digno de mención.

CAPÍTULO CUATRO: HISTORIAS DE HORA DE DORMIR PARA NIÑOS

ACERCA DEL MAR

TIBURÓN SONRIENTE

Lejos, en un océano profundamente en movimiento, vivía Smiley Shark, el más sonriente y el más soleado, el más grande y con más dientes de todos los peces.
Smiley Shark observaba constantemente los hermosos peces que
se zambulló y saltó, se contoneó y saltó, y disparó y corrió con un
espolvorear y espolvorear. Además, lea Bright Stanley.
Smiley Shark anhelaba salpicar y espolvorear con los otros peces.
Pero en cualquier momento en que les sonrió, se alejaron nadando. Smiley
Tiburón nadó hasta Angelfish. "¿Jugarás conmigo?" preguntó.
Angelfish se estremeció y tembló, en ese punto SWOOSH. Ella

salió corriendo lo más rápido posible.
Puffer estaba haciendo burbujas. "¡Eso se ve divertido!" Smiley rió entre dientes
Tiburón. Pero Puffer explotó a sí mismo en una gran bola puntiaguda y
pinchó al pobre Smiley Shark en el botón. La estrella de mar estaba girando
y girando, moviéndose y bailando. "¡Qué divertido!" Smiley rió entre dientes
Shark But Starfish giró sobre el fondo del océano.
Smiley Shark demostró su sonrisa dentuda a Jellyfish, Octopus,
y bagre. Al instante, despegaron tan rápido como pudieron nadar.
"Todo el mundo está aterrorizado por mis dientes grandes y blancos", gritó el Smiley.
Tiburón. Ya no tenía muchas ganas de sonreír.
Vagando, rociando y agitando, el pez se movía más rápido que
en cualquier momento de la memoria reciente. Smiley Shark vigilaba un
separación. Pero esta vez, algo estaba extremadamente fuera de lugar. Todas
¡Los peces fueron capturados! "¡Ayuda!" gritó el pez. "Por favor ayúdenos,
Smiley Shark! "Smiley Shark nadó alrededor y alrededor del

red de pescador. "¿Qué sería capaz de hacer? ¿Cómo podría

ayuda?", gritaron otros peces. Lo principal que Smiley Shark

lo que hice fue SONRISA! "¡Aahhhh!" gritó el pescador dejando caer su

abrumadora red en las olas. "Me voy", gritó. "¡Yippee!" vitoreó el pez. "¡Estamos protegidos! Muy obligados a

tú, Smiley Shark". Ahora, muy lejos en un océano en movimiento profundo, vivía

Smiley Shark y cada uno de sus amigos! Consistentemente, pueden

ser visto zambulléndose y saltando, disparando y corriendo, empalmando y

rociar y sonreír.

EL PANGRY

Algo golpeó su costado.
"Todavía estoy vivo", gruñó el dolor, pateando sin rumbo fijo. Ella

todavía no era alimento para peces pequeños. Ella estaba inclinada sobre un poco de madera flotante, su barco extendiendo una noche demolida de fuego y

fumar no muy lejos. Ella se estaba hundiendo gradualmente en el

mar agitado.

"Descubrí tu sombrero", dijo la voz. "Tienes una magnífica
sombrero. Generalmente lo usabas ".
Era una voz magnífica y una voz enamorada, el tipo de voz
que una joven dama podría sintonizar durante un período considerable de tiempo
hora. El tipo de voz que podía hacer letras en orden fascinante.
El dolor parpadeó y volvió su cabeza anhelante para mirar. los
el calor de la lucha, del sol palpitante, parecía una bala de cañón
dentro de su cráneo. A partir de ahora, la sed también la atraía. Mareado,
enfermo. Todo dolía.
Pero ella no creía estar tan inconsciente todavía como para fantasear con la
exquisito animal en el agua adyacente a ella. La sirena tenía
derramando frondas de cabello, pálidas como arenas caribeñas, aparecieron en
conchas marinas como capa defensiva de lucha. Bonitos labios-branquias. Ella no era
humana bajo cualquier norma, y ella no era hermosa en la forma en que
los marineros retrataron constantemente a las criaturas en los bares del puerto.

Ella se parecía al océano. Mucho más grande que el dolor, tal vez
tres metros de largo, con una cola sólida y un cuerpo torcido. Suave.
Se parecía al mar, las palabras nunca lo describieron adecuadamente.
apropiadamente, grandioso y asombroso, y eternamente llamando a
el corazón del dolor.
"Hola", dijo estúpidamente, apenas por encima de un murmullo. Áspero.
"Hola." La sirena le sonrió y puso el sombrero del jefe emplumado y
magnífico en la cabeza del dolor donde tenía un lugar. "Estoy
feliz, eso no es una broma ". Sus ojos se limitaron y su cabeza ladeó.
Estresado cuando vi la pelea ".
El dolor se abrió camino adormecidamente a través de la discusión.
"Sabías sobre mi sombrero." Ella había estado viendo. En que medida
ella había estado viendo
"Necesitaba darme cuenta de quién cantaba", dijo la sirena.
"Tienes una voz hipnotizante". Otra sonrisa torció sus labios.

Fascinante, procedente de una sirena. El dolor parpadeó una vez
más. Ella no se sentía tan encantadora en ese momento; ella sintió
inconfundiblemente cada vez más como el pez diminuto que ella exigió que
no lo era. No pudo dejar de mirar.
La sirena conectó una mano. Ella trazó su dedo a lo largo de la línea
de la garganta palpitante del dolor. Muy cerca, poseía una
Aroma a sal, similar a la orilla del mar.
La visión del dolor se desvaneció.
"Estás herido." La hermosa cara de la sirena se dobló un poco y ella
midió la mandíbula del dolor, acariciándola. "Mi valiente,
hermosa comandante ".
Quizás ella de hecho no se dio cuenta, y potencialmente estaba muerta.
Este era, quizás, un paraíso para pangrys y marineros. Por que
otros métodos podrían estar murmurando un animal tan impecable
cosas para ella?
La sirena estaba cerca ahora y ella no pateó. Un brazo doblado

sus prendas empapadas de agua y tiró de ella cerca, lejos de la

delicada seguridad de la madera flotante. Ahora solo había un mar, mar

y ella.

"Mi barco." Necesitaba ser valiente; ella hizo; ella era conocida

por ser valiente. Ella censuró el humo por meterse en sus ojos

por cómo se sentían calientes, acuosos. "Mi equipo."

"Shh", la sirena se calmó. Ella murmuró en el oído del dolor, la

otra mano midiendo su cabello ahora. "Ahórrate la voz. Es

bien; estás protegido. Voy a cuidarte bien ahora. Inhala lentamente ".

El dolor llegó con la luz de la luna en su rostro, fresco como el de un océano

beso, apareció en la orilla como si le hubieran regalado a la isla.

Sus labios sugerían un sabor a sal.

LOS PEQUEÑOS PECES QUE NADARON HACIA UN GRAN OCÉANO

Hace algún tiempo, George era un pez que habitaba en el agua, como todos

los peces lo hacen, pero algo era diferente en George, no le importaba
por el agua. Nadó y nadó en la piscina, y cada uno
lugar donde nadaba, descubriría algo que no le importaba
para. Para empezar, dijo que las piedras eran demasiado grandes. A eso
punto, dijo que las piedras eran excesivamente pequeñas. Nada
sería agradable en su opinión. Los otros peces de su escuela pecan todo
los peces tienen un lugar con una escuela, intentaría alegrarlo
arriba. No comprendieron por qué estaba abatido. Ellos
adoraba nadar en aguas poco profundas y ser uno.
La escuela vivía entre las aguas frente a la playa del sur
Florida. Esta agua estaba cargada de vida y calor. Hubo un
mucha nutrición y movimiento, y siempre había
Suceden cosas emocionantes para estos peces. Sea como sea, para
razones desconocidas, George se sintió ansioso y descontento y él

necesitaba más. En algún momento, un pez grande, viejo y sabio se quedó con
Su escuela. Escuchó con impaciencia. El viejo y sabio era
contando vastas aguas y natación ilimitada. Él era
contando extraordinarias ballenas y peces grandes. Además estaba
hablando de luz y oscuridad extraordinarias. De repente, George
necesitaba encontrar esto también. Su colega pesca en su escuela
no estaban intrigados, pero George estaba enérgico. Nadó con el
peces grandes hacia estas grandes aguas con sueños extraordinarios.
No tenía la idea útil de adónde iba, pero
confiado en los peces más establecidos y sabios.
Al poco tiempo, el agua comenzó a sentirse fría y él estaba viendo
pez gigante que parecía hambriento. Él habría sido aprensivo
por su vida, pero las nuevas visiones lo energizaban excesivamente. antes de
de largo, fueron a una cueva y encontraron un lugar protegido para
la noche con el alimento cerca.

A George le encantaba estar en la cueva. Era excepcionalmente tranquilo y él
Podía escuchar sonidos suaves. El sonido resonante parecía ser
originada desde una distancia significativa. Incluso cuando el pez grande
George se alejó nadando y decidió quedarse. Esto fue en contra de todos
impulsos ordinarios de los peces, como los peces necesitan estar con otros peces. Sé eso
como sea posible, como dije antes, George no era un pez común. los
dulce sólido lo cautivó, y no pudo dejar de sintonizar
eso. Incluso empezó a reconocer los diferentes tonos y tipos de
sonido. Él sintonizó, y sintonizó. No comió ni se movió
porque estaba muy activo sintonizando. Cuanto más sintonizaba, el
más empezó a comprender quién era en realidad. Cuanto más él
sintonizado, cuanto más caía en una atención plena diferente, y pronto
Pasó por alto que era un pez y que no le importaba el
agua.

Un día, el pez grande y sabio nadaba junto a la cueva, y
pensó en George, así que entró en la cueva. Allí descubrió a George exactamente donde lo había dejado durante mucho tiempo
espalda. George había cambiado, como fuera y no parecía
ser idéntico por cualquier medio. Estaba brillando de manera única, y su
la respiración era increíblemente moderada. George percibió el viejo y
pez sabio y lo invitó.
George era actualmente mayor y sabio, y los dos permaneciendo la cueva unida.

EL PESCADO QUE PODRÍA CONSULTAR

Sheila era el pez más impresionante del océano, y debido a
que, muchos otros peces y criaturas marinas la odiaban.
"Está tan ocupada", decía el pulpo mientras flotaban.
sobre beber té ". ¿Por qué no podría quedarse quieta y comer
¿algas marinas?"
En su mayor parte, las criaturas marinas disfrutaron de la oportunidad de

moverse con las olas, y como Sheila tenía una cola de robot y

cuchillas, no le gustaba rodar. Ella prefería nadar tan rápido

como cabría esperar dadas las circunstancias. Ella sabía que estaba

un toque de un paria para los peces más establecidos y demás, pero

ella era incapaz de mantenerse a sí misma. Además, tenía una amiga que quería invertir energía con ella.

sin importar cuán rápido, lejos o loco, nadó. Starry, la estrella de mar, era algo contrario a Sheila, el robot.

pescado. Cuando Sheila corrió, Starry se quedó quieta. Cuando Sheila se zambulló, Starry

quedó inmóvil. Cuando Sheila atravesó los troncos en la base del

océano, Starry yacía inmóvil. Sin embargo, Sheila avanzó constantemente

hacia el suelo arenoso de Starry, y siempre, Starry lo anticipó.

"La manada de pulpos estaba especialmente frenética conmigo hoy, Starry", dijo el

pez robot le dijo a su amiga, y ella rodeó su estrella moldeada

amigo. "Me siento un poco mal por derramar una parte de su

té, pero es un océano, y hay parte para beber ".

"No me estresaría por ellos, Sheila; generalmente son tan irritables".

Sheila generalmente podía depender de Starry para instarla a hacer lo que
ella adoraba más, que era hacer lo que necesitaba. Que es
más, como un enfoque para agradecer por eso, ella necesitaba
lograr algo decente para Starry.

"Starry, si pudieras tener un asombro, ¿qué podrías necesitar
que va a ser? "

"Necesitaría que alguien me examinara los libros de Harry Potter.
escuché tanto sobre los libros de Harry Potter, pero yo
no conozco a ninguna persona que pueda leer detenidamente. O, por otro lado,
cualquier individuo que los tenga y que, si los tuviera,
tiene la opción de leerme detenidamente ".

"Todos los robots pueden examinar Starry; yo podría hacer eso por ti".

"De verdad, Sheila. ¿Me leerías detenidamente?"

"Indiscutiblemente, y conozco un barco sumergido que tiene el Harry
Potter libros sobre ellos ".

Sheila nadó ferozmente a través de los diferentes bancos de peces
que, en general, se acumularían para charla más fría de agua cada
noche.
"¡Aviso!" gritó un pez. "¡Estas loco!" gritó un oleaje pescado. "¡Vas a atrapar tu cola en una red!" un delfín
chilló. Pero Sheila aguantó nadando hacia los libros náufragos.
En ese punto, nadó un poco cada vez más, molestando a más cangrejos.
y peces y algas parlantes mientras caminaba.
La red de animales marinos tenía suficiente, y mientras Sheila corría, ellos
seguido gradualmente.
"Está bien, Starry, tengo el libro". Y Sheila comenzó a leer detenidamente. Era
la cosa más hermosa que la pequeña estrella de mar había escuchado jamás. Para cinco
minutos, su amigo pez robot flotaba todavía en el agua, leyendo
página tras página.
Por fin, las otras criaturas marinas se pusieron al día con Sheila y
iban a expresar su extrema consternación por lo problemático

su natación rápida fue para sus días de ocio. Pero como arreglaron
para hacerlo, quedaron excesivamente encantados con la historia.
Puede darse cuenta de que, además de ser famoso contra rápidos y
nadadores estridentes, las criaturas marinas son igualmente incapaces de
examinando. Mientras veían a Sheila revelar su historia, al final
reconoció por última vez lo único que era este pez robot. Para cuatro
horas, todos iban a la deriva discretamente, solo algunos de ellos descansaban
para llegar a la superficie para que pudieran respirar. Sheila no se rompió
una vez y no se detuvo a percibir el número de individuos
en su multitud. Ella le leyó a Starry como ella era la única
alrededor.
"Es más, ese es el final del primer libro de Harry Potter".
dijo, por fin, cerrando las páginas ampliadas del libro. Fue en
exactamente ese punto en el que Sheila vio cuántos individuos habían sido
sintonizando. "Gracias a todos", dijo, y luego

volvió directamente a nadar incontrolablemente, disparando a todos
a través de bancos de peces.
Pero nadie la detuvo y nadie gritó. En cambio, gradualmente,
los otros peces comenzaron a nadar sin rumbo fijo, hasta que pudiste ver simplemente
una bruma de bolsas de aire arriba y abajo del fondo del océano.
"¡Vaya por Sheila, el pez robot que examina detenidamente!" gritó el
pulpo. Es más, a partir de ahí, nadie fue
Decidido por volver a tener demasiada energía.

EL DELFÍN Y EL TIBURÓN

Hace bastante tiempo, en un pasado relativamente reciente, vivió un
tiburón llamado Simon y un delfín llamado Dudley. Ellos viven en
el océano, no muy lejos de la hermosa costa arenosa, un
un faro alto y un pantano aburrido y pequeño.
Ahora Simon y Dudley se conocían, pero no eran los
el mejor de los compañeros! Dudley estaba dotado de dos hermanas, y ellas
jugaban juntos y trataban entre sí, y estaban excepcionalmente feliz en el agua azul fresca.

Pero Simon nadó solo, no tenía hermanos ni hermanas, y nadie
para jugar y eso lo ponía irritable. Así, pasó por sus días nadando apáticamente, sintiéndose frustrado consigo mismo,
y simplemente ser malo.
Lo que prefería de Simon era atacar a Dudley y sus hermanas. Él
se zambulliría en el agua, acechando cerca de la base, y
después, cuando vio a los delfines jugando cerca de la superficie,
nadaría lo más fuerte posible hacia ellos e intentaría
mastican sus colas! Pero los delfines lo observaron constantemente
viniendo, y ellos saldrían del agua y permanecerían en
sus colas, y silban y se ríen, cómo lo hacen los delfines, y
generalmente se las arregló para mantener solo lejos de Simons los grandes dientes afilados.
No creo que Simon realmente necesitara conseguirlos, ¿no es así?
Porque si los cogiera y se los comiera, bueno ... no
algunos buenos tiempos ya. Pero nunca piensas en tiburones

así que Dudley y sus hermanas vigilaban constantemente
Simon, el cangrejo.
En algún momento, mientras Dudley nadaba sin nadie más,
y Simón lo perseguía, se acercaron mucho a la orilla.
Dudley saltó del agua con Simon directamente detrás de él,
y los dos vieron algo extremadamente inusual en el
costa. Allí, saliendo del pantano, había raras huellas en el
¡arena! Dudley dejó de nadar, Simon dejó de perseguirlo y
flotaron y reflexionaron sobre las extrañas impresiones antes
ellos.
¡Nunca habían observado huellas de esa manera! "Me pregunto si fue un
¿El pato atacó al ornitorrinco? ", dijo Dudley." No lo creo ", respondió.
Simon, "apuesto a que era una rodilla peluda de pecho rojo
¡Caminante!"
Pero dado que ninguna de esas criaturas se encontró en esas partes

con frecuencia, continuaron reflexionando. Ellos pensaron posiblemente

había sido un Gobbler de Widget de Vientre Grande, o un Blanco y Negro

Thingy, o tal vez un Hooty Snooty Crawler. Pero simplemente no lo hicieron

¡Sepa qué había causado esas entretenidas y enormes impresiones!

De la nada, escucharon que venía algo; algo fue reorganizando a lo largo de la orilla del mar. Casi pudieron observarlo

ahora, se acercaba más y más, y después, allí estaba

¡estaba! Era incluso más inusual de lo que habían pensado.

¡de! Allí, acercándose a ellos, acercándose cada vez más fue ...

extraordinario cocodrilo verde grande, con un sombrero divertido y

overoles andrajosos! Además, ¡se estaba moviendo!

Pensaron que esta era la vista más entretenida que habían tenido.

observado, pero en ese punto, ¡también escucharon música! También el

La música se hacía cada vez más fuerte y fuera de los límites de

sus ojos vieron ... ¡Oooooohhhhh, simplemente no podía ser!
¡Allí, saliendo del pantano, había una rana tocando el banjo!
Además, a lo lejos, caminando hacia ellos por la orilla del mar
era un mapache tocando el violín! Además, pronto los tres
animales anormales estaban directamente antes de Simon y Dudley, y
la rana tocaba el banjo y el mapache tocaba el violín. los
extraordinario cocodrilo verde se movió, y todos estaban haciendo algunos
magníficos recuerdos!
Simon y Dudley estaban asombrados y estupefactos, y
simplemente flotó y observó y sintonizó mientras el cocodrilo se movía para sintonizar
después de la melodía. Además, Dudley aplaudió sus aletas y
Simón elogió con sus espadas, y pensaron que nunca habían
pase un buen rato.
La música y el movimiento perduraron durante toda la noche, y el
El sol comenzaba a ponerse cuando los dos artistas y el artista

comenzó a salir en su dirección. La rana regresó al
pantano, el mapache corrió por la orilla del mar, y el
cocodrilo entró en las piedras cerca de la baliza.
El tiburón y el delfín los vieron irse y se quedaron un poco
con el corazón roto porque el gran espectáculo necesitaba terminar. Además, como ellos
observaron, pensaron en lo que habían visto.
Simon había estado pensando especialmente en lo que había
ocurrió. Había visto tres criaturas completamente diferentes
manejándolo todo bien y siendo los mejores amigos. Él tuvo
percibió lo alegres que estaban como uno. Además, había visto
él mismo navegando uno al lado del otro con un delfín, los dos
obtener una carga de música similar y moverse.
Simon pensó en lo desolada que era su vida, nadando en
soledad, sin amigos y de mal humor. Se había sentido estricto
sobre estas cosas. Por lo tanto, eligió lo que debía hacer y decidió

se volvió gradualmente hacia el delfín y nadó firmemente hacia él

y comenzó a mencionarle lo que pensaba.

El sol era de un hermoso amarillo cuando salió del mar el

a la mañana siguiente, y el cielo era de un hermoso tono azul. También si

alguien se había quedado en la orilla, mirando hacia el

agua, habrían visto cuatro saldos cortando a través de las olas.

Habrían visto tres delfines y un tiburón, pero el tiburón

no estaba persiguiendo a Dudley y sus hermanas, ¡estaba jugando con ellos!

Simon le había informado a Dudley lo cansado que estaba de estar desolado

y cascarrabias. Le dijo lo mucho que necesitaba algunos amigos.

Además, le dijo lo magnífico que había sido ver a la rana, y la

mapache, y el cocodrilo, jugando y moviéndose y siendo el mejor de

amigos. Además, Simon pensó que si tres criaturas

tan diferente como esos podrían hacerlo, bueno, él y los delfines podrían

bien.

"Yahoo!" vitoreó el pez. "¡Estamos asegurados! Gracias,
Smiley Shark. "Ahora, muy lejos en un océano profundo en movimiento, vivía
Smiley Shark y todos sus amigos! Consistentemente, se pueden ver zambullirse y saltar, disparar y correr, salpicar y rociar y sonreír.

LA ESMERALDA DEL MAR

Después de un rato después de la noche, cuando todo estaba en calma, el Rey
se deslizaría a la cámara misteriosa, y abriendo los frentes
de los cofres de joyas, miraría larga y silenciosamente a la brillante
masa dentro.
Una noche, el Rey llevó a su vecino, el Emperador de los Siete
Isles, al cuarto de las joyas y le dio sus tesoros.
"¿Se pueden encontrar joyas más agradables en todo el mundo?"
dijo el Rey con alegría.
Definitivamente somos nobles ", respondió el Emperador, haciendo un gesto
mano oscura ". Entonces, ¿cómo es posible que la Sea Emerald no sea una

¿ellos? La Esmeralda del Mar es la joya más radiante del mundo. UNA
Hace mucho tiempo, un pescador de Dawn Land lo encontró en un
caja en forma que había sido barrida en sus redes por una tormenta. Cuando yo
era solo un joven príncipe, vi esto. Colgaba de la Princesa de
La garganta del amanecer por una cuerda y brillaba allí como si el secreto de la
el mar estaba envuelto en sus ojos.
"¿Dónde se puede encontrar esta esmeralda?", Preguntó el Rey, que había
vencer el impulso de agregar la joya a sus riquezas. "Hágamelo saber
que pueda presentar una empresa en su búsqueda sin un
momento de vacilación.

"No he oído hablar de él desde hace muchos, un año agotador", dijo el Emperador.
respondió, "pero creo que todavía está en la Tierra del Amanecer".
Tan grande fue la inquietud del rey por convertirse en propietario de
la Esmeralda del Mar, que apenas podía colgarse de la

primera parte del día. Durante toda la noche no durmió ni un guiño
por pensarlo y apenas tenia el escudo rojo de la mañana
El sol trascendía las esbeltas nieblas que yacían al borde del mar y
cielo cuando mand a llamar al rico comerciante para ir al castillo
sin un momento de demora.
Reflexionando mucho sobre la solicitud, el comerciante se apresuró a
residencia real y fue tomada en una fracción de segundo antes de la
Rey. En el momento en que el Rey lo vio, dijo: "Tú eres el
El comerciante más grande y extravagante de mis dominios. Saber,
en ese momento, tengo una asignación que te merece. En el
Land of the Dawn, una joya llamada Esmeralda del Mar está allí;
es su tarea encontrarlo y comprarlo para mí. Para tenerlo, yo
Daría todo el oro de mi dominio. Nota que vuelves
con él, porque si me bombardeas, mi ultraje te derribará ".

Ante estas declaraciones, el comerciante se inclinó y respondió
que le gustaría ese mismo día zarpar hacia la Tierra del Amanecer en
su barco más rápido. En ese momento, volviendo, dio órdenes.
que el mejor barco de la totalidad de sus armadas sea prontamente
organizado para la excursión. Así, rápidamente se hizo esto, que el
mercader navegó hacia la Tierra del Amanecer con la marea de la mañana.
Muchos días y muchos grupos, navegó, sobre mares resplandecientes, hasta que
Llegó al puerto de la Tierra del Amanecer. Los barcos eran
acercándose, y los barcos estaban abandonando la deslumbrante montaña-
entrada orbitada. Cómo las amplias velas tiraban de sus cuerdas como un
¡una brisa constante llenó sus blancas profundidades dobladas! Cómo
plateado resplandecían las arrugas de espuma que fluían desde el
arcos de empuje hacia adelante!
Besándose hacia los grandes, a pesar de todo reflejo de la

mar de finales de primavera, era una embarcación oscura inusual, con velas tan rojas como
fuego.
El comerciante aseguró su barco en un tranquilo estrecho y se apresuró
hacia la orilla para descubrir al Lord Tesorero del Reino. Él
Encontr a este noble tranquilo en un saliente de su palacio, que
descuidado el mar. Después de escuchar la historia del comerciante, el
noble comenzó con sorpresa y dijo: "Simplemente has pasado el
¡punto sin retorno! A las órdenes de mi as imperial, el Príncipe
de la Tierra del Amanecer, vendí la Esmeralda del Mar sólo una
hora antes del as de un buque peculiar. Es obvio; ahí está ella
presente. "Y el Lord Tesorero llamó la atención sobre el mar
al barco oscuro con velas rojas, que era simplemente entonces
desapareciendo en el gran más allá.
Apreciando que el otro barco todavía estuviera a la vista, el comerciante

Se apresuró a regresar a su barco y lo persiguió. Afortunadamente para él

había una luna llena esa noche, por la cual la masa sombría y

se podían ver los polos influyentes de la extraña nave.

Durante todo el día siguiente navegaron, pero ni un centímetro más cerca del

siguiente barco vinieron, aunque el comerciante apiló su barco

con todo el lienzo que pudo soportar. Una noche mas y una mas

El día los descubrió no más cerca. Por fin, hacia la noche de

El tercer día, una gran tormenta llegó cruzando el borde del

mar; un impacto de viento golpeó el barco mercante, en ese punto un

diluvio de un aguacero, y la noche transcurrió de manera similar a como

la tormenta estaba en su estatura.

En el momento en que volvió la luz del día, el otro barco

había desaparecido; y aunque el mercader estresado navegó aquí y

navegó allí, nunca una indicación de que el forastero podría ser capaz

para descubrir. Finalmente, con abrumadora tristeza, se rindió
el viaje y regresó a su Rey con la mala noticia.
El rey, apenas necesito decirlo, estaba junto a él con furia.
y desilusión. Frunciendo el ceño tan espantosamente que sus cejas
casi conocido, le gritó al comerciante: "Villano, a través de ti, he
perdí la mejor joya del mundo! Si no lo descubre en un
año, tu vida y tus bienes me serán entregados ".
Al escuchar estas horribles palabras, el comerciante palideció, porque
Ya no pensaba dónde iba a estar la Esmeralda del Mar
encontrado que tuvo otro joven nacido. Sus dos hijos, cuando ellos
había escuchado su historia, le pidió que no se rindiera y proclamó
que esa misma noche irían adelante y buscarían el
esmeralda a través del mundo.
Ahora, porque el pobre comerciante no soportaba ser
muy desatendido, finalmente se convino en que el solitario

El hijo mayor debe ir en busca de la joya, mientras que el segundo
nacido debe quedarse en casa. Esto estaba muy en contra del deseo de
el hijo subsiguiente; considerando todas las cosas, así que fue
orquestado.
Así, el hijo mayor zarpó. Los días se alargaron en semanas, las semanas en meses, los meses en un año, pero el
el hijo mayor no regresó. Un vigilante de luchadores conducía el
miserable mercader ante el rey.
"De hecho, ¿has descubierto la Esmeralda del Mar?" dijo el
Rey.
"No", respondió el comerciante miserablemente. Además, ahora todos lo harían incuestionablemente se han hecho con el desgraciado comerciante,
¿No había pedido y suplicado su siguiente hijo al rey por un tiempo?
de descanso en el que él, también, puede buscar la esmeralda a través
el mundo. Aunque desde el principio se mostró reacio, el Rey finalmente
respetó la solicitud, pero reclamó una parte de la activos como ceder.

Por lo tanto, el hijo subsiguiente se alejó navegando. Los días se alargaron en
semanas, semanas combinadas en meses, los meses en un año, pero
el siguiente hijo no regresó. Tormentas bárbaras destruidas
muchos de los barcos mercantes que perdió la otra parte de su
activos y tuvo que tomar asilo en una casa sin esperanza junto a los pantanos
pasado el pueblo.
En la última noche del año que le concedió el Rey, el hombre miserable se sentó en su pobre casa junto a una desintegración
fuego de madera flotante, sintonizando con las olas rompiendo en la orilla del mar que
bordeó el pantano. A lo lejos, escuchó los timbres de la ciudad real
suena la hora del mediodía. Ninguno de los dos hermanos había regresado.
El segundo año de indulto había llegado a su fin; nada ahora podría
Quedará el disgusto del Rey.
Inesperadamente, apareció un vivaz roedor tat-tat en el
entrada.
"Estoy perdido", murmuró para sí el pobre comerciante. "Los Reyes

los oficiales están ahora en la puerta ". Y avanzando débilmente sobre
la habitación, abrió la puerta de par en par.
Un torbellino del mar sopló, que hizo retroceder el fuego de
la forma en sus manos, y luego, sobre el borde, se aventuró
el hijo menor. Todavía era un marinero y vestía de azul marino,
y había un alfanje en su cinturón. Tan conmovido de felicidad estaba
comerciante que durante bastante tiempo, no pudo simplemente
palabra, pero sólo se aferró a los hombros sustanciales de los jóvenes
marinero.
En cuanto al hijo marinero, logró decirle a su papá que había
regresó de terrenos lejanos esa misma noche y tenía bastante
Recientemente escuché de las debacles que habían abrumado a su
familia.
Como dijeron, se escucharon pasos afuera; y luego, sin
reprimiendo el golpe, un sargento del vigilante del rey

forzado a abrir la puerta y, seguido por un grupo de luchadores,
entró en la patética habitación y se llevó al comerciante y a su hijo
prisioneros. Pasaron la noche sobre la paja en el ilustres celdas, y hacia el comienzo del día fueron conducidos
ante el Rey.
Al observar al comerciante, el rey perturbado miró más
furiosamente que en cualquier otro momento en la memoria reciente, - por la pérdida de
la Esmeralda del Mar nunca había dejado de molestarlo, y
dijo: "Considerando todas las cosas, ¿has encontrado la Esmeralda del
¿Mar?"
"No", dijo el pobre comerciante.
"¡Trae al asesino!" gritó el Rey.
Es más, ahora, sin duda, el pobre habría pujado adiós a la tierra, no tuvo el hijo menor, similar a su
hermanos, intervino con el Rey.
Desde el principio, el Rey no oyó una expresión de ello, y
llamó a su vigilante para que se llevara a los prisioneros en un instante; pero

se murmura que el marinero, aunque poco más que un
muchacho, una vez había luchado con valentía y había sido lastimado lamentablemente en
la asistencia imperial, finalmente ofreció una oreja al más joven
petición del hijo y dijo: -
"De hecho, tendrá un año más. Pero tenga en cuenta que este año
será el último. Si no regresa con la Esmeralda del Mar dentro de doce meses, nada te perdonará. yo tengo
hablado."
Es más, de esta manera, el hijo marinero se fue en busca del
Esmeralda. ¿Qué sucedió en su búsqueda, en qué circunstancias
descubrió a sus hermanos, y cómo visitó la Ciudad bajo el
Mar, lo oirás en un abrir y cerrar de ojos.
Ahora el hijo menor tenía su propia vasija. Era bajo para
el punto que, cuando la brisa no, en este punto llenaba sus velas,
podía ser remado, y en este barco, el compañero marinero
comenzó su viaje. De puerto en puerto, de campo a

país, navegó, pero nunca encontró un espíritu que pudiera revelar

para él nada del extraño barco oscuro con las velas al rojo vivo o el

perdió la Esmeralda del Mar. Incluso los individuos de la Tierra del

Dawn podría revelarle que el diamante había sido

ofrecido a un príncipe desconocido.

Directamente el invierno del año lo abrumaba, y en uno de

las tormentas inesperadas que proclamaron el suceder al

fresco, su pequeña embarcación se dirigió a la costa en una costa accidentada y fue

antes del largo golpe en pedazos de los rompedores. Arrojado al

Mar durante la zona del desastre, el marinero fue tan arrojado y

pisoteado por las olas que llegó a la orilla inconfundiblemente más muerto que vivo. En realidad, de no haber sido por

pobre pescador y su esposa, no habría habido más

historia para contar. Estos grandes individuos, me complace afirmar,

salvaguardaba al marinero de la ira de las aguas y

lo amamantó para que recuperara el bienestar y la calidad una vez más.

En el momento en que su calidad estaba muy restablecida, el marinero

le contó a esta gran pareja cómo se había adelantado a buscar

por el ancho mundo la Esmeralda del Mar.

"Pero mi pobre amigo", dijo el cuidadoso pescador, "la Esmeralda de

el Mar había desaparecido para siempre de los ojos de los mortales ".

"¡Qué! ¿Conoces la Esmeralda?" gritó el marinero.

"Lástima, sí", respondió el pescador. "Hace dos años, el

Prince of the Unknown Isles envió el mejor barco de su armada a

la Tierra del Amanecer para comprar la joya. Un hermoso barco fue

ella, con un marco tan oscuro como la boca del lobo y velas tan rojas como el fuego. Mi hermano y navegué en su equipo. La joya fue llevada a bordo. Nuestra

El valiente barco zarpó hacia las Islas Desconocidas. Apenas éramos tres

días fuera de ver la zona, cuando una tormenta nos superó y hundió

el recipiente. Me arriesgué a ser arrojado al agua cerca de un gran
sección del poste y se aferró a él hasta que un buque que pasaba encontró
yo. De todos a bordo, solo yo aguanto. Cuarenta entiende mentiras profundas
la Esmeralda del Mar, nunca más para ser vista excepto por el
imbéciles criaturas de las aguas ".
Ante estos saludos, el corazón del valiente marinero se convirtió en hielo;
por cierto, gritó: "Oh, viejo amigo, me doy cuenta de que lo que dices es
válido, pero no desesperaré; porque, pase lo que pase, debería ahorrar mi
¡papá!"
Al escuchar esto, la esposa del pescador, un cuerpo decente y pacífico que
había querido sentarse en silencio, murmuró que sería bueno primero
aconseja a la Bruja de las Arenas.
"¿La bruja de las arenas? ¿Quién es ella y dónde podría
para descubrirla?" gritó el marinero.
"La Bruja de las Arenas habita a cien leguas de aquí",
respondió la esposa del pescador. "Todos los secretos de las aguas son

en su cuidado, y ella tiene una respuesta para todos ellos. Debieras
ve a ella y solicita su ayuda ".
Así que el marinero expresó su gratitud hacia el gran pescador y
su esposa y se dispuso a caminar cien leguas hasta el lugar del
Bruja de las Arenas. Su camino se extendía a lo largo de un desamparado y desolado
costa, en cuyo mar agitado orillas los huesos de madera de
los restos yacían en descomposición, medio cubiertos de piedras y maleza. Similar, mientras el sol del tercer día se hundía en las aguas cristalinas, el marinero apareció en la morada de la Bruja.
La Bruja hizo su hogar en un viejo barco abandonado, que un
tormenta de mucho antes había arrojado lejos las arenas. Con Respeto
a la misma Bruja, era una mujer tan vieja que el marinero
pensó que, sin duda, era más probable que no estuviera viviendo
cuando la luna y las estrellas fueron hechas. Una franja de conchas marinas
orbitaba la corona de su sombrero alto, y alrededor de sus muñecas estaban

brazaletes de grandes bígaros.

De manera similar, cuando el marinero se dirigió hacia la puerta de la Bruja, un joven

piel de foca, que había estado tomando el sol en un pequeño estanque a la izquierda a lo largo del orilla del mar por la marea, salió corriendo de su charco, y corriendo

rápidamente hacia él en sus flappers, acurrucó su mano con su

cabeza lisa y húmeda, muy parecida a la de un perro joven.

"¡Abajo, Neptuno, abajo!" gritó la Bruja ensordecedora.

"Adiós, señora", se despidió el marinero en su forma más educada.

camino.

"Eres la tercera persona que ha venido aquí para preguntarme

pregunta que solicitarás ", gritó la Bruja de las Arenas, cuya

Las fuerzas mgicas le haban descubierto la razn de que el marinero

viniendo. "¡Te conozco! Eres el hijo menor. Tus dos hermanos

he estado aquí para preguntarme el camino bajo el mar, y le dije

ellos; pero favoreceme, aún no han vuelto. Muy parecido a

a los jóvenes a pasar por alto la advertencia de un adulto mayor. He conseguido un

cerebro decente para no revelarte el camino a las profundidades;

De hecho, no lo haría si no fueras marinero y descendiente de la

Mar. De hecho, puedo mostrarte el camino hacia el fondo del mar; pero tu

no debería obtener alguna información sobre la Esmeralda, porque yo

no tengo ni idea de dónde se encuentra. Probablemente fue en la tierra

of the Dawn, ¡y eso es lo último que supe de él! En el momento en que

llegas a las aguas subterráneas, recuerda eso. Necesitarás

apresurarse como una brisa para el año, que el Rey le dio a su

papá, casi se ha ido. ¡Intenta no hacerme preguntas! Me doy cuenta de que lo harás

pregúntale a uno porque no soy un hombre, y comprendo lo que harás

pregunta porque soy una bruja ".

Además, la extraña anciana se rió disimuladamente y, poniéndola

manos en su abdomen, influenciada tan brutalmente de lado a lado

que las conchas marinas de su sombrero se agitaron y chasquearon. En ese punto,
después de un respiro para reunir el aliento, procedió: "Antes de que
puede bajar a las aguas, tendré que darte un anillo. Cerebro, tráelo de vuelta, porque solo hay tres de ellos en
el mundo entero, y tus hermanos tienen los otros dos. Bondad
yo, pero no tengo la menor idea de por qué dejé que se llevaran mi
anillos mágicos. Desde entonces otra vez, no sé si te dejaré tomar
mi anillo. Sea como fuere, ha estado a la vanguardia de mi
pensamientos durante bastante tiempo para decirle al Rey de la Ciudad bajo el
Sea que ha estado aconsejando a la marea que entre y salga también
cerca de mi barco. Puedes tomar el anillo si prometes transmitir mi
mensaje.
Hubo una interrupción y el marinero, que había sintonizado con todos
Las palabras de las brujas, se comprometieron seriamente a transmitir su mensaje al
Rey bajo el mar. Iba a plantear una pregunta o dos,

cuando la Bruja de las Arenas, exhalando otro largo, largo suspiro,
gritó una vez más: "¡Intenta no hacer preguntas! He informado
una vez, y te lo dije dos veces, y te haré saber lo mismo
tantas veces como gotas de agua en el mar! La manera
a la ciudad submarina comienza cien leguas hacia el
norte; en los altos acantilados, cuando la marea está baja, descubrirás
la boca de una gran cueva; caminar por esta cueva, y más lejos y
más abajo y más abajo, hasta que sienta que el agua asciende
tus pies. En ese momento, colóquese mi anillo y camine con fuerza hacia adelante.
En poco tiempo, verá la ciudad brillando en las aguas. Una vez
allí, busque al Rey y hágale saber su misión. Pero bajo ninguna circunstancia "(y aquí la Bruja se volvió gravemente
ciclo tres veces), "comer o beber cualquier cosa que se le ofrezca mientras
estás bajo el agua. Si lo hace, pasará por alto todo de tu existencia anterior, tu papá, tu viaje,

y la Esmeralda del Mar. Haz pasar una gota por tus labios, y
usarás el resto de tu vida bajo las olas. Aquí está el anillo encantado. Ponlo en tu bolsillo ".
Con estas declaraciones, la Bruja sacó de una pequeña piel de becerro
bolso un anillo básico brillante y se lo dio al hijo menor, quien
se metió el anillo en el bolsillo, dio las gracias a la bruja y partió hacia
la caverna, que impulsó la Ciudad bajo el mar. Usted podría ser
Seguro que no tardó en descubrirlo. A raíz del sentimiento
cauteloso en su bolsillo para comprobar si el anillo estaba todavía
protegido, el marinero se sumergió en la cueva sinuosa. En un breve
marco de tiempo, el trueno de las olas en la orilla del mar, que
había sido bullicioso en la boca de la caverna, comenzó a difuminarse
y se desmayó y el pasaje se volvió oscuro y frío. Sensación
para la misa de la entrada con una mano, el hijo menor
progresó en la oscuridad. Criaturas del mar, con ronda

ojos brillantes, lo miraban desde charcos poco profundos, y de vez en cuando
a menudo, su mano, corriendo a lo largo del divisor, entraba en contacto y
Sacuda de su lugar una estrella de mar o un gran caracol.
Más y más abajo y más abajo iba el marinero. Directamente él
escuché el lamido de ondas en la neblina, y un par de
momentos después, sintió que avanzaba hacia aguas cada vez más profundas.
Deteniéndose por un momento, se puso el anillo brillante. En ese punto,
caminando una vez más, sintió que el agua ascendía desde su
piernas hasta la cintura y desde el estómago hasta la garganta. Uno
etapa más y el agua se cerró sobre su cabeza. Una vez bajo las olas, el marinero titubeó, dudando sobre
en qué dirección girar. Poco a poco, en cualquier caso, sus ojos se volvieron
acostumbrado al poco de agua, y vio, tendido en el último par de
de pies delante de él, una bolita brillando con un pálido resplandor

ligero. Yendo tan lejos como para contactar con este extraño artículo, el marinero
descubrió que era una pequeña planta marina redonda que había asegurado
a la piedra, y poco a poco descubri que esta luz no era sino
uno de los miles que juntos formaron una larga línea recta
sobre el piso llano del mar. Visualizando correctamente estas luces
para ser indicaciones de una calle del mundo marino, el marinero progresó
junto con ellos.

CIUDAD BAJO EL MAR

Casi no había luz allí, deja algo a un lado para eso que atravesó las aguas del mundo de arriba y esto fue
pero un apagón, un destello verde claro, que yacía, más como una sombra
que una luz en los tejados y los puntos más altos de la torre de la
pueblo bajado.
El marinero caminó sin ser desafiado por la puerta y encontró
él mismo en el camino alto de la Ciudad. A lo largo del camino expansivo

desarrolló plantas marinas gigantes con hojas de colores terrosos, establecidas en
columnas como árboles, y a través del follaje que se movía
vigorosamente en las corrientes, pequeños peces se precipitaban como criaturas voladoras.
Muchas personas caminaron gradualmente de un lado a otro de manera extraña
individuos del mar; todos vestidos igual con piezas ajustadas
de ropa de escamas brillantes, parecidas a peces.
El marinero examinó sus rostros y vio que una brillante amplia
anillo rodeó a los estudiantes de sus ojos. Inesperadamente, dos hombres de
el mar, reconocido de los demás por hojas de piedra roja,
viajó por el agua y sujetó al marinero en su
manos palmeadas, lo apresuraron ante el Rey de las Aguas Submarinas.
En una posición real de coral, en un gran vestíbulo techado con un alto
bóveda rotonda, se sentó el Rey. Las corrientes de agua dentro eran
espléndida, y una extraña luz verde claro penetró a través del

pasillo de una especie de manantial de luz en el punto focal del piso
bajo la bóveda. Moviéndose hacia este manantial brillante, el
marinero descubrió que era una masa de brillantes criaturas marinas, que vivían
flores de las profundidades, que, incluso mientras miraba, mezclaban sus
pétalos desconcertantes.
"Bienvenido, el Portador del Anillo Encantado", dijo el Rey, mirando
con dureza al marinero con sus enormes ojos brillantes. "Vienes en un
tiempo bendito. Esta misma noche alabamos la boda del
la segunda de mis tres niñas con el portador humano del
anillo posterior. Apoyarse en los medios de la posición de
realeza, porque llegarán sin demora. Permitir el ¡Que suenen las trompetas! "
A esta orden, dos jóvenes del Mar levantaron enormes
caracoles a la boca y sonarlos.
Puertas altas en una fracción de segundo se abrieron de par en par, y un deslumbrante desfile ingresó. Para empezar, parecían doce páginas; en ese punto, en

caminó la siguiente niña del Sea King, conectada en la cadera
con un joven alegre, en quien el marinero percibía su
segundo hermano más establecido.
Poco a poco, las caracolas sonaron una vez más.
"¡El Príncipe y la Princesa!" gritó una voz. El Rey resaca
desde su posición de realeza y murmuró al oído del marinero:
"Mi hija mayor y su media naranja. Estuvieron casados sólo un
año anterior. El Príncipe es un joven del mundo de arriba y
lleva el primero de los anillos encantados ".
Ahora la princesa mayor del mar puso un pie, paseando al lado de
su mejor mitad. Es más, en el cónyuge, el joven marinero
contempló al mayor de sus dos hermanos. Además, aunque los jóvenes
marinero les soltó los brazos, ninguno de sus hermanos
Recordó que él, durante un tiempo desmayado y hambriento, habían
pasó por alto la advertencia de la Bruja de las Arenas y había comido

del pan del inframundo. De esta manera tuvo el recuerdo
del mundo, la Esmeralda perdida y la situación de su padre
borrosa.
Las caracolas sonaron por tercera vez.
"Ve al banquete de bodas", gritó el rey. "Te sentarás cerca
a mi hija menor ".
Además, ahora el muchacho marinero, desordenado, se apresuró a
en el pasillo del banquete y se sentó en la mesa real cerca de
la hija menor del Rey. Además, ella era una notable,
generalmente hermoso de los tres. Al ver que el hijo menor
no tocó ningún alimento, ella le dijo: "¿Por qué no saboreas
el banquete de bodas? "
—Princesa —respondió el marinero—, he ido a la
Aguas para buscar la Esmeralda del Mar; por si vuelvo a
mi nación sin ella, la vida de mi padre será abandonada. OK, tengo
¿pasado por alto?"
"Sea como sea, nunca descubrirás la Esmeralda del

¡Mar!", Gritó la princesa.

"¡Nunca descubras la Esmeralda del Mar! ¿Qué quieres decir?" dijo

el marinero inquieto.

"La Esmeralda del Mar se ha desvanecido", prosiguió con el pequeño

Princesa, fijando al marinero con sus ojos dorados. "Hace mucho tiempo,

fue sacado de la tesorería de mi padre por un malvado príncipe de los

Submarinos. Mi papá lo buscó y lo expulsó. Sin embargo, en la batalla, la esmeralda se perdió y ascendiendo a

la superficie, se desplazó hacia las costas de la Tierra del Amanecer. Ahí

se quedó hasta que el Príncipe de las Islas Desconocidas lo compró y

lo quitó en su barco negro. Este barco, derrotado por una tormenta, se hundió;

sin embargo, no sabemos dónde está. Sin embargo, hemos buscado

a lo largo y ancho de las aguas. Quien lo descubra será

as de la tierra bajo el mar, porque la esmeralda es as de cada uno

de nosotros. Mi papá no moverá un dedo para ayudarte a descubrirlo;

sin duda, si se da cuenta de que lo estás buscando,

te obligan a comer del pan de las aguas. Estado nada, posteriormente, de su misión ".

Ante estas palabras, el corazón del audaz marinero se hundió. Ciudado con el

El aviso de la bruja, desafió al contacto sin ningún alimento,

sin embargo, se dio cuenta de que el ansia pronto adquiriría

fallando su tren. Puede descubrir la esmeralda de inmediato, o

debería abandonar todo deseo de descubrirlo. No pudo vivir

mucho tiempo si no tocaba ningún alimento y, sin embargo, una pieza

tocó sus labios, pasaría por alto el mundo superior.

A lo lejos, el pobre comerciante, arrojado a la cárcel por el Rey,

vi pasar los días individualmente y el año más reciente

acercarse a su final. Todas las mañanas pedía noticias de su

hijo marinero y preguntar inútil.

Ahora, cuando terminó el banquete de bodas y el baile que

seguido estaba en su estatura, la mayor de las princesas la llamaba
hermana, la dama de la hora, se apartó y le dijo: "Deberíamos liberar
nosotros mismos de una vez por todas de este novato. No observas que es
el hermano menor de nuestros esposos? Lo observé aflojar su brazos hacia ellos mientras pasaban. ¿Quién puede decir, sin embargo, que puede
alejarlos de nosotros? Aconsejemos a nuestros trabajadores que se acuesten
apretado para él y librarnos de tal amenaza ".
Eso dijo la hermana mayor de los ojos dorados. Tsk-tsk, temo que
los individuos de las aguas subterráneas están aquí y allá tan
impactantes como los del mundo de arriba.
Más tarde esa noche, de manera similar a como el pobre marinero estaba
una de las entradas extraordinarias, doce o más rebeldes masivos
en la administración de la hermana mayor cayó sobre él, lo ató
con cuerdas, y lo arrastró a través del agua hasta los corrales reales.
Ahora los individuos de las aguas subterráneas, sin ponis, - por

Los ponis marinos son, sin embargo, animales menores - se habían retenido
increíbles delfines para transmitirlos. Cien de estos
bestias, cada una con un anillo de bronce en la nariz, se alinearon en el
bordes de los corrales, y en el más feroz y enojado de todos, el
Los trabajadores de Princess ataron al marinero. Cómo el pez increíble, colocado
a una barra con una cadena y su anillo en la nariz, tiró, rodó, se desvió,
y azotó su cola! Cada uno de sus giros fue de poca
consecuencia, porque el pobre marinero pronto estuvo asegurado
su espalda con una cuerda de algas. En ese momento, el animal estaba
descargado de su cadena, dado un golpe como una ocurrencia tardía con un
látigo de piel de tiburón, y transformado en la naturaleza de la tierra
aguas.
Durante 30 minutos, el pez, asustado por su peso, huyó al rayo.
aceleró sobre las cimas de la ciudad y aceleró hacia el desolado

llanura. En ese momento, deteniendo su angustiado vuelo, intentó
de nuevo para sacudirse liberado del marinero. Se volvió, él
saltó, se hundió, pero todo inútil, porque el marinero estaba a salvo
pegado a su espalda. Aterrorizado una vez más, con un movimiento rápido
de sus extraordinarios saldos, disparó brutalmente hacia el otro lado
y se apresuró interminablemente hacia la penumbra. A lo largo de todo eso
noche, huyó. Cerca de la mañana del día siguiente,
Sin embargo, el marinero logró liberar un brazo y sacar el
alfanje de su cintura. Con esto, ejecutó un trabajo corto de
sus ataduras y se alejó de los peces. Lo extraordinario
criatura, transportada por el peso que había sobre ella, se elevó sobre
la punta de su cola y dispar frenéticamente hacia la superficie, y el
marinero cayó por las aguas hasta la base.
Débil y hambriento, el pobre y joven marinero miró a su alrededor en el

medio agonía y terminó en las pendientes más bajas de un hundido
montaña que asciende de las profundidades del mar. Hacia ningún camino
Podrá localizar una indicación de la Ciudad bajo el mar.
Sin embargo, confiando en ver mejor desde la cima, eligió escalar
eso. Plantas extrañas y conchas yacían en la fisura de las rocas llenas de maleza,
cardúmenes de peces espléndidos huyeron a su lado como rayos vivientes, y gigantescos
los cangrejos se fueron cuando apareció. De la nada, acostada sobre ella
en un pequeño desfiladero de la montaña, vio un barco, el barco negro
de la Esmeralda del Mar! Cansado y frágil como estaba, tomó
el marinero todavía un segundo para subir a bordo y pasar corriendo
postes estropeados en la cabaña del patrón. Un verde consistente
resplandor brilló en un rincón de la habitación llena de maleza, y corriendo
hacia ella, el marinero encontró, finalmente, la Esmeralda del Mar. los
contenedor que lo había amurallado se había descompuesto y se

destruido.

"¡Triunfo!" gritó el marinero, "¡un triunfo! La esmeralda es mía

finalmente, y perdonaré a mi papá ".

Sacó la increíble gema de la caja destrozada y la dejó en

la copa de sus dos manos ¡cómo brillaba sobre la pálida sustancia!

En ese momento, empujarlo en un bolsillo y agarrarlo con una

mano, salió corriendo de nuevo a la ladera de la montaña.

En el mundo de arriba, fue una gran tarde y el nivel

los rayos del sol golpean profundamente las aguas verdes. Entonces

brillante se había vuelto la inclinación, que el marinero estaba seguro de que

no pudo estar muy lejos del exterior de las olas. También,

si el pico trascendiera las aguas, daría forma a una isla en

el mundo superior. Así fue. Saltando hacia lo más alto

punto de la montaña, el marinero inicialmente escaló un alto acantilado, y en

el punto más alto de este, encontró una delicada pendiente de arena. los

Los rayos del sol ahora iluminaban el agua tan espléndidamente que el aire
parecía estar a solo un poco de distancia. Poco a poco, un
El cangrejo de la orilla del mar se alejó hábilmente de debajo de los pies del marinero.
El agua se puso especialmente más caliente. ¡La orilla estaba al alcance!
Un par de pasos más, y el hijo menor se levantó en el
orilla del mar de una hermosa isla.
Medio cegado por el sol, salió hacia la tierra seca.
Allí descubrió unos deliciosos productos naturales.
desarrollo y una corriente ondulante de agua de piedras preciosas. Él
comió y bebió, y su calidad volvió.
Él mismo una vez más, el marinero tomó la Esmeralda del Mar en su
agarrar y gritar,
"Por la intensidad de la Esmeralda del Mar, reúno aquí a los dos
princesas mayores de las aguas subterráneas, y mis dos hermanos, sus
¡esposos!"
Hubo un sonido de rugido distante bajo el cielo azul claro. Y

después de un segundo, cuatro cabezas emergieron del agua y sacudieron
la lluvia de sal de sus ojos. Las princesas y los hermanos
patrullaron por los bajíos hasta donde estaba el marinero.
Ahora, las princesas se asustaron especialmente cuando observaron
el marinero sosteniendo la poderosa esmeralda y cayendo de rodillas
ante él, le imploró que excusara sus malas acciones, y no
para eliminar a sus amigos y familiares. Las lágrimas cayeron de sus
ojos dorados y mezclados con las gotas del mar salado a pesar de
todo fluye por sus escamas negras. Con respeto a
hermanos, se hubieran arrojado sobre el marinero; tenido
ni el poder de encantamiento de la esmeralda impidió su
metodología.
"Ten piedad y perdón", dijo la menor de las hermanas. "Todas
Consideradas las cosas, si no te hubiéramos hecho vivaz, tú
nunca hubiera descubierto la esmeralda ".

"De hecho, eso es válido", dijo el marinero. "Mis hermanos elegirán
para ellos mismos. Romper, en ese punto, el hechizo que los ata a
bajo las aguas, les restablece la memoria de la pasado, y si luego deciden quedarse, haré un esfuerzo para no
para llevarlos lejos. ¡Invierte el hechizo! "
"Eso se hace cómodamente", dijo la hermana mayor. "Que, sin embargo,
contacto con el alimento o la bebida del mundo superior, y su
la memoria volverá ".
Es más, en menos tiempo del que se tarda en contarlo, ofrecieron las hermanas.
los hermanos encantadores agua del arroyo. En el momento en que
se habían derrumbado, ambos hermanos se pusieron pálidos, sus ojos
se abrieron de par en par, y miraron de manera tan extraña como hombres de la nada
despertó del descanso. En ese momento, al ver a su hermano menor,
corrieron hacia él, lo abrazaron y posaron
mil consultas sobre su papá y la misión del Esmeralda.
El dorado miró hacia las damas las miró con miserable

Los rostros, por último, rompieron a llorar con calma. Visualiza su euforia, cuando sus esposas volvieron a ellos y les ordenaron ser de aliento.

De esta manera, el romance genuino fue visto como más fuerte que el hechizo más fuerte.

Cuando las princesas del mar se secaron las lágrimas, el marinero y sus hermanos consultaron cómo la Esmeralda del Mar puede ser llevado al rey para salvar la vida de su padre. Puede decidir de la conmoción del marinero cuando descubrió que debido a una terrible error en los horarios y tickers de Sixes y Sevens (una ciudad que él había visitado mientras seguía buscando la esmeralda), la vida de ¡su padre había sido entregado al rey tres días antes!

En cualquier caso, ahora deberíamos volver al pobre comerciante él mismo.

Durante el tercer año, el pobre se había acostado en una pequeña celda en

las prisiones ilustres, esperando tensamente, bondad, así
inquieto, para escuchar el rápido avance del hijo marinero en el
pasos sinuosos simplemente fuera de la entrada de su prisión. En cualquier caso, el
El año concluyó, como probablemente sepa, sin su llegada.
Por tercera y última vez, los relojes de la mansión llevaron a los pobres
hombre ante el Rey. Ahora el Rey nunca había excusado el
comerciante por la pérdida de la gema; su vergüenza, sin duda, había
se expandió con los años, y se alegró de que finalmente pudiera
rendir su retribución.
"¿Has descubierto la Esmeralda del Mar?" dijo el Rey,
brutalmente. Se paró erguido sobre los medios de su asiento judicial, los brazos
se derrumbó, los ojos fijos en un ceño negro y furioso.
"No", dijo discretamente el comerciante.
"En ese momento, lo buscará usted mismo", gritó el Rey. También,
dio órdenes de que el comerciante fuera atado de pies y manos y

arrojado a un pequeño bote sin alimento ni bebida, y
luego enviado a la deriva asombrosa en los mares desolados. Por lo tanto, este
Se hizo una terrible sentencia.
Atado de manos y pies, raro listo para moverse de un lado a otro, el
El comerciante yacía inmóvil en su pequeño arte y contemplaba el cielo azul.
Directamente lo conquistó un descanso misericordioso y teniendo en cuenta que
durmió, surgió una brisa que despejó el pequeño bote a lo largo
con eso.
Mientras tanto, en la hermosa isla, el marinero y su
asociados, aturdidos por su revelación, comenzaron los arreglos para
vuelve a las aguas subterráneas. Del mismo modo, al caer el crepúsculo, todos
caminaron juntos hasta el borde del mar oscuro y
progresó en las olas.
De la nada, el marinero, cuyos ojos eran los más rápidos, vio un
pequeña embarcación varada rápidamente a la deriva. Ahora atrapado en un reflujo y

flujo de la costa poco profunda, se desplazó hacia los lados; actualmente
movido por la marea creciente, se deslizó, la proa resaltó la orilla.
El marinero corrió hacia él y se aferró a él. Inesperadamente él
articuló un llanto tintineante! El viejo comerciante yacía en el barco
suelo. Él, a pesar de todo, vivió, porque pudieron verlo.
tiernamente relajante. Levantándolo con delicadeza, los tres hijos transmitieron
lo llevó a la orilla, soltó sus ataduras y le dio vida espalda.
Ahora, cuando el comerciante era él mismo una vez más, el marinero,
a través de la intensidad de la esmeralda, hizo que las ondas transmitieran un
barco increíble a la isla. Los tres hijos, las dos princesas,
con el viejo comerciante regresó a la nación del comerciante en
este barco. Todos aterrizaron sutilmente, sin embargo, porque se dieron cuenta de que el
King furioso se aferraría a ellos si supiera de su llegada.
Así, sucedió que, una noche, no mucho después de la

regreso a casa, se le dijo al marinero que el Rey había sabido sobre la ruptura del comerciante y estaba enviando
porteros para capturar al comerciante y sus colegas.
Era casi mediodía cuando el marinero recibió la advertencia. Tomando
la esmeralda con él, avanzó hasta una ventana junto al mar, y
gritó sobre las aguas del crepúsculo,
"Las aguas del mar se elevan y dominan la residencia real del
¡Rey!"
Ahora la residencia real del rey estaba separada sin que nadie
más en una lengua de tierra corriendo fuera de la vista la marea, y pronto
las aguas crecientes corrían sobre los suelos de mármol y
entrando por las ventanas. Individualmente, las luces en el
mil cuartos, tocados por las olas, murmuraban, vacilaban y
transcurrido. Los mercenarios de la residencia real, toda la pandilla, corrieron
se fue de buena gana y dejó la oscura mansión a su destino. Gradualmente

el agua que impulsaba se arrastraba desde los divisores hasta las galerías,
desde los voladizos hasta las torres, y desde el pie de la
torres a su mejor nivel excepcional. Toda la luna finalmente pudo ver
mientras brillaba sobre la inundación era la veleta climática de la mayoría
torreta digna de mención de todas. Deberías haber visto la pequeña ola
¡Salude y rompa! Por último, incluso la veleta se desvaneció
bajo las olas negras.
Aseguró su misteriosa habitación del tesoro, abriendo los cofres de gemas en un
progresión constante, el Rey permaneció muy ignorante de la
catástrofe. Durante bastante tiempo, ningún establo lo contactó en su
refugio cubierto, porque la entrada de la sala de la fortuna estaba
gruesa y sólida. Inesperadamente escuchó detrás de él el sonido de
cayendo agua y moviéndose en la dirección de la entrada, visto
oleadas de agua que brotan a través de las entradas entre
Entrada y su carcasa. El espanto golpeó; vio el

la entrada estalló de sus cerraduras y pivotes; un curso atronador de
agua de mar fría entró a raudales en la habitación, y después de un segundo, el
toda la mansión se desintegró y se autodestruyó. Ahora, cuando el Rey se encontró con sus desiertos, los individuos
de la nación, que miraba increíblemente al comerciante, le ofreció
La corona; sin embargo, lo rechazó y se lo dio a sus dos
hijos. En consecuencia, sucedió que la nación tenía dos reyes.
Cada hermano gobernó así durante medio año de cada año y pasó
los otros seis bajo el mar con el dorado mirando hacia
individuos de las aguas.
En cuanto al muchacho marinero, navegó por el mar durante mucho tiempo,
por último, se casó con una linda sobrina de la Bruja de las Arenas. A eso
punto, como todos los marineros, se fue a vivir a la nación. Su casa
está labrada de piedra oscura, la hiedra se mueve sobre ella y las plantaciones de manzanos yace debajo de sus ventanas.
Es más, todos vivieron felices para siempre.

POR QUÉ EL MAR ES SALADO

Una vez en un período, sin embargo, fue mucho, mucho tiempo antes,
Eran dos hermanos, uno era rico y el otro era pobre. Ahora,
una víspera de Navidad, el pobre no tenía tanto como un
bocado en la casa, tanto de carne como de pan, así que fue a su
hermano para acercarse a él por algo para celebrar la Navidad,
en nombre de Dios. No era la primera vez que su hermano tenía
se ha visto obligado a apoyarlo, y puede que extravagantes
no se alegró de ver su rostro, pero dijo:
"Si haces lo que te pido que hagas, te daré un lado de tocino".
Entonces, el hermano pobre prometió hacer cualquier cosa y estaba rebosante
con mucho agradecido.
"Considerando todas las cosas, aquí está el flitch", dijo el hermano rico,
"y ahora vete directamente al infierno".
"Lo que he dado a hacer mi afirmación, debo cumplir", dijo

el otro, así que tomó el flitch y se puso en marcha. Caminó todo el
día, y al atardecer, fue a un lugar donde vio un brillante
ligero.
"Quizás este sea simplemente el lugar", dijo el hombre. Así que se volvió
aparte, y lo primero que vio fue un anciano, un adulto mayor, con
un largo vello facial blanco, que permaneció en un inodoro, cortando leña
para el fuego navideño.
"Genial incluso", dijo el hombre del flitch.
"El equivalente a ti; ¿adónde, vas tan tarde?" dijo el
hombre.
"¡Gracioso! Me iré al infierno, si supiera el camino correcto"
se dirigió al pobre.
"Considerando todo, no estás muy equivocado, porque esto es el infierno", dijo
la persona mayor; "cuando entres estarán totalmente
apoya la compra de tu flitch, porque la carne es rara en el infierno;
sin embargo, tenga en cuenta que no lo vende a menos que obtenga el molinillo de mano

que queda detrás de la entrada para ello. En el momento en que tu

Sal, te mostraré cómo lidiar con el molino, porque es

aceptable para machacar casi cualquier cosa ".

Entonces, el hombre con el flitch apreciaba al siguiente por su confiable

consejo y dio un golpe increíble en la entrada del diablo.

En el momento en que entró, todo era similar al persona había dicho. Todos los ángeles caídos, extraordinarios y pequeños,

se acercó a él como un ciclo de hormigas en una colonia de hormigas

lugar, y cada uno intentó superar al otro por el flitch.

"¡Bien!" dijo el hombre, "por derecho, mi anciana y yo deberíamos haber

esta trampa para nuestra cena de Navidad; sin embargo, desde que todos empezaron

para quererlo, supongo que debería entregárselo; pero si lo vendo por cualquier

tramo de la imaginación, tendré para ello el molino detrás de la

entrada allí. "

Desde el principio, el diablo no sabría acerca de tal trato y burlado y disputado con el hombre; sin embargo, se adhirió a lo que

dijo, y finalmente, el diablo necesitaba dejar atrás su quern. A

el momento en que el hombre salió al patio, le preguntó al viejo

leñador cómo iba a tratar con el molinillo. Después de que tuvo

descubrió cómo utilizarlo, dijo gracias a la persona mayor

y se fue a casa lo más rápido posible, pero al mismo tiempo,

el reloj había dado las doce en la víspera de Navidad antes de que él llegara a

su entrada.

"¿En qué parte del mundo has estado?" dijo su anciana;

"aquí me he sentado durante mucho tiempo haciendo una pausa y viendo, sin

tal como dos palos para poner juntos bajo la Navidad

brose ".

"¡Bondad!" dijo el hombre, "No pude regresar antes,

porque necesitaba recorrer un largo camino primero para algo determinado, y

después por otro, sin embargo, ahora percibirás lo que

ver."

Así que colocó el molinillo sobre la mesa y lo ordenó como una cuestión de

luces de granulado de primera importancia, en ese punto un decorativo

esparcir, en ese punto carne, en ese punto cerveza, etc. hasta que hubieron

Conseguí todo decente para la admisión de Navidad. Él tenía únicamente

para expresar la palabra, y el molino molió lo que necesitaba.

La anciana se quedó de regalo sus estrellas y siguió preguntando

dónde había conseguido este brillante molino, sin embargo, no la aconsejaría.

Entonces, colocó el molinillo sobre la mesa y se despidió sobre todo

otras luces sonrieron, en ese punto una extensión decorativa, en ese punto

carne, en ese momento cervezas, etc. hasta que tuvieron todo decente

por cargo de Navidad. Tenía que expresar la palabra de forma única, y

el molino molió lo que necesitaba. La mujer mayor

se quedó regalando sus estrellas y siguió preguntando de dónde había sacado este gran molino. Sin embargo, él no la aconsejaría.

"Es de cada uno de donde lo saqué; ves el molino es decente, y el flujo de fábrica nunca se congela, nada más".

Entonces, molió carne y bebida lo suficientemente sabrosa como para durar hasta Día 12, y al tercer día, pidió a cada uno de sus compañeros y parientes a su casa y dio una extraordinaria

gala. Ahora, cuando su hermano rico vio eso estaba sobre la mesa, y

cada uno de los que estaban atrás en la habitación, se enojó mucho

salvaje, porque era incapaz de tolerar que su hermano debiera

tener cualquier cosa.

"Fue solo en la víspera de Navidad", dijo al resto, "estaba en tal

vías fluviales que vino y pidió un poco de alimento en

El nombre de Dios, y ahora ofrece una experiencia culinaria como si

chequeó o rey; "y fue a su hermano y le dijo:

"Sea como fuere, ¿de dónde, en nombre del infierno, tienes estos

¿riqueza?"

"Desde detrás de la entrada", respondió el propietario de la Quern, porque a él no le habría importado menos derramar los frijoles. Sé eso como puede, más tarde en la noche, cuando había recibido una gota excesivamente, no pudo permanecer más discreto, y sacó el quern y declaró:

"Ahí, ves lo que me ha traído estas riquezas"; así, hizo el molinillo sonreía todo tipo de cosas. En el momento en que su hermano lo vio, puso su corazón en tener el molino, y, después de un arreglo de halagos, lo consiguió. Sin embargo, necesitaba pagar 300 dólares por él, y su hermano se ocupó de guardarlo hasta la cosecha, por pensó, si lo guardo hasta, en ese momento, puedo hacer que sonreía carne y bebida que durará bastante tiempo. Entonces puedes sentirse extravagante, el molinillo no se corroyó por la necesidad de trabajo, y cuando llegó la recolección de heno, el hermano rico lo consiguió, pero

el otro se cuidó de no mostrarle cómo lidiar con eso.
Fue la noche en que el hermano rico llevó el molino a casa y
a la mañana siguiente, le aconsejó a su esposa que saliera al
campo de heno y arrojar mientras los cortadores cortan la hierba, y él
Quédate en casa y prepara la cena. En este sentido, cuando
La hora de la cena se acercó, puso el molino en la mesa de la cocina
y declaró:
"Sonreí arenques y caldo y les sonrió grande y rápidamente".
Entonces el molino comenzó a sonreír arenques y caldo; como una cuestión de
primera importancia, todos los platos llenos, en ese punto todas las tinas llenas,
etc. hasta que el piso de la cocina estuvo bien asegurado. En ese punto, el
El hombre se contorsionó y se volvió hacia el molino para que se detuviera.
Sin embargo, a pesar de todos sus movimientos y dedos, el molinillo continuó
sonriendo, y en poco tiempo, las acciones subieron tanto que el hombre

parecía asfixiarse. Así que abrió la entrada de la cocina
y corrí a la sala, pero no pasó mucho tiempo antes de que el molino
llenó la habitación también, y estaba claramente en peligro de
su vida que el hombre pudiera hacerse con el gancho de la casa
entrada a través del aumento de existencias. En el momento en que consiguió
la entrada abierta, salió corriendo y partió no muy lejos, con el
subida de arenques y ganado pisándole los talones, tronando como una cascada
sobre toda la casa.
Ahora, su anciana, que estaba en el campo arrojando heno, pensó que
mucho tiempo para cenar, y finalmente, dijo:
"¡Bueno! Aunque el as no nos llame a casa, deberíamos irnos.
Posiblemente piense que es difícil calentar el stock y
alégrate de mi ayuda. "
Los hombres estaban lo suficientemente dispuestos, así que caminaron de regreso a casa; Sin embargo, de manera similar, como habían subido un poco por la pendiente, ¿qué

si encontraran arenques, ganado y pan, todo corriendo
y corriendo, y rociando juntos en un arroyo, y el as
él mismo corriendo ante ellos por su vida. Al pasar junto a ellos,
reprendió: "Ojalá el paraíso cada uno de ustedes tuviera cien
gargantas! En cualquier caso, tenga cuidado de no asfixiarse en el
valores."
Se fue, como si el Maligno le pisara los talones, a la casa de su hermano.
casa, y le imploró por el bienestar de Dios para reclamar la
quern ese momento; porque, dijo él:
"Si muele solo una hora más, toda el área será devorado por los arenques y el ganado ".
En cualquier caso, su hermano no sabría si retirarlo hasta
el otro le pagó 300 dólares más.
Así que el hermano pobre se quedó con el dinero y el molino. No era
mucho antes de que estableciera una granja mucho mejor que la de
que vivía su hermano, y con el molinillo, molió tanto

oro que lo aseguró con planchas de oro; y como la granja
yacía junto al mar, la casa dorada brillaba y parpadeaba lejos
lejos sobre el mar. Todos los que pasaban, ponían barreras en la costa para ver el
rico en la casa dorada, y ver el magnífico molino, cuya popularidad se extendió por todas partes, hasta que no hubo nadie
que no lo había oído contar.
Entonces, un día, llegó un capitán que necesitaba ver el molino;
y lo primero que preguntó fue si podía sonreír sal.
"¡Sal molida!" dijo el propietario; "Me imagino que podría. Puede
moler cualquier cosa ".
En el momento en que el capitán escuchó eso, dijo que debería haber
el molinillo, costara lo que costara, porque si lo tuviera, supuso que
debería ser liberado de sus largos viajes a través de mares tempestuosos por un
carga de sal. Desde el principio, el hombre no sabría
dejando atrás el molino, sin embargo, el capitán preguntó e imploró

difícil que finalmente le dejara tenerlo, pero necesitaba pagar muchos,
muchos miles de dólares por ello. Ahora, cuando el capitán
recuperó el molino, antes de mucho tiempo se lo arrebató, porque estaba
aprensivo en caso de que el hombre cambie su perspectiva. Entonces el
todavía no tuve la oportunidad de preguntar cómo manejar el quern
saltó a bordo de su nave tan rápido como se podía esperar bajo el
circunstancias, y zarpar. En el momento en que había cruzado un
bastante lejos, dio la bienvenida al molino que tenía a mano y dijo:
"Sonreí sal y sonrió tanto grande como rápido". El molino empezó a moler la sal con el objetivo de que se derramara
como el agua. Cuando el capitán hubo llenado el barco, quiso
detener el molinillo, sin embargo, de cualquier manera que lo girara, y sin embargo
por mucho que intentó, no era más que un mal recuerdo; los
el molinillo continuó moliendo, y una carga de sal se convirtió cada vez más
más elevado, y finalmente hundido el barco.

Allí yace el molino en la base del mar y muele en este
mismo día, y por eso el mar está salado.

EL PEZ CHICA

Érase una vez, en la orilla de un arroyo, un hombre
y una mujer que tenía una hija. Ellos nunca pudieron hacer las paces
sus psiques para rechazarla por sus deficiencias o para mostrarle
modales decentes. Respecto al trabajo, se rió disimuladamente en el
cara si solicitaba su ayuda para cocinar la cena o para
lava los platos. Todo lo que la chica haría era pasar por sus días
moviéndose y jugando con sus compañeros. Ella no fue utilizada
a sus padres; algunas veces, pensaron que deberían haber tenido
ninguna hija de ninguna manera.
Sin embargo, una mañana su madre se veía tan agotada que incluso el
chica egoísta no pudo resistirse a verlo y preguntó si
había cualquier cosa, tenía la opción de hacer con el objetivo que

su mamá puede descansar un poco.
La gran mujer se veía tan sorprendida y agradecida por esto.
oferta; la niña se sintió un poco avergonzada. Y en ese punto,
haber registrado la casa si la hubieran mencionado; sin embargo, su
mamá simplemente le imploró que contara con la red de pesca del
vía fluvial y retocar algunas aberturas en ella, como su padre esperaba
para ir a pescar esa noche.
La niña tomó la red y se abrochó el cinturón que pronto no hubo un
brecha que se encuentra. Se sintió encantada consigo misma. Sin embargo, ella
tenía una recompensa para interesarla, ya que todos los que pasaban se detenían
se había detenido un momento para hablar con ella. En cualquier caso, en este
punto, el sol estaba en lo alto y ella estaba colapsando su red
para transmitirlo a casa una vez más cuando escuchó una pizca detrás
ella, y mirando a su alrededor, vio un pez significativo rebotar en
El aire. Sosteniendo la red con las dos manos, la arrojó al

agua y sacó los peces.

"¡Considerando todo, eres una maravilla!" ella lloró para sí misma;

sin embargo, el pez la admiró y dijo: "Harías bien que no me mates, que si lo haces te transformaré en pez

¡usted mismo!"

La niña se rió y corrió directamente hacia su mamá.

"¡Mira lo que tengo!" dijo alegremente. Ella dejó el pescado con ella

mamá, y se fue a juntar algunas flores para pegarlas

su pelo.

Una hora después, el sonido de un cuerno le reveló que

la cena estaba preparada.

"¿No te dije que el pescado estaría sabroso?" ella lloró. Buceo

con la cuchara en el plato, la niña agarró un enorme trozo. En

En cualquier caso, en el momento en que tocó su boca, un escalofrío de virus corrió

a través de ella. Su cabeza pareció enderezarse y sus ojos

mira extrañamente ajustar las esquinas. Sus piernas y brazos tienen

adherido a sus costados, y jadeaba incontrolablemente para respirar.
Con un brinco enérgico, saltó por la ventana y cayó
en la vía fluvial, donde pronto se sintió mejor y tuvo la
opción de nadar hasta el mar, que estaba cerca. Tan pronto como ella apareció allí, al ver su lamentable rostro
trajo la notificación de una porción de diferentes peces, y ellos
apretó a su alrededor, implorándole que les revelara su historia.
"No soy un pez por ningún tramo de la imaginación", dijo el
recién llegada, tragando mucha agua salada mientras hablaba, porque no puedes
descubre cómo ser un pez apropiado en un segundo. "No soy
un pez en todo excepto preferiblemente una niña, en todo caso, yo era un
chica sólo un par de momentos antes - "Y ella movió la cabeza
bajo las olas, para que no la vean llorar.
"Simplemente no creías que el pescado que conseguiste podía correr su peligro".
dijo un pez viejo. "Considerando todas las cosas, no importa, eso ha

nos pasó a muchos de nosotros, y realmente no es una vida tan terrible.
Anímate y acompáñanos y ve a nuestra reina, que vive en un
castillo."
El nuevo pez se sintió algo aterrorizado de hacer tal excursión,
Sin embargo, como ella todavía estaba progresivamente asustada de ser
ignorada, agitó la cola en señal de asentimiento. Todos ellos
fuera, cientos de ellos nadando juntos. Desde el principio, nuestro
el pequeño pez se sentía como si tuviera una discapacidad visual en la oscuridad
aguas. Sin embargo, eventualmente comenzó a distinguir un artículo después de
otro en el verde crepúsculo, y cuando había nadado durante un
un par de horas, todo resultó ser preciso.
"Aquí estamos finalmente", gritó un pez significativo, bajando a un
valle profundo, porque el mar tiene sus montañas y valles
misma cantidad que la tierra. "Ese es el castillo de la reina de
los peces, y supongo que deberías admitir que el soberano

él mismo no tiene nada tan bueno ".

"Es hermoso, sin duda", lanzó el pececito, que estaba gastado

tratando de nadar tan rápido como el resto. El Real

Los divisores residenciales estaban hechos de coral rosa pálido, desgastados por

las aguas, y alrededor de las ventanas había columnas de perlas. los

entradas extraordinarias estaban abiertas, y todo el

tropa se deslizó hacia la oficina de la multitud, donde ante ellos

era la reina. Ella era como una sirena, tenía una estructura humana.

de la cabeza a la sección media y una cola a partir de la

cintura.

"¿Quién eres y de dónde eres?" dijo la reina a la pececito, a quien los demás habían empujado al frente. Además, en un

voz baja y temblorosa, la invitada le reveló su historia.

En el momento en que el pescado terminó, la reina respondió: "Yo

También fue una vez una mujer joven, una princesa a decir verdad, y

mi papá era el rey de una nación increíble. Se encontró un cónyuge
para mí, y el día de mi boda, mi mamá puso su corona en mi
cabeza y me reveló que mientras lleve la corona, debe ser igualmente reina.
Durante un par de años, me alegré tanto como podría estarlo una mujer joven,
principalmente cuando tenía un hijo pequeño con quien jugar. En cualquier caso, uno
Por la mañana, cuando caminaba en mis guarderías, vino un
monstruo que me quitó la corona de la cabeza. Sosteniéndome
Rápido, me reveló que se proponía darle mi corona a
su hija y para encantar a mi pareja, el príncipe, así que él
no debería saber la diferencia entre nosotros. Desde ese punto
adelante, ella había llenado mi lugar y ha sido una reina en mi
lugar.
En lo que a mí respecta, estaba tan desesperado que me dediqué
yo mismo al mar, y mis damas, que me querían, proclamó que también morderían el polvo. Sin embargo, en lugar de

pateando el cubo, algún mago, que sintió pena por mi destino,
transformó a cada uno de nosotros en peces; sin embargo, me permitió
para mantener la cara y la parte superior del cuerpo de una mujer. Además, los peces que
¡Debería quedarse hasta que otra persona me devuelva mi corona! "
"¡Lo traeré de vuelta si me instruyes!" gritó el pececito, que
podría haber garantizado lo que probablemente iba a transmitir
ella a la tierra una vez más. Es más, respondió la reina,
"En verdad, te instruiré".
Se sentó en silencio durante un segundo y luego continuó.
"No hay peligro si sigues mi guía. Para empezar con, deberías volver a la tierra y subir al más alto punto de una alta montaña, donde el mamut ha construido
su fortaleza. Lo verás sentado en el medio llorando por su
hija, que simplemente ha fallecido, mientras que mi pareja,
quien había sido un príncipe pero actualmente es rey de la tierra, estaba ausente

persiguiendo. Sea como fuere, le advierto que tenga cuidado, porque si
te ve, puede que te mate. De esta manera te permitiré
conviértase en cualquier criatura que le permita hacer lo mejor.
Solo tienes que golpearte la frente y sacar el nombre del
criatura que deseas ser. Cerebro, puede que no te conviertas en humano
o una criatura sobrenatural, sin embargo, puede elegir cualquier criatura del
bosques, campo o arroyo.
Esta vez la excursión a tierra pareció ser mucho más corta que
anteriormente, y cuando el pececillo llegó a la orilla,
golpeó su frente intencionadamente con su cola y gritó: "Un ciervo, ese es el
cosa que preferiría ser! "
En un segundo, el pequeño cuerpo vil desapareció, y en su lugar había un
hermoso monstruo con pelaje suave y piernas delgadas, estremeciéndose con
anhelando irse. Echando la cabeza hacia atrás y oliendo el aire,
echó a correr, saltando con eficacia sobre los arroyos y

paredes que se interponían en su manera.
Se supo que el hijo del rey había estado persiguiendo desde el amanecer,
sin embargo, no había matado nada, y cuando el ciervo se cruzó en su camino mientras descansaba bajo un árbol, resolvió tenerla. Arrojó
él mismo en su pony, que se fue como la brisa, y como el príncipe
había perseguido con frecuencia en el bosque anteriormente, y se dio cuenta
todas las rutas alternativas, finalmente inventó el jadeante
monstruo.
"Por tu amabilidad, déjame ir y no me ejecutes", dijo el
ciervo, yendo al príncipe con lágrimas en los ojos, "porque tengo mucho que
correr y mucho que hacer ". Y como el príncipe, golpeado imbécil por la conmoción,
sólo le echó un vistazo, el ciervo atravesó la siguiente pared y
estaba muy lejos en poco tiempo.
"Eso generalmente no puede ser un ciervo", pensó el príncipe para sí mismo,
tomar el control de su poni y no intentar seguirla.
"Ningún ciervo ha tenido ojos de esa manera. Tiene que ser un

doncella, y me casaré con ella y con ninguna otra ".

cabeza, cabalgó gradualmente de regreso a su castillo.

El ciervo llegó a la fortaleza del monstruo muy agotado, y

su corazón se hundió mientras miraba las altas y lisas paredes que

lo abarcó. En ese momento ella trabajó con determinación y

llorado; "Un insecto subterráneo, eso es lo que preferiría

ser! "Y en un segundo el suave pelaje y la hermosa forma

evaporado, y un modesto color terroso cualquiera, indetectable para todos

que no miró con atención, estaba escalando las paredes.

¡Fue magnífico lo rápido que fue, esa pequeña criatura! La pared

lo más probable es que apareciera millas de altura en comparación con ella

propio cuerpo, sin embargo, en menos tiempo de lo que hubiera parecido

concebible, ella estaba arriba y abajo en el patio en el

lado opuesto. Aquí se detuvo a considerar lo que sería mejor

hecho de inmediato y mirando a su alrededor vio que uno de los
paredes tenían un árbol alto desarrollándose junto a él, y en esta esquina había un
ventana prácticamente a la altura de las ramas más destacadas
del árbol.
"Un mono, que es lo que prefiero ser", gritó el insecto subterráneo, y antes de que pudieras girar un mono estaba
balanceándose desde las ramas más altas hacia la habitación donde
el mamut yacía jadeando.
"Tal vez el mamut se sorprenda al ver un balanceo
mono que tal vez nunca me dé la corona ", pensó el
mono. "Sería prudente convertirme en algo diferente".
En ese momento, un loro rosado y oscuro saltó hacia el goliat, quien
en este punto se estaba extendiendo y dando bostezos que sacudían
la fortaleza. El loro aguantó un poco, hasta que estuvo realmente
consciente, y luego dijo sorprendentemente que había sido

enviado para quitar la corona, que ya no era suya, ahora
que su hija la reina estaba muerta.
Al escuchar estas palabras, el monstruo salt con un furioso
tronó, y saltó sobre el loro para retorcerle el cuello con su
grandes manos. En cualquier caso, el ave era irracionalmente rápida para él,
y volando a pesar de su buena fe, le pidió al monstruo que tuviera
tolerancia, ya que su muerte no sería de utilidad para él.
"Eso es válido", respondió el mamut, "sin embargo no soy todo
que estúpido como para darte esa corona sin fin. Déjame figurar
lo que tendré a cambio! "Y se rascó la cabeza colosal por
varios minutos, porque las mentes de los monstruos se mueven constantemente
gradualmente.
"¡OK sí!" exclamó finalmente, su rostro se iluminó. "Usted tendrá
la corona si me presentas un escote de piedras azules del
Gran Arco.

Ahora, cuando el loro era una dama, con frecuencia había conocido
sobre este magnífico arco y las valiosas piedras y mármoles que
se le había permitido entrar. Parecía como si fuera un
cosa excepcionalmente difícil alejarlos de la piedra
estructura de la que formaron una sección, pero que habían trabajado totalmente
positivamente para ella hasta este punto, y en todo caso podría
aún intento. Así que se inclinó ante el mamut y retrocedió.
a la ventana donde el goliat no podía verla. En ese punto
gritó rápidamente, "¡Un pájaro que es lo que preferiría ser!"
Antes incluso de llegar al árbol, se sintió sostenida
en alas sólidas preparadas para llevarla a la niebla si lo deseaba
para ir allí, y aparentando ser un lugar menor en el cielo, estaba
se despejó hasta que observó el Gran Arco muy por debajo, con
los rayos del sol brillando sobre él. En ese momento, ella condujo

hacia abajo y, ocultándose detrás de un soporte para que no pudiera
distinguirse de abajo, se dispuso a descubrir el piedras azules más cercanas con su hocico.
Fue incluso un trabajo con más entusiasmo de lo que esperaba,
sin embargo, finalmente se hizo y la confianza surgió en su corazón. Ella
Luego sacó un trozo de cuerda que había descubierto balanceándose
de un árbol y tirándose para descansar colgó las piedras juntas.
En el momento en que terminó el accesorio, lo envolvió
su cuello, y gritó: "Un loro, eso es lo que prefiero ser! "Así que ella inmediatamente voló de regreso, y un poco más tarde la rosa y
un loro oscuro se paró ante el mamut.
"Aquí tienes el accesorio que pediste", dijo el loro. Que es
más, los ojos del monstruo parpadearon cuando tomó la tienda de
piedras azules en sus manos. Sin embargo, por todo lo que no fue desaprobado
para entregar la corona.
"No son tan azules como esperaba", protestó; sin embargo

el loro supo al igual que él que no estaba hablando de la realidad.

"Deberías regalarme un saco de estrellas del cielo. Si

fizzle, te costará la corona y también tu vida ".

El loro se volvió. Cuando estaba afuera murmuró: "A

rana, que es lo que necesito ser! "Y lo suficientemente seguro un

era anfibio, y partió en busca del cubo de estrellas.

No había ido muy lejos cuando se dirigió a una piscina inconfundible, en

que las estrellas se reflejaban tan espléndidamente que parecían muy

genuino para contactar y manejar. Inclinándose, ella llenó un paquete

estaba transportando con el agua con gas y regresó a la

mansión. En ese momento ella lloró como en el pasado, "Un loro, que es

lo que preferiría ser! "Y en forma de loro, ella entró en la cercanía del monstruo.

"Aquí está el saco de estrellas que solicitó", dijo, y este

vez que el monstruo no pudo resistirse a gritar con profunda el respeto. Se dio cuenta de que estaba golpeado y se volvió hacia la niña.

"Tu capacidad es mayor que la mía. Que así sea: toma esta vieja corona,

de todos modos."

No hay que decírselo dos veces al loro. Sosteniendo la corona, ella

saltó a la ventana, gritando: "Un mono, que es la cosa

¡Preferiría estarlo! "Y para un mono, bajar del árbol hacia

el patio no tomó una gran parte de un momento. En el punto

cuando llegó al suelo, dijo una vez más:

insecto, que es lo que preferiría ser! "Y un poco

Un insecto subterráneo inmediatamente comenzó a deslizarse por el alto muro.

Qué contento estaba el insecto de haber salido del castillo del goliat,

sujetando rápidamente la corona que se había contraído básicamente

nada, como ella había hecho, pero volverse enorme de nuevo cuando el

insecto subterráneo exclamó: "Un ciervo, eso es lo que

prefiero ser! "

¡Indiscutiblemente, ningún ciervo corrió tan rápido como aquél! Sin fin

Ella fue, saltando sobre arroyos y rompiendo nudos hasta
ella llegó al mar. Aquí ella gritó: "Un pez, que es lo que yo
prefiero ser! "Y sumergiéndose, nadó a lo largo de la base similar
al castillo, donde se reunieron la reina y todos los peces
anticipándose a ella.
Las horas habían pasado gradualmente desde que ella se había ido, mientras
generalmente les hacen a las personas que están haciendo una pausa, y muchas de las
ellos tenían una confianza muy entregada.
"Estoy agotado de quedarme aquí", protestó un hermoso pequeño
criatura, cuyos matices cambiaban con cada desarrollo de su
cuerpo. "Necesito percibir lo que está sucediendo en el mundo superior. Es
debe haber pasado mucho tiempo desde que se fue ese pez ".
"Fue una tarea desafiante, y el monstruo debería positivamente
haberla asesinado, o habría regresado mucho antes "
comentó otro.

"Las moscas jóvenes saldrán pronto", murmuró un tercero, "y
¡Todos serán devorados por los peces del arroyo! Realmente no sería
lo suficientemente bueno como para extrañarlos ". Cuando de repente, se escuchó una voz
notificando desde atrás: "¡Mira! ¡Mira! ¿Qué es esa cosa espléndida
moviéndose tan rápido hacia nosotros? "Y la reina se encendió y se paró
en su cola, tan energizada, estaba ella. Un silencio cayó sobre todo el grupo e incluso los quejosos sostuvieron sus
tranquilidad y se parecía al resto. Interminablemente vino el pescado, sosteniendo firmemente la corona en su boca, y los demás se movieron
hacia atrás para dejarla pasar. Ella fue directamente a la reina
quien se inclinó y, tomando la corona, se la puso en la cabeza. A eso
punto, ocurrió algo notable. Su cola se alejó o, en cambio, se dividió y se desarrolló en dos patas y un par
de los pies más bonitos del mundo, mientras que sus doncellas, que eran
se reunieron a su alrededor, se despojaron de sus escamas y se convirtieron en niñas una vez

más. Todos se volvieron y se miraron el uno al otro primero, y
luego al pececito que también había recuperado su forma.
"En realidad nos devolviste la vida; ¡tú, tú!" ellos lloraron, y
cayó a sollozos de verdadero deleite.
Así que todos nadaron inmediatamente a la superficie y fueron a la
el castillo de la reina en tierra. En cualquier caso, habían sido durante tanto tiempo
tiempo que descubrieron muchos cambios. Las reinas
otro significativo, ahora rey, la percibió de inmediato desde el hechizo
se rompió en el segundo en que la reina puso su corona legítima sobre
su cabeza. El joven al que había abandonado era actualmente
¡Totalmente mayor! Incluso en su dicha de ver a su madre una vez
más, una actitud de lástima se aferró a él, y finalmente, la reina
no pudo soportarlo más, y ella le imploró que caminara con ella en
la enfermería. Sentados juntos en una glorieta de jazmín, donde ella

había pasado largas horas como una dama de la hora - tomó la de su hijo
mano y le imploró que le revelara la razón de su angustia. "Porque", dijo ella, "si puedo darte dicha, la tendrás".
"No sirve de nada", respondió el príncipe, "nadie puede soportar
yo. Solo debería soportarlo ".
"En cualquier caso, déjame compartir tu melancolía", animó el
reina.
Hubo silencio entre ellos por un segundo; en ese punto,
despidiendo su cabeza, el príncipe respondió con ternura: "Tengo
experimentado sentimientos apasionados por un hermoso ciervo! "
"Está bien, si eso es todo", exclamó la reina dichosa. Y lo que es más,
ella le hizo saber con palabras entrecortadas que, como él había especulado,
Sin embargo, no era un ciervo, una doncella encantada que había recuperado
la corona y la llevó a casa con sus parientes.
"Ella está aquí, en mi castillo", agregó la reina. "Te llevaré a
su."

En el momento en que el príncipe se paró frente a la niña, perdió todo
audacia y se paró ante ella con la cabeza inclinada.
Los ojos de la doncella, como ella lo vio, eran los ojos del ciervo que
día en el bosque. Ella murmuró: "Por tu amabilidad, déjame ir,
y no me mates ".
Además, el príncipe recordó sus palabras, sus ojos y
su corazón estaba lleno de alegría. La reina, su mamá, miraba
ambos y sonrió.
La chica dio la bienvenida a sus padres a la ilustre boda, una de tres
fiesta del día que todos apreciaron. Además, la reina
se aseguró de que las piedras azules que faltaban en el Gran Arco fueran
restablecido.

CAPÍTULO CINCO: HISTORIAS DE NIÑOS A LA HORA DE DORMIR

MADERA

LA MUJER ORA EN LA MADERA

Hace bastante tiempo, había una familia pasando por el
bosque. De la nada, una reunión de saqueadores asaltada
ellos, masacrando a todos, a excepción de la niña, un
mujer joven llamada Betania. Ella se escapó y se cubrió
detrás de un árbol tremendo.
En el momento en que los ladrones se fueron, llevándose todo con ellos,
Bethany se aventuró a salir de detrás del árbol. Ella vio el
asambleas de sus padres y comenzó a sollozar.
Bethany: "¿Qué voy a hacer ahora?" ella lloró. "Mi familia se ha ido y
Estoy en soledad sin comida ni dinero en efectivo ". Admiró el cielo y

preguntó: "Querido Dios, confío en ti para asegurarme".

Naturalmente, en ese punto, un hermoso pájaro blanco viajó hacia ella y

posado en su hombro. Tenía una clave modesta y brillante en su

boca.

Paloma: "Toma esta llave, Bethany, y abre la cerradura de ese árbol

por allá."

Bethany hizo lo que le dijo el pájaro. El árbol se abrió y dentro había un

cuenco de leche y una ración de pan. Solo fue suficiente para

llenar el vientre rugiente de la joven.

En el momento en que se dio la vuelta, la paloma ya no existía.

Bethany: "¡Estoy agradecida por esta comida, querido Dios!"

Mojó el pan en la leche y se comió todos y cada uno de los restos.

Cuando cayó la noche, Bethany pensó en dónde descansaría.

Una vez más, el pájaro se acercó a ella, transmitiendo una clave diferente en su

cuenta. La llave abrió una entrada en un árbol más grande. Dentro había un

hermosa cama con una suave colchoneta.

Bethany: "¡Dios mío! Esto es increíble"
Moviéndose a la cama, expresó gratitud hacia Dios por
acomodarla. Ella imploró a Dios que la mantuviera a salvo para el
duración de la noche.
Hacia el comienzo del día, la paloma deseaba el tercer
hora. Esta vez transmitió una llave que abrió un árbol cargado
con un hermoso vestido.
Bethany: "Este es un atuendo apropiado para una princesa", la joven
Dijo, dándose la vuelta con su vestido nuevo.
Bethany vivió alegremente en los bosques durante bastante tiempo. los
paloma la visitaba con regularidad y todos los días se satisfacían sus necesidades.
En algún momento, el pájaro tuvo una solicitud única.
Bethany: "Estaré encantado de hacer cualquier cosa por ti, mi
compañero."
Paloma: "¿Podrías ir lo más lejos posible del bosque donde encontrarás un pequeño bungalow, entra ".
Bethany: "¿Qué la encontraré?"

Pájaro: "Verás a una persona mayor sentada junto al fuego. Es
significativo que no te dirijas a ella. Pasea junto a ella y abre
la entrada de la trastienda. En el interior encontrarás numerosos
anillos brillantes. Todos tendrán gemas, excepto una. Encuentra eso
uno y llévamelo."
Hizo lo que le pidió el pájaro. Cuando Betania entró en la casa, la
persona mayor estaba sentada junto al fuego.
Persona mayor: "¡Buen día, señora impecable!"
Recordando lo que dijo el pájaro, Bethany pasó rápidamente por el
persona mayor y fue directamente a la trastienda.
Bethany: "¡Dios mío!" jadeó cuando vio el hermosos anillos.
Sin embargo, buscó que no pudiera encontrar un saco de oro básico.
Persona mayor: "No deberías estar ahí". ella gritó.
"Ahora sal"
Bethany salió de la habitación y vio a la persona mayor tratando de
ocultar una criatura emplumada confinada. Ella se lo quitó

de ella. Mirando dentro de la pluma, Bethany vio un anillo brillante
alrededor de la nariz del ave. Ella entró y lo tomó. Corriendo lo más rápido posible, se escapó antes que el mayor.
persona podría detenerla en el momento en que llegó al roble
árbol. Bethany se sorprendió de que la paloma no estuviera sentada
para ella allí. Ella se inclinó hacia la corteza dura.
Bethany: "Vaya", pensó. "el árbol se siente delicado y cálido".
Naturalmente, en ese punto, dos brazos se cruzaron sobre ella. Ella
Giró para ver que el árbol se había transformado en un hombre atractivo.
Bethany: "¿Qué está pasando?", Gritó.
Hombre: "Soy yo, el pájaro! Esa persona mayor es una bruja, y ella
me encanta, convirtiéndome en un árbol. Tuve la opción de convertirme en
una paloma por sólo un par de momentos, regular ".
Bethany: "Sin embargo, ¿cómo y por qué dirías que
eres un hombre ahora? "
Hombre: "Por ti, mi cariño. Viniste con el anillo que

rompió el hechizo ".
Él se inclinó y le besó la mano. Naturalmente en ese punto, similar
al encanto, numerosos árboles diferentes en el bosque forestal
convertido en sus mercenarios y ponis.
Hombre: muévete aquí Bethany, déjame llevarte a mi reino para conocer
mi papá, el señor ".
Así que se dirigieron al reino donde se casaron y, y
lo tienes, viviste alegremente para siempre.

LA INCREÍBLE PLANTA EN CULTIVO

"Es el momento de la aventura científica", declaró la Sra. Carter. "Tiempo de empezar
ponderando qué ser vivo vas a buscar durante un mes
y medio."
"Estoy recibiendo una granja de arte", dijo Thomas.
"Estoy viendo una oruga transformarse en una mariposa", dijo Ava.
"¿Qué vas a hacer, Josh?" preguntaron sus compañeros.
Josh gimió.
"No tengo la más remota idea", dijo. "No puedo hacer

algo genial como conseguir una granja de insectos o ver girar a una oruga
en mariposa ".
"Estoy seguro de que lo que elijas, Josh, será maravilloso". Señora.
Carter dijo
Cuando Josh regresó a casa de la escuela, su mamá vio que miraba
trastornado.
"¿Qué pasa, Josh?" ella preguntó.
"Tengo algo interesante para buscar en mi empresa científica", dijo.
"Considerando todo, ¿por qué no plantar una porción de estos
pipas de girasol ", propuso su mamá.
"Las semillas de girasol no son geniales como una granja de arte o una oruga
transformándome en una mariposa ", dijo Josh.
"Puede que no lo aparezcan ahora". dijo su mamá. "En cualquier caso, yo
apueste si simplemente los planta, puede que se sorprenda ".
Josh lo pensó
"Bien, los plantaré, mamá." Josh respondió: "No tengo
cualquier otra cosa que hacer en cualquier caso ".

La mamá de Josh consiguió un lugar en la guardería y lo ayudó a excavar
una abertura para las semillas. Dejó caer las semillas en la abertura
y los aseguró con tierra. En ese momento, utilizó el riego
lata para regarlos.
"Considerando todas las cosas, fue energizante", dijo Josh.
"Simplemente haga una pausa", respondió su mamá.
De ordinario, Josh salió para cuidarse de su semilla de girasol, pero
no estaba ocupado. En el momento en que le dijo a su mamá, ella
le ordenó que mostrara moderación.
"Tu semilla está tratando de echar raíces", reveló mamá. "No puedes
verlos porque están bajo tierra. Ellos habilitarán la planta para permanecer en el suelo. También obtendrán agua
y suplementos desde la etapa más temprana para ayudar al
el resto de la planta crece ".
Mucho tiempo después, Josh salió a la calle para cuidar su planta cuando
encontró asombro. Una cosita verde sobresalía del

suelo.

"¡Mamá!" él llamó. "Ven a echar un vistazo a esto"

Su mamá aclaró que lo verde se conoce como brote y

que era parte del tallo de la planta.

"Las raíces le darán agua con el objetivo de que pueda crecer

y crecer hojas ", dijo." Dado que el brote está fuera, la planta puede

del mismo modo empieza a recoger la luz del día ".

La semana siguiente, Josh vio que su planta era algo más alta y

tenía algunas hojas.

"¿Qué ocurre ahora, mamá?", Preguntó Josh a su mamá.

"La planta, a pesar de todo, tiene mucho más que hacer",

ella respondió.

"Las raíces recogerán agua y suplementos, el tallo

transportar el agua y los suplementos a las hojas, y las hojas

Recogerá vitalidad del sol. En ese punto, la planta se mezclará

el agua y los suplementos con la luz del día que recogen y

hacer alimentos para que la planta siga creciendo ".

Dos o tres semanas después, Josh, por fin, observó un poco

La floración comienza a formarse en su planta.

"¡Mamá! Ven a mirar", llamó.

La mamá de Josh vino a ver su planta y a respetar la flor que

estaba dando forma.

"Ahora que hay una floración, mi planta ha terminado de crecer. Bien,

¿Mamá? "Preguntó Josh.

"No exactamente", dijo su mamá. "Su planta, a pesar de todo, ha

queda mucho trabajo por hacer ".

"¿Qué más necesita hacer mi planta?" Preguntó Josh.

"Tiene la totalidad de sus partes. Actualmente estas partes cooperan

para mantener viva la planta y hacer nuevas plantas ", explicó su mamá.

"Las raíces recogen el agua y los suplementos a partir del

etapa más temprana. Las plantas utilizan el agua y los suplementos para

hacer la comida. En ese punto, el tallo transporta el agua,

suplementos y alimentos alrededor de la planta. Esto mantiene la planta viva."

"No hiciste referencia a la flor", dijo Josh. "Qué ¿Qué hace la flor? "

"La comida que produce la planta mantiene la flor sólida para que pueda ayudar

hacen semillas ", explicó su mamá." Las abejas y diferentes insectos

ayudar a mover el polvo comenzando con una parte de una flor y luego hacia el

siguiente parte para que pueda producir semillas. Cuando esas semillas caen en el

tierra, otra planta comienza a crecer ".

"Impresionante. Mi planta es, en realidad, realmente genial", dijo Josh a su

Mamá.

No pudo contenerse para ir a la escuela y educar a todos

uno de sus compañeros con respecto al insondable crecimiento

planta. Josh también tenía un asombro poco común por su

compañeros. Iba a darles a todos en su grupo un semillas de girasol para que todos pudieran tener sus propias plantas frescas.

MONOS Y EL VENDEDOR DE GORRAS

Una vez en una comunidad pacífica, vivía Sally, una vendedora de gorras.

Sally: "Gorras para el sol abrasador y el aguacero frío. Ponte estas

los costos más mínimos. Gorras en todos los tonos ".

Siempre vendía gorras en todos los pueblos y aldeas cercanas. En algún

punto, como de costumbre, inició su paseo por su negocio. El eligió

ir a la siguiente ciudad. Para ir a la siguiente ciudad, necesitaba

cruzar un bosque.

Mientras caminaba por la larga separación. Eligió descansar.

Así que guardó su papelera y se quedó dormido bajo un árbol.

El árbol era una morada para una reunión de monos. Tranquilamente desde

una de las ramas, un mono se asomó, descendió de

el árbol y lentamente se acercó a Sally.

Mono: "¡Dios mío! Échale un vistazo. Está descansando".

Al observar rápidamente las gorras, el mono silbó. Todos

los monos reaccionaron al silbido.
Mono: "Voy a tirar las gorras ... hasta el último de ustedes lo consigue".
Se distribuyeron individualmente todos los tapones y el recipiente
estaba vacante. Todos llevaban gorras y jugaban alegremente.
Sally se despertó a causa de las conmociones.
Sally: "¡Dios mío! El recipiente está vacío ... ¿dónde están mis tapas?
podría haberlo tomado ".
Él miró a su alrededor. Por último, cuando vio hacia arriba, se quedó atónito.
Sally: "¿Qué es esto? Los monos llevan todas las gorras. ¿Cómo
conseguirlos? "
Sally levantó su mano e hizo un gesto, golpeándolos, lo que era
imitado por los monos.
Sally: "Hola ... ¿pinchándome? Bueno. Están repitiendo mi
ocupaciones. Debería seguir un método similar y recuperar mi
tapas."
Sally tiró su gorra hacia abajo. Inmediatamente, todos los monos arrojaron el
gorras también.

Sally: "Expresa gratitud hacia Dios. Sin desperdiciar nada
momento, debería tomar todas las mayúsculas y continuar con mi
excursión."
Sally recogió sus gorras, llenó la papelera y empezó a caminar.

LA BELLEZA DURMIENTE EN LA MADERA

Una vez hubo una pareja real abrumadoramente afligida porque
no tuvieron hijos. Cuando la reina finalmente la presentó
esposo con una hija pequeña después de una larga espera, su majestad
mostró su alegría al dar una fiesta de bautizo, tan grandiosa que el
como nunca se supo. Preguntó a todas las hadas de la tierra:
había siete en total - para defender a la princesita con
madrinas, con la esperanza de que cada una otorgara un excelente regalo a
ella, como era la tradición de las grandes hadas en aquellos días.
Después del arreglo, todos los invitados regresaron al palacio,

donde un espléndido plato cubierto con una servilleta dividida y un
cuchillo y tenedor de oro puro, relleno de diamantes y rubíes,
se puso delante de cada hada madrina. Pero ¡ay de mí! Porque
más de cincuenta años desde que dejó el dominio del rey en una gira
de placer, entró un hada vieja que nunca había sido
invitado y no se había oído hablar de él hasta el día de hoy. Su Majestad,
muy angustiado, deseaba que le pusieran una tapa, pero era de
típico delf, porque había pedido sólo siete platos de oro de su
joyero de las siete hadas mencionadas anteriormente. El viejo hada sintió
se ignoró a sí misma, murmurando palabras enojadas que fueron escuchadas por
una de las hadas más jóvenes, que estaba junto a ella. Miedo al daño
para el niño hermoso, esta buena madrina se apresuró a esconderse detrás
el tapiz del dormitorio. Ella hizo esto porque quería todo
que los demás hablen primero, para que ella pueda contrarrestar

si se le dio algún mal regalo al niño.
Los seis ofrecieron ahora sus buenos deseos, que, contrariamente a la mayoría de
deseos, seguramente se harían realidad. La pequeña princesa afortunada iba a
crecer como la mujer más bella del mundo; tener una disposición gentil
como un ángel; ser bellamente bella y graciosa; cantar como un
ruiseñor; bailar como una hoja sobre una flor, y lograr cada
logro bajo el sol. Entonces el turno del viejo Hada fue en
mano. Sacudiendo la cabeza con rencor, expresó el deseo de que cuando
el bebé creció hasta convertirse en una joven y aprendió a girar, ella
le pellizcaría el dedo con el huso y moriría por la mordedura.
Todos los invitados se estremecieron ante esta terrible profecía; y algunos de los
los más tiernos comenzaron a llorar. El ultimamente feliz
los padres lloraban casi fuera de sí. En el que el sabio
joven hada apareció de detrás del tapiz, gorjeando, "Tu

la majestad te consuele; la princesa no morirá. No tengo
poder para alterar la desgracia que acababa de desear mi hermana mayor;
su dedo será traspasado; y luego ella se hundirá, no en la muerte
está durmiendo, pero en un sueño de cien años. Todas las hadas desaparecieron de inmediato.
Con la esperanza de escapar de la ruina de su padre, el rey emitió una
proclamación que prohíbe a todas las personas girar bajo pena de
muerte inmediata, e incluso tener ruedas giratorias en su
habitaciones. Todo había sido en vano. Un día, cuando ella estaba exactamente
quince años, el rey y la reina dejaron a su hija sola en
uno de sus castillos mientras vagaban a voluntad. Ella vino a un viejo
torre de la torre del homenaje, subí a lo alto de ella y encontré una muy antigua
adulta, tan vieja y sorda que nunca había oído hablar del edicto de la
rey, ocupado con su rueda.
"¿Qué estás haciendo, está bien anciana?" preguntó la princesa.
"Mi niña bonita, giro."

"¡Ah, qué lindo! Si puedo girar, déjame intentarlo también."
Ella había recogido el huso tan pronto como lo manejó
pobre y descuidadamente, siendo vibrante y obstinado, que el
la aguja le atravesó la palma. Aunque una herida era tan pequeña, ella
Inmediatamente se desmayó y cayó silenciosamente al suelo. Los pobres
un adulto mayor ansioso pidió ayuda; las damas pronto entraron
esperando, que intentó todos los medios para restaurar a su joven amante,
pero todo su cuidado fue en vano. Ella yacía, hermosa como un ángel, el color
en sus labios y mejillas aún persisten; su bello pecho se agitó suavemente
con su respiración: sólo sus ojos se cerraron rápidamente. Cuando el
el rey, su padre, junto con la reina la vio, su madre La ví; para que supieran que el arrepentimiento era inútil, como el hada cruel
significaba que todo había sucedido. Sin embargo, ambos sabían que su
hija no dormiría mucho, aunque era imposible que uno

de ellos la presenciarían despertar después de cien años. Ellos

decidido a dejarla en reposo hasta que la hora feliz debería

llegar. Despidieron a todos los médicos y asistentes y, en el

apartamento más elegante del palacio, la pusieron en una cama de

bordado con dolor. Dormía allí y todavía parecía una

Ángel durmiente.

Cuando sucedió esta desgracia, a doce mil leguas de distancia

en el reino de Mataquín estaba la amable hada joven que había salvado

la princesa al transformar su sueño de muerte en este centenar de

sueño de un año. Pero al estar informada de todo, llegó rápidamente, en un

carro de fuego tirado por un dragón. El rey estaba algo asustado por

la vista, pero fue a la puerta de su palacio y le presentó

con semblante triste para descender con la mano.

El hada expresó su pesar por su majestad y aprobó todo lo que había

hecho. Entonces, siendo un hada de gran sentido común y
previsión, sugirió que la princesa, despertando en este
antiguo castillo después de cien años, podría estar muy avergonzado
encontrarse sola, especialmente con un joven príncipe a su lado.
En consecuencia, sin pedir permiso a nadie, tocó el
toda la población del palacio con su varita mágica, excepto el
Rey y reina; institutrices, mujeres nobles, sirvientas en espera,
caballeros perchas, cocineros, cocineras, pajes, lacayos - abajo
a los caballos que estaban en los establos, y a los mozos de cuadra que
les sirvió, se dirigió a todos. No, ella incluso notó la pequeña gorda
perro faldero, Puffy, que se había acostado en su gloriosa cama junto a su
dueño, con amorosa preocupación por los sentimientos de la princesa. Como todos los
otros, se quedó dormido rápidamente en un segundo. Los espetones que se establecieron
antes de que el fuego de la cocina no se moviera y el fuego se apagara solo.

Y todo se volvió tan oscuro como la mitad de la noche, o como si el
palacio era una casa de los muertos.
El Rey y la Reina - besando a su hija y llorando un poco
sobre ella, pero no mucho, se veía tan dulce y contenta -
partió del castillo, dando órdenes de que no se
se acercó. La orden era innecesaria, para una madera tan gruesa
y espinosos brotaron a su alrededor en un cuarto de hora que ni
las bestias ni los hombres podrían intentar penetrarlo. Solo la cima de lo alto
torre donde dormía la hermosa princesa se podía percibir arriba
esa densa masa de bosque.
En cien años, se producirán muchos cambios. El rey,
que nunca tuvo otro hijo, murió y transfirió su trono
a través de otra familia real. Entonces la historia de la desafortunada princesa
se olvidó por completo de que cuando el hijo del rey reinante, un día
cazando y deteniéndose en la persecución de este formidable bosque,

preguntó qué madera era y cuáles eran las torres que vio
saliendo del centro, nadie pudo contestarle. Finalmente,
Se encontró un viejo granjero que recordaba haber escuchado su
abuelo le dice a su padre que había una princesa en este castillo,
hermoso como el día, condenado a dormir allí durante cien años hasta que
fue despertada por su prometido, el hijo de un rey.
Ante esto, el joven príncipe, que tenía el espíritu de un héroe, decidió encontrar
descubrir por sí mismo la verdad. Saltó de su montura, impulsado por

amabilidad y entusiasmo, y comenzó a forzar su camino
a través del denso bosque. Todas las ramas rígidas dieron paso a su
asombro, y las horribles espinas se envainaron, y el
los setos se enterraban en la tierra para dejarlo pasar. Teniendo
hecho esto, se cerraron detrás de él, sin dejar nada de su suite para

seguir, pero fue valientemente solo, ardiente y joven. La primera cosa
lo que había visto era suficiente para asustarlo. Yacían cuerpos de hombres y caballos en el suelo, pero los hombres tenían pieles, no blancas como la muerte, sino
carmesí como peonías, y botellas medio llenas de vino estaban al lado de
ellos, indicando que se habían ido a dormir bebiendo. A continuación, él
llegó a un gran patio, pavimentado con mármol, donde hileras de
guardias con armas esperaban, inmóviles como si estuvieran tallados
de piedra; luego pasó por muchas cámaras donde
caballeros y damas, todos vestidos con la ropa del siglo pasado, dormían
en su tiempo libre, algunos de pie, otros sentados. Las paginas fueron
acechando en los rincones, honorables damas inclinadas sobre sus marcos de
bordado, o aparentemente escuchando con la debida atención a
caballeros de la corte, pero todos estaban tan silenciosos como estatuas y
inamovible. Sus zapatos, aunque parezca extraño, eran tan puros y nuevos como

jamás: y no habían recogido ni un grano de polvo ni una telaraña
sobre los muebles, aunque no habían visto una escoba durante un
siglo. Finalmente, el príncipe asombrado llegó a una cámara interior,
donde sus ojos habían contemplado la vista más hermosa jamás vista.
Una joven de magnífica belleza yacía dormida en una cama atada,
y parecía como si acabara de cerrar los ojos. Temblando, el
El príncipe se acercó y se arrodilló junto a ella. Algunos dicen que la besó
pero no podemos estar completamente seguros del hecho, ya que nadie lo ha visto,
y ella nunca lo dijo. Pero cuando llegó el final del hechizo, la
La princesa se despertó de inmediato y lo miró con ojos de
tierna mirada, y dijo con picardía: "¿Eres tú, mi príncipe?
mucho tiempo para ti. Encantado por estas palabras, y aún más
por el tono en que se pronunciaron, el príncipe aseguró
la amaba más que a su vida. No obstante, era el ms

avergonzado de los dos; porque la princesa tuvo mucho tiempo para
soñar con él durante su siglo de sueño, gracias a la amable hada,
mientras que él ni siquiera había oído hablar de ella hasta una hora antes. Ellos
he estado conversando durante mucho tiempo y, sin embargo, no he
dijo la mitad de lo suficiente. Su única intrusión fue el perrito Puffy,
que se había despertado con su amante y ahora comenzaba a ser
extremadamente celoso de que no fuera tan notado por el
Princesa como solía hacerlo.
Mientras tanto, todos los asistentes, cuyo encantamiento también fue
rotos y no enamorados, estaban dispuestos a morir de hambre después de su
ayuno de cien años. Una dama de honor se aventuró a insinuar que
se sirvió la cena; luego el príncipe entregó su amada princesa al gran salón de inmediato. Ella no estaba esperando
vestirse para la cena, vestida ideal y magníficamente, aunque
algo anticuado en cierto modo. Su amante, sin embargo, tenía la

cortesía de no darse cuenta de esto, ni de recordarle que estaba
vestida exactamente como su abuela real, cuyo retrato fue
todavía colgaba de las paredes del palacio.
Los músicos asistentes realizaron un concierto durante el banquete y
considerando que no habían tocado sus instrumentos durante un
siglo; jugaron excepcionalmente bien. Terminaron con un
marcha nupcial: el matrimonio del príncipe y la princesa fue
celebrado esa misma noche, y aunque la novia estaba
casi cien años mayor que el novio, es
Es notable que el hecho nunca hubiera sido descubierto por
alguien desconocido además de eso.
Después de unos días, salieron juntos del castillo y
madera encantada, los cuales desaparecieron inmediatamente y
nunca más fueron vistos por ojos mortales. La princesa fue devuelta
a su país materno. Aún así, no se sabía quién era ella.

era, porque la gente se había vuelto mucho más inteligente durante un
cien años que la historia nunca hubiera sido aceptada por
alguien todavía vivo. Entonces no se explicó nada, y nadie
presumía de hacer preguntas sobre ella, porque un príncipe no podía
casarse con quien quiera?
Tampoco, si el día de las hadas había terminado o no, el
Princess nunca había visto más de sus siete madrinas. Me gusta
cualquier otra dama promedio, llevó una vida larga y feliz y murió
joven, querido, extrañado. Aún así, el príncipe ya no estaba,
completamente satisfecho.

BEBÉS EN MADERA

Una vez vivieron allí dos niños pequeños cuyos padres estaban enfermos
muerte. Le rogaron a su hermano que cuidara de los dos pequeños
unos como si fuera el suyo. El tío prometió ser un padre de ellos, pero pronto comenzó a planear tomar posesión de

el dinero dejado por los padres al cuidado de los niños. Él
envió y negoció con dos ladrones para llevar a los dos bebés a
el bosque y matarlos.
Después de internarse en el bosque durante muchas millas, uno de los ladrones
dijo: "No matemos a los niños pequeños, nunca nos han hecho daño". los
otro ladrón no consentiría, por lo que llegaron a los golpes. Esta
asustó tanto a los niños que huyeron y no vieron el
ladrones de nuevo.
Caminaron y siguieron hasta que estuvieron tan exhaustos y hambrientos
que finalmente se sentaron al pie de un árbol, llorando como si su
los corazones se estaban rompiendo. Fueron escuchados por los pajaritos y ellos
comenzó a cantar dulces canciones de cuna, que actualmente los arrullaba a
descanso.
Los pajaritos sabían que los niños morirían de frío y hambre, así que
los cubrió con hojas carmesí y hojas marrones y verdes.

Luego les contaron a los ángeles en el cielo la triste historia de los perdidos.
bebés, y uno de los ángeles vestidos de blanco voló a la tierra
y trajo a los dos bebés de regreso al cielo, para que cuando
despertaron, ya no estaban cansados y hambrientos, sino con su
querida madre. Castillo en el bosque
El aire helado de otoño se apoderó de mí, su sequedad me hizo cosquillas
livianos. Caminé por el camino de tierra, superado por las raíces de los árboles y
con capas de follaje fresco y caído. Mantuve la cabeza gacha y
hombros encorvados durante la mayor parte de la caminata, buscando las hojas
Eso haría el crujido más satisfactorio cuando pisé
ellos. Cuando saqué las manos de los bolsillos de mi abrigo,
la aspereza del aire me picaba los dedos.
Finalmente levanté la cabeza y equilibré mi postura. los
La puerta del cementerio estaba ligeramente torcida, incitándome silenciosamente a entrar.
Las personas enterradas aquí ya no tenían muchos visitantes, el

El año más reciente en cualquier lápida fue 1850. La naturaleza había reclamó el cementerio abandonado como suyo, algunas lápidas se había derrumbado y la mayoría había crecido demasiado y se había desvanecido. En una visita nocturna con mi hermana Louise, vimos a nomeolvides nots colocados sobre una de las tumbas. Busqué pistas de su origen, pero la inscripción en la lápida no hizo más que más mi curiosidad. Como la mayoría, fue casi completamente deteriorado, solo visible para quienes miraban. Abigail. Sin apellido. Nada sobre su familia, la vida que vivió o quién ella estaba. Han pasado años desde que vi los nomeolvides en La tumba de Abigail, y todavía me pregunto si las flores renacer. Caminé por el cementerio, recolectando los botánicos más brillantes que podría encontrar. Recordé sus nombres científicos de una escuela primaria.

expedición: acer rubrum, monarda didyma, lobelia cardinalis. yo
usé un trozo largo de hierba varilla para atar mi ramo improvisado
juntos, y lo sostuvieron hacia el sol, admirando cómo el carmesí
los bordes ardieron a la luz, antes de colocarlo sobre la tumba de Abigail.
Autumn lanzó otra bravata de aire enérgico, y me volví y
Salí del cementerio mientras el viento hacía eco en mi espalda.
De camino a casa, me acompañó Prince, el peludo negro de Maine
Coon que de vez en cuando me acompañaba en mis paseos. Su abrigo
estaba polvoriento. Las hojas se aferraban a su vientre y mechones de piel sobresalían
debajo de sus oídos, pero caminaba con realeza. ¿Y por qué debería
¿él no? Era su reino y yo era simplemente un habitante.
"Hola, alteza. ¿Cómo estás hoy?" Le pregunté, con el
aire de respeto merecido uno de linaje real. A menudo guardaba golosinas en
el bolsillo de mi abrigo como tributo a su gobierno.

Prince dejó de caminar, me miró, parpadeó lentamente y luego
continuó. Era su respuesta habitual, pero aun así me calentó
corazón cada vez que lo hizo.
Cuando llegué a casa, Louise estaba sentada en su lugar habitual junto al
ventana. Sus hombros estaban encorvados hacia adelante y la sostuvo
volumen de cuentos de Edgar Allan Poe demasiado cerca de su cara.
"¿Por qué no usas tus lentes?" Pregunté mientras pateaba mis zapatos
debajo del banco.
"Hey Beatrice, ¿cómo está la mujer muerta?" Louise dijo sin mirar
arriba.
"Ella te echa de menos."
Louise miró hacia arriba y puso los ojos en blanco. "Eres tan raro", dijo,
su voz se quebró levemente mientras trataba de contener una risa.
"¿Por qué no vienes más conmigo?"
Louise miró la página en la que estaba y arrojó su libro
el cojín junto a ella, "Probablemente esté embrujado".

"No lo creo", dije, "pero ¿no te gustan los lugares embrujados?"

"No me gustan los cementerios".

"¿Adivina qué?" Dije, cambiando de tema. "La sociedad histórica finalmente aprobó mi solicitud de investigación. Tengo la llave".

"¿Puedo ir?" Preguntó Louise, casi sacudiéndose del sofá.

"No, solo yo".

Louise arrugó la cara, molesta.

"Estoy bromeando, por supuesto que puedes venir", le dije.

Cuando Louise y yo éramos jóvenes, siempre nos deteníamos a echar un vistazo las ventanas de lo que llamamos "el castillo en el bosque" en nuestro camino a casa desde la escuela. Nunca fue realmente un castillo, y sabíamos , pero había algo emocionante en imaginar que lo era. yo solía levantarla para que pudiera ver los muebles antiguos cubiertos en sábanas blancas como espectros espeluznantes.

"Esos son fantasmas", le decía. "Se quedan quietos así cuando mira por las ventanas porque son tímidos".

"Basta, no soy tonta", decía, retorciéndose hasta que la ponía
abajo.
En el momento en que los últimos propietarios dieron una patada al cubo, solo
hace aproximadamente un siglo, y la casa se dejó en manos del pueblo, que
déjalo caer en deterioro. Durante algún tiempo, fue visto como un
monstruosidad demacrada por muchos, y en cierto punto, estábamos
aprensivo sería aniquilado. Me sentí aliviado cuando el
La sociedad verificable de la ciudad finalmente comenzó a enfocarse. Un científico
fue reclutado y hubo una discusión sobre cambiarlo
en una sala de exposiciones, pero el progreso se había detenido últimamente.
La noche de nuestra visita a la casa fue neblinosa y húmeda. El aire
se pegaron a mi piel y las hojas que habían estado frescas y secas el
día anterior adherido al asfalto en racimos. Louise y yo
caminaron juntos pacíficamente, viendo el golpeteo de las criaturas voladoras

en la acera mientras buscaban gusanos abandonados. Parte de
A lo largo de nuestro paseo, nos acompañó Prince, quien dio la bienvenida
abrazando su cabeza contra nuestras piernas.
Dimos la vuelta al cruce de la ciudad y la casa se hizo visible. Eso
parecía menos una fortaleza que
Lo recordé, pero volver a observarlo me dio escalofríos. El astillado
la pintura que recordaba fue eliminada, el efecto secundario de los últimos tiempos
trabajo de protección. Las ventanas, sea como fuere, eran las
equivalente: a pesar de todo, despertaron el interés que tenía
sentido desde la adolescencia.
Louise tiró tiernamente de mi brazo. "Esto es", dijo, y yo
detectó un rastro de maravilla en sus ojos.
La llave que me dieron abrió una entrada lateral de la casa. Sentí un
dolor ansioso en mi corazón cuando entendí una fantasía de mi
la inmadurez se iba a convertir en realidad. Confiaba en la casa
no frustraría esa parte interior de mí.

"Disculpas, viejo amigo, tienes que esperar afuera", le dije a
Prince, cuyos ojos descubrieron que tenía la intención de seguirnos.
Prince colocó la cabeza a un lado y yo le quité una golosina.
mi bolsillo para mantenerlo. Louise y yo nos dirigimos adentro, dejando
Pobre Prince sobre los medios, masticando su bocado.
Entramos en un pasillo restringido. Los divisores se pusieron con
telón de fondo mostaza, y cada par de pulgadas, había un
llama eléctrica montada. Posiblemente nos estábamos aventurando por el
pasillo cuando Louise soltó un pony como exhalar como si
se había metido algo en la boca. En el momento en que yo
se volvió hacia ella, estaba golpeando su cara con su
manos.
"¿Estas bien?" Dije.
"Creo que acabo de atravesar una telaraña", dijo.
"Sea como sea, estoy ante ti y no pasé por cualquier cosa."

"Beatrice, eso es exactamente lo que se siente, no tengo la más brumosa
idea."
Seguí caminando, y por un breve segundo, pensé que sentía a Louise
parado no muy lejos detrás de mí. Di un paso adelante y un destello de oro
en el plano del fondo amarillo me llamó la atención. Chapado
flores combinadas en radiancias, que encierran más pequeñas de lo normal
escenas que representan la fantasía romana de Diana. Una mano puesta
su carcaj, el otro protegía un servilismo juvenil: su arco
diadema de luna iluminada a la luz de las velas radiantes. Mi consideración
se alejó del telón de fondo cuando sentí una inconfundible
toque en mi hombro. Me di la vuelta, pero Louise no estaba allí.
"¿Louise?" Voy a salir.
"Descubrí algo", respondió Louise desde otra habitación.
"¿Dónde está?"
"En el sotano."
"¿El sótano?" ¿Pregunté por qué?"
"Estaba interesado. Por favor."

Pensé que seguí la voz de Louise, sin embargo terminé en lo que
lo más probable es que haya sido el salón, de cerca y en persona con un
imagen de una señorita colgada sobre el manto de la chimenea. Su
Los reflejos eran delicados, ella era hermosa, pero algo sobre
ella estaba empapada de piedad. El sujeto todo el tiempo parecía muerto y
viva. Su piel tenía un toque rosado y su cabello la rodeaba.
rostro sin esfuerzo, sus ojos, sus ojos estaban al mismo nivel, sin destello de
vida en ellos. Una miseria palpitante se cernió sobre mí y
Avancé hacia la boca de mi estómago mientras miraba hacia el
ojos de representación. La base de la carcasa decía "Sra. Elijah
Scott ".
"¿Beatrice?" Escuché a Louise decir.
"Estaré allí en un segundo", volví a decir, apartando mis ojos del
obra de arte. Vacilé antes de despedirme.
Caminé por el pasillo hasta que corrí sobre el sótano abierto

entrada. El sótano era lo suficientemente brillante con un LED cruel
brillar, y había un par de asientos gastados orquestados
alrededor de un área de trabajo de metal prominente. En el área de trabajo había un
Montón indiscriminado de papeles, registros y sobres manilla.
"Hay muchos datos sobre la casa aquí", dijo Louise mientras
entrecerrando los ojos en la portada. Hojeamos la cubierta profunda, hojeando
imágenes y representaciones de los surtidos de la casa: sala de estar
asientos, el control de péndulo en la sala, una lechuza de taxidermia, un alto
La foto de contraste me llamó la atención. "¿Beatrice?" Volví a esa página. Era la que vi
dibujo de arriba. Abajo, una pequeña foto Descripción enumerada:
" *Abigail Scott estuvo la mayor parte de su vida gravemente enferma y pasó gran parte de su*
su tiempo confinado a su casa. Se casó con Elijah Scott, la casa
heredero, y murió a los treinta y tres años en 1813
"
Yo estaba abrumado. Fue aquí donde ella había vivido. Esta era ella

Lugar de residencia. "La he visto arriba", dije, Todavía mirando la página.

Sentí un ligero golpe con una fría ráfaga de aire en mi hombro, seguí

por una voz débil - un suave susurro.

"Risas".

Louise estaba detrás de mí cuando me di la vuelta. Su cara

parecía agotado y marchito

Pálido. Y pálido.

"Siento un poco de náuseas", dijo.

Puse la carpeta en mi bolso de mano y salimos. Antes de que nosotros

a la izquierda, lo devolvería, pero hay algo que necesitaba saber

ahora mismo. Estábamos sentados en los escalones de la entrada y el color se fue

volviendo a un par de momentos en la cara de Louise.

"Tal vez solo necesitabas sentarte. Ahí estaba mal ventilado", dije.

Louise y yo comimos unas galletas de jengibre arrugadas caseras que

había puesto en mi bolso. Estuvimos relajados afuera por un tiempo y yo

se preguntó cómo era en la época de Abigail. Prince navegó hacia nosotros

y ronroneamos mientras cenábamos. Tomamos el jengibre, la canela,
y aromas de nuez moscada mezclados con la atmósfera de otoño húmedo. los
el sol se había puesto antes de que nos diéramos cuenta y la temperatura
cayó tan rápido, estábamos temblando. Tomé otro mordisco de mi
galleta y sentí mi mano golpeada por una gota fría de lluvia, señalándonos
dirigiéndose hacia adentro.
Cuando abrí la puerta, Prince corrió hacia mí y corrió hacia el
casa. Louise y yo lo llamamos, pero no podía ser visto
en cualquier sitio. Todas las luces del interior estaban apagadas excepto las paredes con
velas electricas. Echan un resplandor artificial inmóvil por el pasillo
que de alguna manera se congeló junto con el pasado y el ahora.
No hubo parpadeos de luz y sombra cambiantes, solo
quietud hasta que pasó una figura salpicando las paredes como un
recuerdo proyectado de un destello de vida.
Mientras caminábamos por la casa buscando a Prince, todo parecía

extraño, como caminar a través de un sueño. Lo encontramos en un pequeño

habitación recién amueblada con una mesa de costura.

"Gatito tonto" dijo Louise.

Me acerqué y conseguí que Prince le diera una palmada en la espalda.

"¿Veo la carpeta?", Preguntó Louise.

Lo recogí de mi bolso y se lo entregué antes de recogerlo.

Prince en mis brazos. Al final de la habitación, caminamos hacia

la ventana y miró hacia afuera. Podía imaginar la vista perfecta de

Las hojas del árbol otoñal en tecnicolor durante las horas del día, pero después

puesta de sol todo lo que podía ver era oscuridad que se filtraba desde afuera. Era

congelada y abracé a Prince fuerte contra mí, mi cuello haciendo cosquillas con su

cabello grueso.

"Su alteza, se ha puesto oscuro", dije, acercándome a la

ventana. "Sé que ya es hora de que me vaya a casa".

"Esta era una habitación para Abigail", escuché decir a Louise.

Encontré algo extraño cuando Louise habló. Tenía palabras
grabado en los cristales. Pude sentir en mi pecho, mi corazon
golpeteo.
"Mira esto", dije, pasando suavemente un dedo sobre el vidrio y
volviéndose hacia ella.
Louise entrecerró los ojos, buscó en su bolso y sacó sus gafas.
Era difícil discernir lo que decían las inscripciones en la penumbra.
Las oraciones eran gruesas, ásperas y garabateadas en el guión,
hecho apresuradamente pero con cuidado. Las nubes se movieron en el cielo y el
la luna me dejó caer momentáneamente en una corriente de lechosa iridiscencia,
burlándose de mí mientras luchaba por darle poco sentido al término. yo
soñé que Abigail estaba confinada a su habitación, cortando la
ventana, tal vez con su anillo de bodas de diamantes, protegiéndola
trabajar con las cortinas cuando entró su marido, desafiando pero
vigilante para no ser visto. Casi podía sentir su espíritu como yo

de pie donde debería haber estado. Atravesé mi corazón
y quería liberarla.
Después de que volvimos a poner la carpeta en el sótano, Louise caminó al frente
de mí mientras nos dirigíamos a
Lejos, Prince acunada en sus brazos. La presencia ilusoria de Abigail
nos precedió cuando partimos
Al final del pasillo y me aseguré de caminar a través de su retrato
antes de que cerráramos la casa.
La figura de Abigail estaba colgada en el salón desolado, flotando sobre
la chimenea sin brasas. Abrí esas velas.
Louise y yo caminamos al día siguiente por el camino familiar que era
superado por raíces y hojas. Prince nos dio la bienvenida a la puerta de
el cementerio, estirando sus patas delanteras como si se inclinara hacia
nos. Coloqué los nomeolvides sobre la tumba de Abigail y ligeramente
descansé mi mano sobre él.
Arriba, mis ojos cerrados y la libertad del bosque respiró. Nos sentamos en el hierba y quería.
Y estar con ella, Abigail. La brisa se levantó, el aire fresco pasó rápidamente

nosotros y nos dirigimos al sur.

EL ANCIANO EN LA MADERA

Esta mañana el bosque estaba inusualmente tranquilo, con mi perro negro,
Moe, caminando. Solo el sonido de una suave brisa en el bosque
las llamadas de los pájaros, y el golpeteo de las patas de Moe corriendo aquí y
allí en el suelo del bosque oliendo y persiguiendo animales pequeños.
Esas ardillas todavía vienen más rápido que Moe y la hacen
más fuerte. En la distancia escuchamos las campanas de la iglesia de ocho relojes
El sonar. Cuando partimos, estábamos un poco más tarde de lo normal.
En algunas zonas se levantaba una neblina de la neblina de anoche. Genial, mis lentes
comenzó a rebosar de humedad. Pasé por encima de montones de hojarasca
y lavó los conos en colecciones a lo largo del camino. Ellos
miró los arroyos y pareció nervioso, saltando por encima de la
rocas.
Vimos a un adulto mayor que se acercaba entre unas rocas grandes.

sosteniendo árboles altos y ondulantes cuyas raíces se agarraban a la roca como
dedos. Mientras estaba sentado en una roca, el humo de su pipa pequeña perezosamente
derivó hacia arriba. Noté que su ropa era bastante inusual.
El camino nos condujo al hombre; mientras nos acercábamos, Moe miró hacia arriba
y sonrió un poco cauteloso pero moviendo la cola.
Empezamos a hablar tras un cortés saludo.
"Pronto será mi esposa", dijo. "Ella es una
mujer maravillosa. Ella ama a los perros. A ella le va a gustar este ".
La oreja de Moe fue raspada por el hombre mientras se acercaba a sus pantalones.
cautelosamente. "¿Es ella realmente un chucho?"
Lo que había pensado que era la variada ascendencia de Moe, le dije. Nosotros
discutieron que a pesar de la niebla, el día era bastante hermoso,
tal vez por eso y como este era un lugar tan hermoso para
deambular. Le pregunté cómo conoció a su esposa.
"Me salvó; lo hizo".
¿Cómo le pregunté?

"De un dragón", dijo, dando una calada a su pipa, levantándose suavemente
el humo una vez más en la dirección de las ramas cayendo
sobre nosotros.
No estaba seguro de qué decir, así que me senté y escuché en un
Arbol caido.
"Vivíamos en una pequeña casa de campo en un pequeño pueblo donde contamos poco
historias de niños. A veces, cuando llovía en verano,
ven aquí y baila bajo las nubes que llovían y cayendo
hojas. Supongo que ahora es demasiado viejo para eso ".
Yo solo sonreí.
"Hemos crecido juntos", dijo. "Ella ha sido más dulce que
mía, ¡así que siempre me lo hace saber! Ambos nos tomamos de la mano, incluso
cuando hemos estado comiendo juntos o leyendo. De vez en cuando
escribir poesía el uno al otro y cubrirlos para que los notemos
mas tarde. Ha sido más de una vez que escondí demasiado bien la mía y
tuve que mostrarlos ".

No pude evitar reírme de eso. Me volví para ver ramas en
Entre. Aún no había señales de la esposa del hombre. me preguntaba
qué tipo de persona era ella. Por supuesto, estaban felices
juntos. Los gansos volaban por encima y miré hacia arriba. Su
el grito llenó el aire. Moe saltó y luego vio una ardilla
corriendo tras él.
"Animado, tu perro."
"Eso es. Su nombre es Moe."
"¿Así que ahora, Maureen?"
"No, solo Moe. Oh, Oh."
"Ella ama los bosques, ¿eh?"
Yo solo asentí. "Ella hace." Su esposa realmente no dio ninguna advertencia.
"A Moe le gusta la mayor parte de donde la llevo", le dije.
Miró por encima del hombro y luego se dio la vuelta, abriendo un
reloj de bolsillo en la palma de su mano. Se encogió de hombros y miró la esfera del reloj.
El reloj parecía viejo pero bueno, del tipo que no me importaría uno
día de propiedad. Levantó la cara y estaba hablando. "Nos gustó ir

al mercado de la ciudad. Simplemente se sintió como una aventura. Vendedores de mercado simplemente nos sonrió. Era como si fuéramos ricos y ellos

quería que gastemos todo nuestro dinero en ellos. Pero sabían que nosotros

no eran. Sin embargo, nos divertimos probando los productos, especialmente si

tenían bombones. Sin embargo, era inusual que fueran ad

chocolates

"Mi favorito era cuando visitábamos a una de las personas del pueblo

y toca el violín para nosotros. Entonces empecé. Nosotros lentamente

bailar en los brazos del otro, eventualmente colapsar en el sofá, y

nos quedábamos dormidos todavía envueltos en un abrazo. "El hombre

sonrió y miró hacia otro lado como si hubiera estado recordando durante mucho tiempo

alguna cosa.

"Uno de mis amigos dijo que nuestros besos podían iluminar el cielo, que cuando

la señora y yo nos besamos, las luciérnagas brillaban más, los grillos

gorjearía más fuerte, y los pájaros cantarían más dulce! Es decir lo que dijo, al menos.

El adulto mayor volvió a mirar a su alrededor y suspiró. "Ella no

parece venir aquí hoy. Se sentó golpeando suavemente su pipa en el

roca, viendo caer el tabaco al suelo del bosque. Levantó un pie

y aplastó el tabaco en la tierra húmeda. "Oh bien. Espero

No te he aburrido. No puedo conocer a demasiada gente aquí en

los bosques que me notan. En estos días parece que la gente es divertida. Nosotros

Ni siquiera te vas a mirar a los ojos.

"No me has molestado en absoluto. Conocerte es un placer.

Placer. Pero debería seguir adelante. Trabajo y todo eso. "Me di la vuelta

y llamó a Moe, que vino atado a mí y al anciano saltó y se paró en la pared. El adulto mayor había desaparecido. yo

miró fijamente a Moe.

Vi donde había caído el tabaco quemado y olí el aire,

pero no pude ver ninguna señal ni oler el tabaco. Eso

me pasó que nunca me había dicho su nombre ni cómo su

esposa lo había rescatado del dragón.

CAPÍTULO SEIS: HISTORIAS DE HORA DE DORMIR SOBRE FAIRY

Y HADAS

EL HADA DE LOS DIENTES

En la noche en que Gabriel conoció al Hada de los Dientes, las estrellas brillaron cielo de la tarde libre. Gabriel miró por la ventana de su dormitorio y
Marcó 23 estrellas.
Gabriel quería comprobar las cosas. Por las mañanas, se divirtió
de la oportunidad de revisar cada uno de sus 20 dientes cuando se cepillaba
ellos, sin embargo, hoy fue diferente. Gabriel había perdido su primer diente en
el área de juego hoy, y esta noche solo le quedarían 19 dientes
cepillar.
Además, prefería saber cosas, esta noche pensó sobre si la tierra centellearía tan brillantemente como una estrella si él

Podía verlo desde muy arriba. Esperaba tener alas para poder
Vuela al espacio exterior y ve el mundo desde lo alto.
Gabriel adoraba a los animales con alas e incluso tenía un
trampa con una mosca doméstica, dos luciérnagas y una libélula llamada Gus.
"Recuerde poner su diente debajo de su cojín para el diente
hada ", le dijo mamá a Gabriel mientras iba a cepillarse y pasar hilo dental
dientes y prepárate para ir a la cama.
"¿Mamá?" preguntó. "¿El hada de los dientes tiene alas?"
"Obviamente", dijo mamá. "Además, ella estará aquí antes que tú
date cuenta para dejarte un regalo único ".
"¡Transporte de cohetes explosivos, todos los marcos funcionan! Boogie-Woogie
astronauta, ¡la tierra está muy por debajo! Compruébalo, cuéntalo
despegue pronto ... El astronauta Boogie-Woogie se estaba moviendo en el
¡Luna!"
De repente, pensó en un pensamiento agudo. Si empataba un final de

el hilo dental alrededor de su dedo meñique y el extremo opuesto
alrededor de su diente, sin duda, se despertaría cuando
el Hada de los Dientes vino a quitarlo.
Así que inmediatamente después de que mamá lo cuidó y salió de la habitación, lo hizo.
sólo eso, y luego, cabeceó hasta que un tirón de su pequeño
el dedo lo agitó.
Gabriel abrió un ojo y vio a un pequeño hada estremeciéndose
alas flotando sobre su almohadilla, intentando aflojar su diente de
el hilo dental. Ella era del tamaño de una libélula.
"No puedo aceptar que pasé por alto mis tijeras", se dijo a sí misma. "YO
vino directamente del país de las hadas de los dientes, y ahora simplemente debo regresar.
"Sin pausa", dijo Gabriel. "Por favor, no vayas, te apoyaré".
El Hada emitió un profundo murmullo, agitó sus alas y
aterrizó en su cojín. Gabriel se sentó en la cama, aflojó su diente
del hilo dental y se lo dio. Ella lo tomó, abrió el bolsillo
en su vestido, y metió el diente dentro.

"Soy Gabriel", dijo. "Es excepcionalmente ideal conocerte".

"Hola, Gabriel", dijo el Hada. "Una deuda de gratitud es por tu

asistencia. Mis alas están algo gastadas por el largo

vuelo, ¿te importa si me dejo caer un momento?"

Gabriel entrecerró los ojos consternado cuando el Hada se tambaleó sobre su

cojín y saltó un par de veces como si fuera un trampolín plumoso.

"¿Podría preguntarte algo?", Preguntó Gabriel. "Me gusta

saber cosas. ¿Podrías mencionarme lo que quieras?

hacer con mi diente?"

"Bueno, supongo que tengo un par de momentos para hablar. Necesito

llegar a casa antes de que salga el sol, aunque preferiría no hacerlo

llegar tarde a la marcha del día a día.", dijo el Hada.

"¿Hay una caravana en un país de los hadas de los dientes?" Preguntó Gabriel.

"¡Dios de verdad, regular! La totalidad de los duendes del pueblo se alinea

camino todas las mañanas para elogiar la apariencia de todos los bebés dientes que he recogido durante la noche ", dijo Fairy.

"¿Qué ocurre después de la caravana?" preguntó Gabriel.

"Cuando termina la procesión, me detengo en la oficina de correos para

todas las cartas de niños como tú ", dijo Fairy.

"¿Recibiste mi carta?" preguntó.

"Dios mío, sí, obviamente. Leí las cartas de todos además

A la guardería de monedas está directamente detrás de la oficina de correos. Plantamos

la carta de cada niño allí, y se convierten en árboles. Sea como sea

Puede que, en lugar de hojas, los árboles produzcan monedas para que las dé como

regalos ". Dijo Fairy

"Con el gol, ese es el lugar donde se obtienen las monedas", gritó

Gabriel.

"La verdad es más extraña que la ficción", dijo. "Es más, después de que

Coger cada una de mis monedas, es la oportunidad ideal para todos los

dientes para ir a la estación de dientes brillantes para limpiarse. Cuando

brillan y centellean, está listo para la mansión ".

"¿Una mansión?" dijo Gabriel.

"Eso es," dijo el Hada. "Todo es divertido, y me oportunidad de hacer esto todos los días ".
Estuvieron un buen momento juntos.
"Sea como sea, ¿por qué es un festival tan importante?"
preguntó Gabriel.
"Porque le está saliendo su primer diente perpetuo", dijo.
con una sonrisa. "Su diente de la eternidad crece donde su bebé
diente solía ser ".
"Verá, perder los dientes implica que está creciendo.
más, cuando estás creciendo, puedes divertirte mucho y
energizando las cosas solo ".
"Así que en lugar de simplemente cantar boogie de transporte de cohetes.
lo suficientemente maduro como para inventar nuevas melodías propias. También,
en lugar de simplemente comprobar las estrellas, ahora podrá
leer libros sobre el espacio exterior y tal vez convertirse en un
astronauta un día ".
Gabriel pensó en crecer e imaginó todo lo que actualmente necesitaba hacer.
"Ese es un trato serio", dijo Gabriel.

"Dios mío, sí", dijo el Hada. "Así que para terminar el festival en
país de los hadas de los dientes, tenemos petardos en la medida en que el ojo puede
", dijo el Hada." Además, junto a esos petardos, sube tus dientes hacia el cielo nocturno ".
"¿Reconoces lo que hacen los dientes una vez que se colocan en el
¿cielo nocturno? - preguntó Gabriel.
El Hada sonrió de nuevo y respondió.
"Se convierten en las estrellas del cielo de la Tierra del Hada de los Dientes".
El Hada de los Dientes miró abruptamente la hora.
—Gracias, debería ponerme en movimiento. Adiós por el momento, Gabriel.
Volveré por tu próximo diente ".
Además, con eso, la pequeña Hada vaciló sus alas y
voló por la ventana abierta. Gabriel se reclinó en su cojín, su
corazón latiendo con energía; sonrió y en poco tiempo se quedó dormido
descansar.
Mañana a primera hora contaba sus 19 dientes, y por la noche,
miraría hacia el cielo nocturno, y en lugar de comprobar

estrellas, vería sólo un cielo masivo con un excesivo
número de estrellas para contar.

PORRIDGE DULCE

Melody vivía con su mamá. Ambos eran pobres, pero Melody
intentó animar a su madre cantándole melodías mañana y tarde.
"Melody, mi Melody", dijo su madre, "¿qué podría pasarme si
¿No fue por tus canciones? Me animan, ya sabes".
"Lo sé, madre", dijo Melody. "Si solo pudiéramos cargar nuestras tripas
con música. Tengo hambre."
Su mamá comienza a llorar.
"Trata de no llorar, madre. Iré al bosque a buscar lo que queramos
come. Melody le garantizó.
Mientras deambulaba por el bosque, Melody cantó uno de sus
hermosas melodías. Una vieja bruja la escuchó cantar y corrió para encontrarse
su.
"¡Cortés!" Melody dijo: "Me asustaste".
"Estoy tan desconsolado", dijo la amable bruja. "Simplemente necesitaba

averigua quién tenía una voz tan magnífica ".
Las mejillas de Melody se sonrojaron y se llevó a la cabeza.
"Considerándolo todo, muy agradecido. Confío en no haberte molestado".
Melody dijo.
"¿Molestarme? Basura. Tu voz se parece a un regalo para mí.
que podría hacer para compensarlo por su canto? "
"¿Premio?" Preguntó Melody.
"De hecho. Cualquier cosa que quieras", dijo la bruja. "Si tan solo regresaras
y canta para mí ".
Melody le informó a la bruja sobre su pobre madre y cómo
no tienen nada para comer.
"Aquí, aquí", dijo la bruja.
Empujando una pequeña olla negra en la mano de la joven.
"Toma esto."
"No pretendo ser descortés, pero lo bueno es una maceta vacía
si no hay comida para preparar en ella? "
"Es mágico", explicó la bruja.
"¿Magia?" Melody refritó.
"De verdad, sí. Llévatelo a casa, ponlo en el horno e indica estos

palabras.
Little Pot, Cook!
"Te sorprenderá con más papilla dulce que en cualquier
punto visto. Vaya, vaya. Inténtalo. Sea como sea, asegúrese de
vuelve mañana a cantar para mí ".
"¿En qué capacidad se dará cuenta la olla de cuándo dejar de cocinar?"
preguntó la joven hambrienta.
"Dios, sí", dijo la bruja. "Casi pasé por alto la mayoría
parte importante.
"¿La parte más importante?" Preguntó Melody.
"De hecho. En el momento en que tú y tu mamá se han llenado
de papilla dulce, solo decir

Little Pot, ¡Detente!
Es más, dejará de cocinarse. Actualmente recuerda ".
"No lo haré", garantizó Melody.
Volvió a casa, agarrándose firmemente a la olla mágica.
Habitualmente, Melody y su mamá comieron hasta saciarse de papilla dulce.
Es más, ordinario, la joven se mantuvo fiel a ella.

compromiso y se aventuró al bosque para cantar para los

bruja.

En algún momento, Melody se fue a encontrarse con la bruja mientras la dulce

gachas de avena se cocinaba todo el tiempo.

"Ahora recuerda qué decir", le advirtió a su madre.

Su madre simplemente la ahuyentó, actuando ofendida porque su pequeña

la trataba como a un idiota.

La olla cocida y cocida, en ese punto, coció un poco más.

"¡Detener!" Dijo la mamá de Melody.

Sea como fuere, la olla siguió cocinando.

"Bájalo", gritó mientras la papilla se derramaba sobre el horno.

y al suelo.

"¡Suficiente!" gritó la mujer.

La mamá de Melody dijo todo lo que podía considerar hacer la olla

dejar de cocinar, sin embargo, fue inútil. Ella no recordó la magia

frase, y al poco tiempo, todo el bungalow estaba cargado

con papilla dulce caliente.

¿Te das cuenta de la frase mágica para detener la olla?

La papilla dulce se expande hacia los bulevares al derramarse
las ventanas y empujando la entrada para abrirla. Llenó casa después
casa, mientras los vecinos gritaban e intentaban huir. "¡Ay!"
"¡Ay!" "Oveja", gritaron cuando su piel fue consumida por el
gachas dulces humeantes. Toda la ciudad estaba asegurada con
gachas dulces al regreso de Melody.
"¡Deja de olla pequeña!" ella gritó. Además, la pequeña olla mágica
solo hizo eso. La pobre señorita de voz encantadora
necesitaba comer su camino de regreso a la casa.
Su mamá nunca más pasó por alto las palabras mágicas.

HISTORIA DE CUENTOS DE HADAS

En los días en que la hechicería todavía era útil, una vieja bruja
maldijo al hijo de un rey y lo obligó a pasar su vida sentado en
una leña dentro de una estufa de hierro alta. Pasó varios años allí, y
nadie pudo liberarlo.

Una vez, la hija de un rey se metió en el bosque. Ella se había descarriado y no pudo encontrar el reino de su padre otra vez, y ella finalmente se paró ante la estufa de hierro, después de haber caminado durante nueve días. Entonces salió una voz que preguntaba: "¿Dónde estás? viniendo y adónde vas?"
Ella respondió: "Me alejé del reino de mi padre y perdí yo mismo, y no pude volver a casa".
Entonces la voz habló desde la Estufa de Hierro: "Te voy a ayudar a casa de nuevo, y eso también, en un corto espacio de tiempo, si prometes para hacer lo que quiero. Soy un príncipe más grande que tu princesa, y Quiero casarme contigo."
Estaba tan asustada que pensó: "¡Oh, qué voy a hacer! ¿puedo casarme con una estufa de hierro?"
Sin embargo, dado que quería ir mucho a casa con su padre, prometió lo que se le exigía. "Bien", dijo la voz, "Debes venir de nuevo, llevarte un cuchillo y raspar un agujero en el hierro".

Y la estufa de hierro le dio algo de compañera, o alguien - no estaba muy segura de qué - que caminaba junto a
ella y no habló, pero la llevó a casa sana y salva en dos horas.
Entonces hubo una gran alegría en el palacio de su padre y el anciano
el rey cayó sobre su cuello y la besó muchas veces. Pero ella era muy
lo siento y dijo: "Querido padre, sabes poco lo que le pasó
yo; si no hubiera pasado por una estufa de hierro, nunca hubiera venido
casa de nuevo fuera del gran bosque salvaje, pero tenía que fielmente
prometo que volvería con ella y me casaría con ella".
El viejo rey se asustó tanto que casi se desmaya, porque
sólo tenía este hijo. Por lo tanto, consultaron juntos y
decidió enviarla, no a la princesa, sino a la hija de un
Miller, que era muy hermosa, y la sacó, le dieron una
cuchillo y le dijo cómo raspar la estufa de hierro. Ella se frotó

durante veinticuatro horas cuando llegó al bosque, pero

no podía causar la menor impresión. Pero cuando el dia comenzo

romper, una voz sonó en la estufa de hierro, "Me parece que es un

día ahí fuera ".

Ella respondió: "También me parece así; creo que escucho a mi padre

girando su molino ".

"Oh, entonces, eres la hija de un molinero; vuelve derecho y

envía a la hija del rey aquí! "

Luego regres y le dijo al viejo rey que no

tener la estufa de hierro; solo quería a la princesa. El viejo rey

tenía mucho miedo y la princesa lloró. Pero aun tenian

la hija de un porquerizo, que era aún más hermosa que

la chica del molinero, así que le dieron una pieza de oro para que pudiera ser

persuadido de ir a la estufa de hierro en lugar de la hija del rey.

Ella también tuvo que raspar durante cuatro y veinte horas, pero

no podía causar ninguna impresión.

Ahora, cuando amaneció, una voz sonó desde la olla: "Me parece
hay un día libre ".

Luego respondió: "También me parece así; creo que escucho el
cuerno pequeño que suena de mi padre ".
"Así que tú eres la hija del porquero; ve ahora mismo y
dile a la hija del rey que venga y le diga que le pasará
ella como le advertí; si ella no viene, todo en el
el reino se hará pedazos y caerá, y no quedará piedra
en el otro."
Cuando la hija del rey escuchó esto, se echó a llorar; pero
no había que hacer nada más, tenía que cumplir su promesa. Ella
se despidió de su padre, se metió un cuchillo en el bolsillo y salió
en la leña a la estufa de hierro. Ella comenzó a raspar y
raspando cuando llegó allí; el hierro cedió, y ella había
Ya raspé un pequeño agujero en dos horas. Ella miró y vio

el joven más adorable: ¡oh! Brillaba tan brillante con piedras preciosas

y oro que la deleitó hasta el fondo de su corazón. Ella raspó más rápido que nunca, hasta que hizo el

agujero tan grande que podría salir.

Luego dijo: "Tú eres mío, y yo soy tuyo, que me has puesto

libre, que eres mi novia ".

Quería llevarla a su casa en su país, pero ella le rogó que

volvería a ir a ver a su padre; y el principe le dio irse, con la condición de que no hable con él más de

tres palabras y regreso. Así que se había ido temprano, pero ¡ay! Ella estaba

un poco de charlatanería y habló más de tres palabras. La estufa de hierro

desapareció instantáneamente, y fue retirado muy lejos, sobre Glass

Montañas y espadas afiladas; pero el hijo del rey, siendo liberado

ahora, no estaba encerrado en ella.

La princesa se despidió de su padre y se llevó algo de dinero con

ella, pero no mucho, y se adentró de nuevo en el gran bosque. Ella buscó la estufa de hierro por todas partes, pero no la encontró.

Durante nueve días lo buscó hasta que su hambre fue tan grande que
no sabía qué hacer, porque se había comido toda la comida que
podía encontrar y no le quedaba nada para mantenerla con vida. En la marea de la tarde,
por miedo a las fieras, se subió a un arbolito y se propuso pasar la noche allí. Pero cuando llegó la medianoche, ella
vio una luz tenue y brillante desde lejos, y pensó: "¡Oh!
debería estar a salvo allí ", bajó y se dirigió hacia él.

Luego llegó a una pequeña casa vieja, cubierta de hierba, con
un montón de madera frente a la entrada. Preguntándose cómo
entró allí, miró por la ventana y no vio nada pero una colección de ranitas gordas adentro, y una mesa puesta
hermosamente. Sobre él había carnes asadas y vinos, y los platos y
las copas estaban hechas de plata. Así que puso su corazón en marcha y llamó.

La rana más gorda inmediatamente gritó: "Doncella dulce y diminuta,

Llámame Hutzelbein;
Perro pequeño de Hutzelbein.
Estén atentos y verán
¿Quién puede ser ese?
Luego vino una ranita y abrió su puerta; y tan pronto como ella
entró, todas las ranas le dieron la bienvenida y la convencieron de que se sentara
abajo. Le preguntaron: "¿Por qué vienes? ¿A dónde vas?"
Luego les contó todo lo que le había sucedido y cómo, desde
ella había desobedecido la orden de no hablar más de tres
palabras a su padre, la estufa había desaparecido, al igual que el rey
hijo; ahora estaba decidida a buscarlo y vagar por el
montañas y valles hasta que ella lo encontró.
Dijo la vieja rana gorda-
"Doncella dulce y diminuta,
Llámame Hutzelbein;
El perrito Hutzelbein,
Acércate y mira;
Dame el paquete grande.
La ranita luego fue y trajo la caja con él. Ellos
le dio a la princesa comida y bebida después, y la llevó a un

cama bellamente hecha, toda de seda y terciopelo; ella se acostó en ella
y dormí en paz.
Cuando llegó el día, se levantó y la vieja rana le dio tres
agujas de la gran caja y le dijo que se las llevara. Serían esenciales para ella, porque tendría que repasar un
alta montaña de cristal, y tres espadas afiladas, y un vasto mar; Si
si pasaba todos esos, recuperaría a su príncipe más querido. En
Además de las tres agujas, la rana también le dio otras
regalos que debía cuidar, a saber, una rueda de arado,
y nueces de árbol.
Partió con estos, y cuando llegó al resbaladizo montaña de vidrio, clavó las tres agujas en ella mientras
cruzado - algunos antes de sus pies, y otros detrás - y así
logró cruzar. Ella escondió las agujas por otro lado, en
un puesto que había encontrado particularmente y siguió su camino. Ella
llegó a las espadas afiladas después, pero ella se sentó

en su rueda de arado y rodó sobre ellos con seguridad. Ella vino por fin
ante un gran lago por el que tuvo que navegar, y vio un
gran castillo cuando ella lo hizo. Ella entró y declaró que
era una pobre doncella que quería contratarse mucho si quería
podría ser tomado como un sirviente allí. Porque las ranas le habían dicho
que habitaba el hijo del rey, a quien ella había soltado en
la gran leña de la estufa de hierro, por lo que estaba feliz de estar
tomada como empleada de cocina por un salario mínimo.
Ahora el hijo del rey había pensado que la princesa estaba muerta,
y ahora había otra doncella con él, a quien había sido
persuadido de casarse, que entristeció mucho a la pobre doncella de cocina.
Palpó en su bolsillo por la noche, después de haber lavado el
platos y hecho todo su trabajo y encontré las tres nueces que el
la vieja rana se lo había soltado. Ella mordía uno y se comía

el núcleo, cuando, he aquí, el vestido más hermoso imaginable

estaba adentro, tan impresionante que la novia pronto se enteró, vino

y pidió verlo, y ella quería comprarlo, diciendo que no era un

vestido de sirvienta de cocina. Pero la criada de la cocina pensó de otra manera,

negándose a venderlo, pero ofreciéndolo como regalo si la novia

le dio un favor, es decir, pasar una noche fuera de la puerta

del novio en la estera. Porque el vestido era tan hermosa la novia le dio para irse, y ella no tuvo nada igual.

Ahora le dijo a su novio cuando anocheció: "El mudo

la criada de la cocina quiere dormir fuera de tu puerta en la estera ".

"Si estás feliz, yo lo soy", dijo.

Pero la novia le ofreció una copa de vino, en la que había puesto un

corriente de sueño; para que durmiera profundamente que nada pudiera

despiértalo. Mientras la princesa lloraba toda la noche fuera del

puerta, diciendo: "Te he liberado del bosque salvaje - de un

Estufa de hierro; al buscarte, he pasado por una montaña de cristal,
sobre tres espadas afiladas y sobre un gran lago; sin embargo ahora que encuentro
tú, no me vas a escuchar ".
Cuando hubo lavado todo la noche siguiente, mordió
la segunda tuerca abierta; y habia un vestido mucho mas lindo
por dentro que el primero, que también quería comprar cuando la novia
Lo ví. Pero la niña se negó a tomar el dinero nuevamente y suplicó
de nuevo que podía pasar la noche fuera de la puerta del
novio. La novia le dio un somnífero una vez más, y durmió tan profundamente que no pudo oír nada. Pero el
sirvienta de la cocina lloró toda la noche, llorando: "te he liberado
del desierto y de una estufa de hierro, y han pasado
una montaña de cristal, sobre tres espadas afiladas, y sobre un gran lago,
antes de encontrarte; y sin embargo, cuando te encuentre, no oirás
yo."

Mordió la tercera nuez la tercera noche; y hubo un
vestido aún más hermoso en él, brillando rígidamente con oro puro. Ella
deseaba tenerlo más fervientemente que nunca cuando la novia lo vio;
pero la criada de la cocina solo se lo daría si pudiera dormir
en la estera a la puerta del novio por tercera vez. Pero
el príncipe fue cauteloso esta vez y dejó el somnífero
intacto. Ahora, cuando ella comenzó a llorar y a gritar,
"Querido tesoro, te he liberado de lo horrible
desierto, y de una estufa de hierro, "el hijo del rey saltó
levantada, llorando: "Este es mi verdadero amor, ella es mía y yo soy de ella".
Luego declaró que no se casaría con la otra novia, a quien
no amaba; y así, aún en medio de la noche, entró un carruaje con la criada de la cocina.
Navegaron cuando llegaron al gran lago y se sentaron
en la rueda de arado en las tres espadas afiladas; y encontraron

las tres agujas en la montaña de cristal, y las clavó paso a paso

paso. Así que por fin llegaron a la casita, pero cuando

entró, ¡he aquí! Se transformó en un magnífico castillo; las ranas se volvieron

príncipes y princesas, los hijos de todos los reyes, y recibieron

ambos con gran alegría. Allí se celebró la boda,

y permanecieron en el castillo, mucho más grande que el que

Perteneció al padre de la princesa. Pero como el adulto mayor

lamentó mucho la pérdida de su hija y su soledad, ellos

Rápidamente fueron y se lo llevaron a casa para ellos solos. Entonces, en lugar de uno, tenían dos reinos y vivían felices todos sus días

juntos.

LA PRINCESA HADA

Solía haber un rey y una reina viviendo allí una vez. Los Reyes

familia fue bendecida con el poder de las hadas. La pareja fue

pronto bendecido con una hermosa niña. El hada dios apareció el día de su nacimiento y la bendijo con los poderes de un verdadero

hada. Se le ha dado un nombre al hada Princesa María.

La princesa María solía presentar sus sugerencias en la corte a la

Rey. Ella fue excelente en la investigación. Desde la infancia, María fue una

chica muy inteligente. Ella siempre ha usado sus poderes para bien

porque como ella era un hada. Además, lea una reseña de Princess

Septiembre.

Pronto creció hasta convertirse en una hermosa joven, princesa de hadas, y

Era hora de que ella se casara. Todos los príncipes del reino cercano

quería casarse con ella por su riqueza y sus poderes mágicos.

La princesa María desapareció inesperadamente del palacio.

día. Su padre, el rey de las hadas, estaba hecho pedazos y

roto en el corazón. Había dejado de comer e incluso de beber mientras

estaba golpeado por el dolor. El Rey ordenó a algunas hadas en busca

de María, pero no los encontraron.

Un joven mago llamado Haider, visitó el palacio del Rey dos
días después, y se ofreció a ayudarlo. "Su Alteza, traeré
¡Princesa María al castillo de nuevo! ", Le prometió al Rey de la
Hada. Haider tenía un espejo mágico que mostraba a un mago cruel
llevándose a la princesa. Quería casarse con la Princesa María
con fuerza, y la escondió en su castillo. Pronto, Haider fue al castillo del mago y con la ayuda
de su varita mágica, lo convirtió en un gato. Rescató a la princesa
Mary de inmediato. Ella le dio las gracias a la primera vista y
me enamoré de él. Haider encerró al gato en una jaula y
trajo a la Princesa María de regreso al Reino de las Hadas.
El rey de las hadas estaba tan complacido que ordenó a la princesa María que se casara
el mago Haider. Esta fue una muestra de su gratitud hacia Haider.
por el Rey de las hadas. La princesa Mary y Haider siempre habían vivido
felizmente despues.

FIORINA, LA HADA IMPACTANTE

En el momento en que vas al lugar donde están las hadas
y pregunta quién es el hada más bella de todos los tiempos, todos responderán
decididamente que es Pionina. Todos, es decir, excepto Pionina
ella misma, que meneará la cabeza y considerará en silencio a su hermana
Fiorina.
Nadie la ha observado todavía; sin embargo Fiorina fue la más
hermosa de las dos hermanas hadas. Ambos fueron concebidos a partir del
equivalente enorme, grande, gota de rocío. Por una considerable longitud de
tiempo, pasaron sus vidas juntos dentro de una flor similar. los
El problema era que eran tímidos hasta tal punto que nunca
necesitaba salir al mundo. Como no tenían la más brumosa
idea acerca de algunas otras hadas, se preguntaron si eran
hermoso o feo, perspicaz o idiota, afortunado o desafortunado.

Pensaban en esto con tanta regularidad que herían
persuadidos de que eran feos, estúpidos y desafortunados. A
hasta tal punto, que decidieron no dejar nunca su agradable
flor. Allí se quedaron, viviendo sus vidas lamentando su
privación. ¿Cómo podrían demostrarse al mundo?
cuando fueron un par de debacles? ¿Qué podrían otros
decir sobre ellos? Además, imagine un escenario en el que otros
los despidió y se burló de ellos.
Eso fue, hasta un día cuando Pionina llamó a suficientes
coraje para dejar la flor.
- "No es mi defecto, soy tan terrible"
ella se dejó saber,
- "Intentaré ser reflexivo y animado, y posiblemente de esa manera
me perdonarán mis imperfecciones "
Pensó, ahora resuelta a deambular. Pionina tuvo una oportunidad
en todo para que su hermana la acompañara, pero Fiorina no

sentirse apto para vencer su timidez. A pesar de que ella estaba realmente
mordiendo el polvo para dejar la flor, eligió quedarse ...
Cuando Pionina saltó y comenzó su viaje de gimnasia sobre el
tierra, una luz brillante única abarcaba todo el país. Al ver esta luz, cientos de hadas se levantaron de sus
flores para asimilarlo todo. Todos veían con profundo respeto como
observaron el hada más hermosa que nadie había
observado.
En poco tiempo, hubo un alboroto considerable alrededor
Pionina. En solo un par de breves minutos, había obtenido el mayor
aclamado todo lo considerado, por su excelencia, su
conocimiento, y su suerte favorable. Pionina luego se apresuró a
revelarle a su hermana lo confundidos que habían estado con todos
de esos años. El problema era que ella no tenía la más remota idea
sobre la ruta después a su flor. En esa tierra, hubo

miles de flores, muy parecidas a las suyas. Pionina
no podía explicar cuál era en la que había vivido. Ella
miró y miró; sin embargo, ella nunca sabría cómo descubre Fiorina.
Es más, allí se quedó Fiorina, envuelta en su flor, cargada de pavor, confiando en sí misma como la más impactante de
hadas sin darse cuenta de que si ella optaba por salir, lo haría
entender que ella era la ms bella y afortunada de las
considerable número de hadas.

ADALINA, LA HADA SIN ALA

Adalina no era un hada cualquiera. Nadie sabía por qué, sin embargo, ella
no tenía alas. Además, también, ella era una princesa, niña de
la Gran Reina de las Hadas. Como era tan pequeña, parecida a una flor, la vida
fue solo una progresión de problemas para ella. ¿No podía volar?
sin embargo, ella apenas tena fuerzas mgicas desde que la magia de
se origina en sus frágiles alas de cristal.

De esta forma, desde el principio, Adalina había confiado en el

asistencia de otros para algunas cosas. Ella creció expresando

gratitud hacia las personas, sonriendo y siendo agradable, por lo que

Normalmente, todos los animales del bosque estaban encantados de apoyar

su.

En cualquier caso, cuando llegó a la edad de convertirse en reina,

Numerosas hadas cuestionaron que pudiera ser una buena reina con

tal incapacidad. Ellos contendieron y pelearon tanto que

Adalina necesitaba dar su consentimiento para pasar por un examen en el que

necesitaría mostrar a todos las maravillas que pudiera, la pequeña

El hada resultó ser increíblemente trágica. ¿Qué sería ella capaz de

¿hacer? Ella no era mágica de ninguna manera y ni siquiera podía ir muy lejos.

con esas patitas suyas. Sin embargo, mientras Adalina estaba sentada en una piedra

cerca del arroyo, intentando considerar algo que asombraría a diferentes hadas, las actualizaciones de la prueba fueron

extendiéndose entre las criaturas del bosque bien dispuestas. Después de
En poco tiempo, cientos de animales estaban cerca, preparados para
apoyarla de cualquier manera que ella requiera.
- "Muchas gracias, pequeños compañeros. Me siento muy mejorado
contigo cerca "
ella dijo con la mejor de las sonrisas,
- "sin embargo, no sé si tendrá la opción de apoyarme."
- " ¡lo haremos!"
se dirigió a la ardilla,
- "Háganos saber, ¿qué vas a hacer para asombrar a esas tontas hadas?"
- "Dios ... si nadie más que yo podría, yo podré no podría
quiero algo más que atrapar el haz principal de la luz del día
antes de que entre en contacto con la Tierra, y manténgala en una gota de rocío, para que cuando
Se requería que pudiera ser utilizado como luz para todos los que viven en el
bosque. O, de nuevo, también preferiría pintar un arco iris en el
cielo nocturno, bajo el pálido crepúsculo, con el objetivo de que el

los animales nocturnos podían ver su magnificencia. Pero no tengo ninguno
magia o cualquier ala para mantenerlo en ... "
- "¡Bueno, deberías tener tu magia en otro lugar en ese momento!
¡Mira!"
Una vieja tortuga gritó enérgicamente, mientras volaba por el aire,
dejando un camino de verde detrás de él.
Fue válido. Cuando Adalina les había estado revelando a los compañeros
de sus deseos más profundos, una inundación de magia se había apoderado
ellos. Estaban todos allí, volando por el aire, haciendo una magia
arco iris, y atrapar uno, así como cientos de rayos de
luz del día dentro de hermosas gotas de agua que llenaban el cielo con
modestas luces espléndidas. Durante todo el día y la noche, podrías
ver ardillas, ratones, ranas, criaturas voladoras y peces saltando
a través del cielo, llenándolo de luz y sombra, en una exposición
nunca observado, y eso llenó a los arrendatarios del bosque, por favor.

Adalina fue declarada Reina de las Hadas, independientemente de su

sin saber de dónde había venido una magia tan poderosa. Que es

más, no fue hasta algún tiempo después que la joven Reina

comprendió que era la primera de las Grandes Hadas, cuya

La magia no se encuentra en las alas de uno, sino dentro de la totalidad de

compañeros reales de uno.

La fea hada

Anteriormente había un hada que estaba descubriendo cómo ser un

padre adoptivo de hadas. Generalmente, mágica y magnífica, era

el más amable y el más inteligente en igualdad de condiciones. Sea como sea

mayo, también era un hada fea. Además, independientemente

de la cantidad, demostró sus brillantes características,

Parecía que todo el mundo estaba resuelto a aceptar que la mayoría

Lo significativo de un hada era su magnificencia. En el hada

escuela, la ignoraron. Cada vez que despegó, se dispuso a pedir ayuda

un niño o cualquier otra persona en una situación difícil antes de que ella
podía decir una palabra, en ese momento estaban chillando y
gritándole: "¡Fea! ¡Vete, bicho raro!"
A pesar de que no estaba cerca de nada, su magia era excepcionalmente
poderoso, y más de una vez, había considerado utilizarlo para
hacerse hermosa. Sin embargo, en ese momento, recordó lo que su
mamá le había aconsejado constantemente: "Querida, eres lo que quieres
son, imperfecciones y todo; y nunca cuestiones que tu
son así por una razón extremadamente única ... "
Sea como fuere, en ese momento, en algún momento, las brujas del
área vecina atacó y devastó la nación, colocando a todos
las hadas y los magos en la cárcel. Nuestra hada, no mucho antes de ser
asaltada, hechizaba su ropa y, ayudada por su feo rostro,
ella descubrió cómo ir por una bruja. De esa manera, ella tuvo la
opción de seguir a las brujas de regreso a su cueva.

Una vez allí, utilizó su magia para organizar una reunión importante para
todos, iluminando la caverna con murciélagos, anfibios y
insectos. La música la dio una manada de lobos llorando. Mientras
la reunión iba a toda velocidad, el hada se apresuró y
liberar a todas las hadas y magos que habían sido detenidos. En el
punto en el que cada uno de ellos era libre, cooperaron en una
hechizo mayor que prevalece con respecto a la captura de las brujas
dentro de la montaña durante los siguientes cien años. Que es
más, durante los próximos cien años, y eso es solo la punta del
iceberg, todos recordaron la increíble valentía y perspicacia de
el hada fea.
Además, a partir de ese día, nadie en esa tierra en ningún momento
consideraba que lo grotesco era una falta de respeto. En cualquier momento
alguien feo fue concebido, los individuos fueron cargados con

dicha, dándose cuenta de que para ese nuevo individuo cosas extraordinarias
poner por delante.

LA HADA Y LA SOMBRA

Hace mucho, mucho tiempo, antes de que los individuos y sus

comunidades llenaron la Tierra, incluso antes de numerosas cosas también

tenía un nombre, había un lugar desconcertante que era observado por el

Hada del lago. Razonable y liberal, cada uno de sus

sus seguidores siempre estuvieron dispuestos a servirla. Hubo un tiempo en el que

algunas criaturas maliciosas socavaron el lago y su

que abarca los bosques. Los seguidores del hada se unieron a ella en un

excursión peligrosa a través de arroyos, pantanos y desiertos buscando

para la Piedra de Cristal, su solitaria esperanza de ser

salvado.

El hada les advirtió de las amenazas y dificultades que se encontraban

por delante de lo duro que es perseverar durante toda la excursión,

sin embargo, ninguno de sus seguidores estaba preocupado. Todos prometieron
ir con ella a cualquier lugar que se requiera, y ese día equivalente
el hada y sus cincuenta seguidores más leales partieron en su
excursión.
Al final resultó que, el viaje fue aún más diligente y más
horrendo de lo que el hada había imaginado y les advirtió
acerca de. Fueron recibidos por terroríficos mamuts. Ellos necesitaban
caminar día y noche, perdido en los desiertos, hambriento y sediento. Miró
por tal desgracia, numerosos seguidores se desanimaron y
entregado el viaje. Por fin, solo quedaba uno, y su nombre era Shadow.
La sombra no era de ninguna manera, forma o forma la más audaz; él no estaba
el mejor guerrero, ni fue el más inteligente ni el mejor momento.
En cualquier caso, lo que hizo fue permanecer leal al hada, directamente al
fin. En cualquier momento, el hada le preguntó a Shadow por qué

razón por la que no había hecho como los demás. Casi la abandonó;

Shadow decía constantemente: 'Te revelo que te seguiría

a pesar de todas las dificultades, y eso es lo que soy

haciendo. No te abandonaré porque la excursión ha sido

difícil.'

Debido a su leal Sombra, el hada finalmente descubrió

cómo descubrir la Piedra de Cristal. Lamentablemente, hubo una

monstruo que guarda la piedra, y este monstruo no iba a

entregar la piedra sin ningún problema. Ante esto, Shadow, en un

última demostración de lealtad, se ofreció a sí mismo a cambio de la

Roca. El monstruo reconoció, por lo que Shadow pasó el

resto de sus días en la administración del monstruo.

La poderosa magia de la Piedra de Cristal implicaba que el hada

podría volver al lago y hacer que las criaturas inteligentes desaparecer. Sea como fuere, todas las noches lloraba al

falta de asistencia de su leal Sombra, porque desde la

demostración de benevolencia había surgido una adoración más

conectado a tierra que algún otro.

Además, en memoria de Shadow, y para mostrarles a todos los

estimación de la lealtad y el deber, el hada presentó a cada ser en

Tierra con su propia Sombra durante el día. Sin embargo cuando

llega la noche, cada una de estas sombras viaja al lago,

para invertir energía con el hada lúgubre, y para intentar tranquilizar

ella por su desgracia.

LA HADA DE LA ALMOHADA

Hace mucho, mucho tiempo, una gran cantidad de niños en el planeta no

tener una idea de cómo saber si estaban tratando bien a los demás o

severamente. Podrían golpear a sus hermanos y hermanas, pensando que

lo estaban haciendo bien. Podrían estar cargados de lamento por haber

ayudaron a su mamá o limpiaron su habitación. El dia entero
a través, las hadas necesitaban revelar a los niños si
habían sido buenos o terribles. Fue una experiencia tremendamente agotadora y
actividad agotadora.
Una de las hadas se llamaba Sparkles y era extraordinaria.
divertido. Ella pensó que era más inteligente mostrarles a los niños un par de cosas.
Por lo tanto, creó una almohada parlante para su señorita preferida,
Alicia.
Cuando Alicia se acostaba, la almohada le preguntaba:
- "Dime, mi señorita, ¿qué hiciste hoy?"
En cualquier momento, Alicia le reveló que había hecho
cosas terribles, la almohada produciría clamores irritantes cuando
la noche progresaba y se retorcía en una amplia gama de incómodas
golpes y golpes. Alicia apenas podía descansar.
Sea como fuere, cuando Alicia hablaba de cosas buenas tenía
hecho, la almohada murmuraba como un minino, desearía que Alicia

una buena noche, y tocaría música dulce y delicada durante todo el

toda la noche. Después de un corto tiempo, la joven se dio cuenta

cómo seguir adelante con el objetivo de que su almohada jugara hermosa

música constantemente.

Brilla el hada en ese momento eligió utilizar la almohada en

otra joven que le estaba dando muchas dificultades.

Desde el principio, a Alicia le preocupaba la posibilidad de que

puede pasar por alto cómo ser buena, sin embargo, recordó las palabras que había

escuchaba cada noche, y ella se decía a sí misma:

- "¿Qué tal si vemos en ese punto, Alicia. ¿Qué hiciste

¿hoy?"

Alicia quedó satisfecha al descubrir que en ese momento sabía si

había seguido bien o no. Además, cuando ella había sido

bien, descansaba magníficamente. Al igual que cuando el hablar

almohada había estado allí, pensó que era difícil descansar en

fuera cual fuera el punto en que había logrado algo terrible. Que es
más, posiblemente podría sentir armonía si se comprometiera a hacer
bien, al día siguiente, cualquier daño que hubiera hecho.

EL CONCURSO DE LAS HADAS

Hace muchos años, llegó el momento de elegir otro Jefe de
El país de las hadas. Después de muchas conversaciones, creó la impresión
que la decisión recaía entre dos hadas, cuyos casos al
posición privilegiada eran equivalentes al punto de que era
desafiante para inclinarse hacia uno al siguiente. Una de las hadas
se llamaba Fairy Flight y la otra, Fairy Constance.
A la luz de la situación actual, se concluyó colectivamente que
Cualquiera de las dos hadas podría mostrar al mundo lo mejor
Maravilla, ese hada debería convertirse en Jefe del País de las Hadas. De todos modos, eso
iba a ser una especie de maravilla poco común, ningún movimiento de montañas

o cualquiera de esas acrobacias de hadas normales serviría.

Fairy Flight concluyó que criaría a un príncipe que podría

encanta a una dama tras otra. Sin embargo, permanecería

coherente con ninguna dama. Fairy Constance eligió criar a una princesa

que era encantadora hasta el punto de que ningún hombre podía conocerla

sin empezar a mirar todos los ojos estrellados. Si Fairy Flight's

El príncipe alterable podía resistir los encantos del Hada Constanza

Princesa, en ese punto, Fairy Flight ganaría y se convertiría en Jefe

de Fairyland. Por otra parte, si la Princesa del Hada Constanza pudiera ganar

el núcleo del Príncipe, gana así su propuesta de matrimonio; a

En ese momento, Fairy Constance se convertiría en Jefe de Fairyland.

A los dos contendientes se les permitió tomarse tanto tiempo como ella

deseado. Desafíos como este pueden llevar mucho tiempo. Entonces los cuatro

las hadas más experimentadas se encargarían de las empresas de

El país de las hadas.
Actualmente el Hada Constance, que era la persona que había elegido
criar a la princesa, había sido durante mucho tiempo de buena vecindad con un
rey y reina específicos, cuya corte imperial era un modelo de
lo que debería ser un tribunal. Tenían una niña, a quien tenían
llamada "Rosanella" porque tenía una rosa rosada impresa
sobre su garganta blanca. Desde su primer comienzo, ella
demostró el conocimiento más asombroso, y los escuderos
Sabía de memoria sus sabias trivialidades y las repetía en todos
eventos.
Una noche oscura, no mucho después de la reunión de las hadas, el
Queen se despertó con un grito. Sus ama de llaves de respeto se apresuraron
para percibir lo que estaba mal y descubrió que la Reina tenía un terrible
sueño.
"Imaginé", dijo ella, "que mi pequeña se había convertido en una

manojo de rosas, y que mientras lo agarraba, un animal alado
se sumergió inesperadamente y me lo quitó y desvió
eso."
"¡Dios mío!" gritó un cuidador médico. "Deja que alguien corra
sin demora un momento y ver que todo va genial con
la princesa."
Entonces corrieron. Sea como fuere, ¿cuál era su miedo cuando
encontré la cuna vacante! Buscaron lo alto y lo bajo todo el tiempo
el reino de la princesa Rosanella, sin embargo, ni una pizca de la
se pudo encontrar al bebé. La Reina no pudo ser ayudada, y tampoco
en lo que a eso respecta, lo haría el Rey.
Un verano, mientras la reina estaba sentada en apuros en el jardín de su castillo,
vio a varias jóvenes obreras acercándose, cada una
uno de los cuales siguió los doce caminos arbolados que impulsaron
el punto focal del jardín. Como cada joven trabajadora se movía

cerca, puso un recipiente a los pies de la reina, diciendo: "Seducir
Reina, que esto te sirva de un ligero consuelo en tu
abatimiento."
La Reina abrió apresuradamente las cajas y descubrió el interior
todos una exquisita señorita bebé, de una edad similar a la del
pequeña princesa a quien extrañaba profundamente. Desde el comienzo,
Ver a los niños simplemente la ayudó a recordar su tristeza.
Sin embargo, pronto sus encantos la captaron tanto que, aunque ella
nunca olvidaría a su querida Rosanella, sus consideraciones
resultó estar muy ocupado dando a los bebés la guardería
cuidadores, cunas y mujeres haciendo pausas y enviando
aquí y allá en busca de columpios, muñecas, trompos y fanegas de
mejores dulces.
Curiosamente, cada bebé tenía en la garganta; una pequeña rosa rosa
además. La Reina pensó que era difícil elegir

nombres para cada uno de los doce, así que, hasta que pudiera resolver el

problema, eligió un sombreado excepcional para todos, y

los vistió de la misma manera, con el objetivo de que cuando estuvieran

todos juntos, parecían un ramo de hermosas flores. Como ellos

desarrollado y más establecido, se hizo evidente que aunque

Todos fueron asombrosamente astutos y asimilaron mucho de la

instrucción que recibieron. Sin embargo, se diferenciaban unos de otros en

carácter, hasta tal punto que constantemente no lo eran, en este

punto conocido como "Perla", "Primrose" o "Jade" o lo que sea

puede haber sido su nombre sombreado. En cambio, la Reina

decir, "¿Dónde está mi dulce?" o "mi Bella" o "mi Sabia".

Obviamente, con cada uno de estos encantos, cuando los jóvenes

damas desarrolladas hasta convertirse en mujeres jóvenes, atraían admiradores

por docenas. En su corte, sin embargo, príncipes de millas de distancia

aparecían continuamente, atraídos por los informes de sus
Belleza, que se extendió al exterior. En cualquier caso, el impresionante
Las jóvenes eran tan cautelosas como hermosas y
no apoyó a nadie.
Regresemos por un segundo a Fairy Flight, quien, como puede revisar,
era el hada que había resuelto criar al príncipe furtivo. Ella tenía
su mirada se centró en un príncipe Miliflor específico. Siendo las cosas que
son, el padre del Prncipe Miliflor era un compaero del lord cuyo
esposa había encontrado a las doce princesas bebés. En el momento en que
El príncipe Miliflor fue concebido, Flight le había dado todos los
gracias del cerebro y del cuerpo que un príncipe podría desear. Todavía,
ahora se esforzó más y no se salvó de tormentos al incluir
cada atractivo e interés concebibles. Con el objetivo de que si
él estaba enojado o alegre, vistiendo el más lujoso manjares ilustres o túnicas más fáciles, independientemente de si

no bromeaba ni era feliz, era, en todos los casos, magníficamente
¡abrumador! En verdad, era un joven seductor, desde que Fairy Flight le había dado el mejor corazón del planeta
como la mejor cabeza y no había dejado nada que desear aparte de
la capacidad de permanecer dedicado a un amor. Porque no se puede negar
que el príncipe Miliflor era una provocación urgente y tan frívola como el
brisa. Hasta tal punto, que cuando se presentó en su
decimoctavo cumpleaños, había conquistado y dejado atrás cada
corazón en el reino. Las cosas estaban en esta situacin cuando estaba
bienvenido a visitar la corte del compañero de su padre, el gobernante, y
Reina, que había criado a las doce princesas bebés.
Visualiza el asombro del príncipe Miliflor cuando apareció
y fue presentado a doce de los animales más adorables que había
observado. Resultó rápido para ser evidente que todos disfrutaban

él tanto como él prefería cada uno de ellos, y después de un
poco tiempo, estaba perpetuamente descontento un solo momento
sin ellas. Porque ¿sería capaz de no murmurar conversaciones delicadas?
a Sweet, mientras se reía con Joy y al mismo tiempo miraba
¿Belleza? Es más, en sus minutos cada vez más genuinos, lo que
podría ser más maravilloso que conversar con Wise sobre algunos
jardín secreto, mientras sostenía la mano de Amar por su cuenta, con
todos los demás esperando cerca? Sin precedentes en su vida,
verdaderamente adorado, aunque el objeto de su dedicación no fue uno
individuo, sin embargo, doce, a quien se unió de manera similar.
Fairy Flight no podría estar cada vez más satisfecho. Visualiza, en lugar de
rompiendo el corazón de cada jovencita, a su vez; Él estaba yendo
romper los corazones de doce princesas sin un momento
¡retrasar!

El padre del príncipe Miliflor se mantuvo en contacto con él una y otra vez, contándole
que regresara, y proponiéndole un partido preferible
sobre lo siguiente, pero todo inútil. Nada en el planeta podría romperse
el Príncipe de los doce objetos de sus expresiones de amor.
Un día, el tablero de las doce princesas dio una enorme
fiesta de jardin. Del mismo modo, como los visitantes estaban totalmente recogidos, y
El príncipe Miliflor, por supuesto, estaba dividiendo sus consideraciones
entre las doce delicias, lejano murmullo de abejas fue escuchado. A medida que el murmullo se hizo más fuerte, las mujeres del
corte, temiendo sus picaduras, articuló pequeños gritos y huyó.
Inmediatamente, ante la repugnancia de todos los que miraban, el
las abejas se desarrollaron abruptamente a un tamaño considerable, en ese
cada uno perseguía a una princesa, y por fin la golpeaba
y robándola por los aires! En un momento, cada uno de los
doce princesas se habían desvanecido en el cielo.

Este impresionante evento llevó a toda la corte a una terrible tristeza.

Ya era bastante horrible que la bebé Rosanella se hubiera evaporado

tan desconcertantemente años antes desde su cuna real, sin embargo ahora

¡esta! Que cada una de las doce princesas sería transportada

lejos por grandes abejas! El príncipe Miliflor se lanzó salvajemente

ira, en ese punto, paso a paso, caí en tal subterráneo

gobierno del dolor se esperaba que si nada

animarlo que sin duda pasaría. Su su defensor, Fairy Flight, se apresuró a su lado, pero lo despidió con

desdeña todas las representaciones de princesas impecables, que ella

le ofreció reemplazar sus maravillas perdidas. Para decirlo claramente, fue

obvio que era terrible, y Fairy Flight estaba en su absoluta límite.

En algún momento, mientras el Príncipe deambulaba asimilado en su

angustia, escuchó gritos inesperados. Por el aire, un carro de

el cristal, brillando a la luz del día, se acercaba gradualmente. Seis

damas deslumbrantes con alas brillantes lo tiraron de rosa sombreado
tiras, mientras que un vuelo completo de otras, igualmente hermosas, fueron
sosteniendo largas coronas de rosas cruzadas sobre él, para formar un total
sobresalir. El Hada Constanza se sentó dentro del carro y
cerca de una princesa cuya belleza asombró decididamente a todos los que vieron
su. Cuando el carro aterrizó, continuaron hasta los palomares de la Reina.
Gritos de milagro se elevaron por todos lados ante la perfección de lo extraño
Princesa y la maravilla de su apariencia, y el grupo tan
espesó que era difícil despejar un camino a través.
"Extraordinaria Reina", dijo el Hada Constanza, "concédeme
restablecerte a tu pequeña Rosanella, a quien llevé hace años
desde su cuna.
Las palabras no pueden comunicar lo asombrada y encantada que la Reina
iba a ser reunida con su bebé perdido hace mucho tiempo. En todo caso,
inevitablemente la Reina dijo

Hada Constance, "Sin embargo, mis doce impresionantes, ¿sabes si
están perdidos para mí por la eternidad? ¿Nunca los observaré?
¿de nuevo?"
El hada Constance acaba de decir: "Muy pronto, ya no te perderás
¡ellos! "en un tono que significaba:" No me pregunten más ".
Montando de nuevo en su carro, rápidamente desapareció en el
cielo.
Las actualizaciones sobre la llegada de la princesa Rosanella, desaparecida hace mucho tiempo
fueron entregados en poco tiempo al Príncipe, sin embargo, tenía la
corazón apenas para hacer un viaje rápido y verla, extrañaba tanto su
doce amores perdidos. Resultó totalmente importante que él
debe, en cualquier caso, ofrecer sus sentimientos de aprecio. Él tuvo
Apenas habían pasado cinco minutos a la vista de Rosanella antes de que
se le apareció al Príncipe que ella consolidó en su seductora

individuo todos los dones y gracias que tanto lo habían atraído en el

doce Doncellas de las Rosas cuya desgracia había lamentado tanto.

Además, es extremadamente sencillo estar con cada individuo por turno.

Casi antes de que él mismo lo supiera, le estaba preguntando al deslumbrante

Rosanella para casarse con él.

En el momento en que las palabras abandonaron sus labios, el hada Constance volvió a mostrar

arriba, esta vez sonriendo y triunfante, en el carro de la Cabeza

de Fairyland. El núcleo del irresoluto Príncipe Miliflor había sido

derrotado, y no necesitaba nada, no exactamente para permanecer cerca

por el resto de su vida. Así que el hada Constanza había sido

le otorgó el título de Jefe del País de las Hadas.

En ese momento, el Hada Constance dio un registro completo de cómo había tomado

Rosanella desde su cuna y había aislado su personaje en

doce partes equivalentes, que cada pieza de su fuerza seduce

Príncipe Milifor. Una vez unidos, ella puede arreglarlo de su

volubilidad una vez y para siempre.
Incluso el derrotado Fairy Flight envió a la encantadora Rosanella un
regalo de bodas y estuvo disponible en la función. Príncipe Miliflor
permaneció consistente con su esposa por el resto de su vida.
Es más, sin duda, quién no lo hubiera hecho como tal
en su lugar? Con respecto a Rosanella, ella lo adoraba tanto
como se establecen las doce maravillas. Así, ambos reinaron en
armonía y satisfacción en la medida de lo posible de sus largas vidas.

HADA ABUELA

En algún momento, mientras estaba en su jardín, encontró un alma que había
vagó desde el corazón de su humano y se había cubierto a sí mismo
la paja que utilizó como mantillo para su jardín.
En el momento en que le preguntó a la pobre alma por qué
allí, respondió estremeciéndose de pavor,
que estaba tratando de calentarse a sí mismo desde el corazón frío de su
humano.

El alma en ese momento aclaró que su humano no tenía fe en
Dios, o
Jesús y era tan narcisista que el humano ni siquiera se
notificación del daño que estaba causando a su alma.
Había hecho tanto daño al alma, que el alma se fue a la búsqueda
de un humano con un pensamiento cálido sobre todos los animales de la tierra un
convicción "Hay un Dios".
El Hada Abuela en ese momento le preguntó a la pobre alma:
que si ella hiciera que el humano viera la luz y aceptara,
volver a su humano donde legítimamente pertenecía?
El alma dejó de estremecerse, además, con un destello de energía dijo: "niño,
¡Podría!"
El Hada Abuela, en ese momento, le hizo un gesto para que se diera la vuelta y
sopló en su palma como si hiciera un gesto de lanzar un beso.
Ella, en ese momento, se volvió hacia el alma y dijo: "Ve, ve a buscar
tu humano, lo que no estará bien ".

El alma se interesó y le preguntó qué había hecho. El Hada

La abuela respondió que desde que el alma se había ido, el humano

tuvo una experiencia cercana a la muerte y vio a Jesús, además, que

ella acababa de ayudarlo a ver el camino de regreso, pero que si el alma

no regresó, el humano patearía el balde, en ese punto

el alma se perdería hasta el fin de los tiempos.

El alma expresó gratitud hacia el Hada Abuela y dijo,"

¡Que Dios te favorezca! "

El Hada Abuela en ese momento

dijo: "Él a partir de ahora tiene un mínimo, él a partir de ahora tiene".

EL CUENTO DE HADAS MÍSTICO

Érase una vez, Leeds era una hermosa y mágica tierra de cuento de hadas

un enorme tallo de judías verdes en las nubes que se ciernen sobre

Middleton. Esta tierra de los cuentos de hadas no era como ninguna otra tierra

del cuento de hadas, ya que era oscuro y oscuro. Un día algunos asustados las hadas de una escuela cercana vinieron corriendo por el enorme

beanstalk y pidió ayuda a los estudiantes. Sin pensando, los niños treparon ansiosamente por el tallo de habas para encontrar una disertación pastizales con montones de paja y palos esparcidos por el suelo;

comprendieron la preocupación por las hadas. Entonces escucharon un extraño susurro: "Psst, psst, ven aquí,

¡rápido antes de que él te vea! "Los niños corrieron rápidamente hacia el gran ladrillo rojo casa para encontrar tres cerdos aterrorizados escondidos dentro. Los cerdos les dijeron

todo sobre un lobo grande y malo que destruyó sus hogares y

destruyó la tierra del cuento de hadas. Cada criatura grande y pequeña

tenía miedo del lobo peludo, y de lo que destruiría o haría

siguiente.

Un fuerte timbre vino de uno de los teléfonos de los cerditos,

llamado Preston, inesperadamente causando que todos los niños y cerdos saltaran asustado. Se podía escuchar a una mujer sollozando al otro lado de la línea. Eso era Ricitos de Oro ", ese horrible lobo hizo que los tres osos se enojaran con

yo otra vez, esta vez no fui yo, no comí la papilla o

¡Rompe la nueva silla de Baby Bears! "" Debemos hacer algo

sobre este lobo malo; tiene que parar, cruzar el río a mi

sitio. Sé quién puede ayudarnos ". Los cerdos respondieron con entusiasmo,

ya que ellos tampoco podían seguir huyendo del lobo, decidieron

testigo.

Los cerdos y los niños partieron con sus propios ojos, patas de zorro y ciervos.

oídos para asegurarse de que el lobo no pudiera verlos ni oírlos mientras

se dirigió a la casa de Ricitos de Oro. De camino, un poco crujiente

El hombre de pan de jengibre pasaba junto a ellos. "Corre, corre tan rápido como tú

puede lobo, no puedes atraparme. ¡Soy el hombre del pan de jengibre! "

los cerdos le gritaron al hombre del pan de jengibre: "Rápido, sigue

nosotros y no te encontrará ".

Ricitos de Oro les presentó a Jack cuando llegaron allí; OMS

había oído hablar de todas las cosas que había hecho el lobo y sabía cómo
para solucionar el problema de todos. Les habló de un arpa mágica
propiedad del gigante, en el castillo sobre las colinas. Esta arpa, tocada
por la bella y elegante dama encorvada al costado del arpa,
haría que la gente más mala sea la más amable, la perfecta
solución para el lobo feroz!
Todos partieron rápidamente hacia el castillo del Gigante, donde
Lo encontré disfrutando de un delicioso chino. También descubrieron que
el gigante fue muy amable y dispuesto a permitirles tomar prestado
su arpa para hacer que el lobo vuelva a ser amable.
Se las arreglaron para atrapar al lobo en su brillante creación después
mucha deliberacin y le toc el arpa, as que admiti todo
sus fechorías y se volvió bueno para siempre!
Tanto los personajes como los niños se sentaron en los Gigantes.
castillo para disfrutar de un delicioso banquete lleno de porciones gigantes. los

lobo estaba en su mejor comportamiento, compartiendo toda la comida con su nuevo amigos y usando sus modales. Todos vivían felices en su tierra de cuento de hadas nueva y hermosa brillante para siempre.

REINA DE LAS HADAS

Ese día Rose se sintió realmente triste. Su madre estaba muy enferma y estaba ingresado en el hospital hace un par de días. Ella extrañaba a su mamá demasiado aunque su padre la cuidó bien. Vivo sin el cariño y cuidado de su madre era, después de todo, difícil para una niña de tan solo siete años. Ella quería ir al hospital ver a su querida madre, abrazarla y hablar con ella, pero su padre le dijo a sus hijos pequeños que no podían entrar al hospital. Así que ella estaba llorando mucho.
Se fue a la cama esa noche, extrañando a su mamá y llorando ella, ya que estaba tan acostumbrada a las historias y canciones de su mamá antes de quedarse dormida todas las noches. Al finalmente quedarse dormido, pequeño

Rose vio en su sueño a una hermosa hada. El hada le dijo: "Rose,
Soy la Reina de las Hadas. Si puedes ser justo con alguien mañana, lo haré
cura a tu mamá y ella volverá a casa ". La pequeña Rose se despertó
y busqué a la Reina de las Hadas, pero no había nadie
¡alrededor de ella!
Mientras caminaba hacia la escuela a la mañana siguiente, Rose notó un
mujer mayor de pie junto a la carretera y mirando a su alrededor como si
estaban buscando a alguien. Rose fue hacia la anciana y
le preguntó: "¿Qué estás buscando? ¿Hay alguna manera de que
¿poder ayudar?"
La anciana le sonrió y dijo: "Pobre niña, ¿puedes por favor
dime donde esta ubicada esta casa? Me dijeron que es solo en esto
ubicación ". Envió una hoja de papel a Rose, donde una dirección
fue escrito para un edificio cercano.
"Déjame traerte aquí, porque conozco muy bien esta casa", dijo

dijo. Luego tomó la mano del adulto mayor y la guió hacia el

edificio cuya dirección estaba inscrita en el papel. Para llegar a la

lugar, tuvieron que atravesar la concurrida carretera; pero Rose con cuidado

ayudó al adulto mayor a caminar por la carretera hasta que llegaron

su destino. La anciana estaba encantada y ella Rose bendijo de todo corazón: "¡Dios te bendiga, dulce niña!

¡De tus deseos se hacen realidad! ", dijo.

Una vez más esa noche, la Reina de las Hadas apareció en su sueño.

y le dijo a Rose: "Sé feliz ahora, Rose, porque pronto tu madre

volver a casa contigo ". Cuando Rose se despertó por la mañana,

se sintió feliz al pensar en su sueño.

Cuando Rose regresó de la escuela esa noche, vio a su mamá

de pie en la puerta para darle la bienvenida! Ella no podía creerla

ojos, y corrí a abrazarla, mamá! "¡Te ves tan delgada, mi pequeño bebé!"

dijo su madre, y besó a su pequeña hija. En su opinión,

Rose agradeció a la Reina de las Hadas, y vivió feliz para siempre con
sus amigos. Pero ella siempre recordó ayudar a otros necesitados,
siempre que tuviera la oportunidad de hacerlo.

CAPÍTULO SIETE: HISTORIAS SOBRE LA HORA DE DORMIR

DRAGONES

EDUARDO EL DRAGON

Edward era el caballero más joven del reino. Aun era un niño
pero era tan valiente e inteligente que había derrotado a todos sus
enemigos sin tener que luchar contra nadie en absoluto.

Un día se encontró con una pequeña cueva mientras cabalgaba por el
montañas. Descubrió que era enorme cuando entró, y estaba
un castillo impresionante por dentro, tan grande que pensó que la montaña
no podría ser real, y debe haber sido una fachada para ocultar el castillo
desde allí.

Edward escuchó el sonido de voces al acercarse al castillo. Él

trepó por los muros del castillo sin dudarlo y persiguió al
sonidos.
"¿Hay alguien aquí?" preguntó.
"¡Ayuda! ¡Ayúdanos!" vino la respuesta desde adentro, "hemos estado
encerrado aquí durante años, sirviendo al dragón en el castillo ".
"¿Continuar?" Edward pensó, justo antes de que estuviera casi quemado.
vivo por una enorme llama voladora. Edward se dio la vuelta en silencio,
dirigiéndose al terrible dragón cara a cara, diciendo: "Está bien,
Continuar. Te perdono por lo que acabas de hacer. Probablemente
no sabía que era yo ".
El dragón estaba confundido por palabras como estas. El nunca habia
esperaba que alguien se enfrentara a él, y definitivamente no tanto
descaradamente.
"¡Prepárate para luchar, enano! ¡Me importa un comino que seas!"
rugió el dragón.
"Espera un momento. Bueno, está claro que no sabes quién soy.

¡el guardián de la Gran Espada de Cristal! ", continuó Edward, quien
fue capaz de hacer todo tipo de cosas antes de pelear. "Tú sabes bien
que la espada mató a decenas de ogros y dragones, y si descaliento
volará directamente a tu cuello y te matará ".
El dragón nunca había oído hablar de una espada como esta, pero esa
lo asustó. Definitivamente no le gustó el sonido de cortarse
garganta ante cualquier cosa. Edward continuó conversando.
"De todos modos, quiero darte la oportunidad de pelear conmigo. Vayamos al
otro lado del mundo. Hay una montaña cubierta de nieve
allí, y hay una gran torre en la parte superior de la torre. En el
ápice de la torre, hay una jaula dorada donde un mago hizo
esta espada. Allí la espada pierde todo su poder. Estaré allí, pero
Te esperaré cinco días ".
Cuando Edward dijo eso, levantó una nube de polvo y
desaparecido. El dragón pensó que Edward había hecho algún tipo de

magia, pero solo escondida en algunos arbustos. El dragón, que quería
para luchar con ese caballero imprudente, voló rápidamente fuera de la cueva para al otro lado del mundo en un viaje que duró más de un mes. Cuando Edward estuvo seguro de que el dragón estaba lejos, vino
fuera de su escondite, entró en el castillo y puso a todos los presos
libre por dentro. Algunos estuvieron desaparecidos durante muchos años y todos alabó la gran inteligencia de Edward cuando regresaron a casa.
¿Y el dragón, qué? Bueno, ¿puedes pensar que realmente hubo un
montaña nevada al otro lado del mundo con una enorme
torre en la parte superior, y una jaula de oro encima de eso?
Bueno, s, el dragn se meti en la jaula y no pudo Sal; y se queda ahí, esperando que alguien inteligente
un día ven a rescatarlo ...

SAM Y EL DRAGÓN

Había muchos dragones a su alrededor hace mucho tiempo.

Pero el ... Había cada vez menos a medida que pasaba el tiempo, hasta que nada
fue dejado.
Algunos han muerto de edad ...
Algunos fueron asesinados con brillantes armaduras por caballeros ...
... y los que no murieron empezaron a esconderse donde nadie
puede encontrarlos.
Comenzaron a cambiar, porque tenían que esconderse todo el tiempo.
Son cada vez más pequeños, hasta que no eran más grandes que un niño.
Un chico como Sam.
Sam vivía en una ciudad donde el clima cambiaba con el
temporadas, por lo que su familia empacaría todas sus pertenencias cada otoño
y muévase hacia el sur, donde haría calor en el invierno.
A Sam no le gustaba mudarse al sur en otoño y volver en primavera, así que
le dijo a su madre un día mientras su familia estaba empacando, "Yo
no quiero mudarme al sur durante el invierno. Quiero quedarme en casa."
Su madre le dijo: "No, no podemos quedarnos, porque nos vamos

morir congelado ".

Pero Sam no le creyó, porque cuando hacía mucho frío afuera,

nunca había estado allí.

Sam trató de persuadir a su madre de que estaba bien. Quédate, quédate.

Dijo: "Realmente no hace frío. Es solo un mito, como los dragones

y dragones.

"¿Qué te hace pensar que los unicornios y los dragones son un mito?"

le preguntó su madre.

"Lo dijeron los ancianos en la plaza del pueblo", respondió Sam.

"Bueno, los hombres de la plaza del pueblo no siempre saben lo que son

hablando sobre. Los unicornios y los dragones son reales, y el invierno es

haciendo mucho frío ", dijo la madre de Sam.

Sam decidió que se quedaría en casa de todos modos, así que se escondió cuando

la ciudad comenzó su viaje hacia el sur, para que nadie se diera cuenta de que

no estaba con ellos.

Cuando empezó a hacer frío, Sam lo lamentó, no estaba escuchando

a su madre.

Se puso más y más frío ... y cuando escuchó la puerta principal
abierto, estaba muy cerca de congelarse.
Corrió a la habitación principal pensando que sus padres habían venido.
volver a buscarlo ...
.... y estaba casi volando sobre el pequeño dragón que había
Adelante.
Sam nunca antes había visto un dragón, así que no se dio cuenta de lo que
estaba.
Sam preguntó: "¿Quién eres tú en mi casa y qué estás haciendo?
El dragón respondió: "Mi nombre es Freness. Soy un dragón y
Quédate siempre aquí cuando la gente vaya al sur durante el invierno. Por qué
¿No pudiste ir al sur con el resto de la ciudad? "
Sam dijo: "Sobre el invierno, no les creí, así que me quedé atrás.
Ahora desearía haber escuchado.
Tengo frío y soy miserable y lamento haberme quedado.
Bueno, para ayudarlo a calentarse, Freness sintió pena por Sam y
respiró un cálido aliento sobre él.

Esto hizo que Sam se sintiera mejor, así que con Freness decidió ser

amigos.

Los dos se quedaron en la casa todo el invierno y se lo pasaron muy bien.

juntos

Freness mantuvo a Sam caliente y Freness mantuvo a Sam caliente.

Freness le dijo a Sam que tenía que irse cuando llegara la primavera

Dijo: "La gente está regresando y simplemente no van a

entender ser amigo de un dragón.

Creen que los dragones son solo un mito, después de todo.

Oh, Sam no quería que Freness se fuera, así que dijo: "Podríamos

para construirte una casita en el sótano, para que nadie sepa

estás aquí."

Así que tomaron un poco de metal y construyeron una pequeña casa.

Cuando los padres de Sam llegaron a casa, se sorprendieron al descubrir que

durante el invierno no se había congelado hasta morir.

Sus padres querían conocer a Freness mientras explicaba cómo había

sobrevivió al invierno. Por lo tanto, Sam los bajó para encontrarse con él en
el sótano.
Bueno, toda la familia del próximo invierno, Sam quería quedarse en casa.
entonces le estaban pidiendo a Freness que subiera y los mantuviera secos.
Pero Freness no quería salir del sótano de su pequeño y agradable
hogar.
Dijo: "Si colocas tubos grandes en mi casita y esparces
llevarlos a todas las habitaciones de su casa grande, puedo mantenerlos secos ".
Entonces, hicieron lo que les pidió, y eso los mantuvo calientes y
cómodo durante todo el invierno.
Cuando el resto de la ciudad regresó la primavera siguiente,
exigió saber el secreto de cómo mantenerse caliente durante todo el invierno,
y cuando la familia de Sam explicó, cada uno quería un dragón para su
propia casa.
Así que Freness envió un mensaje a todos los demás dragones y los invitó a
ven a vivir en los sótanos de la gente en pequeñas casas y

mantenlos calientes en el invierno, y pronto toda la gente de la ciudad
tenía su propio dragón.
En poco tiempo, se corrió la voz desde el pequeño pueblo que se quedó en casa.
en invierno, y poco después los dragones se multiplicaron y fueron
bienvenida en casa de casi todo el mundo. Los hombres de la ciudad todavía
insistió en que los dragones eran un mito. Llamaron "hornos" a la
pequeñas casas de dragones, para que no tuvieran que admitir lo que
realmente fueron.
Pero sabemos mejor ... ¿No es así?

EL DRAGÓN QUE RESPIRA FLORES

Érase una vez un dragón alto en una tierra lejana que era más grande que cualquier dragón en cualquier otro lejano, lejano
país.
Este dragón era tan masivo que los pisaría mientras
miraba a través de sus vastas flores del jardín cada vez que el humano
seres que vivían al pie de la montaña donde la cueva,
vivía en estaba.

Podrías olvidar que para pensar en un dragón ajardinado

tiene que ser una buena. Este dragón tenía pies tan grandes que era

Es difícil llamarlo amable, por eso, pisó a tantos tipos.

No, la única razón por la que había tenido un jardín era porque cuando

rugió, sopló flores y no fuego. De ahí su enorme jardín era tan grande como era, porque muy a menudo el medio

rugió el dragón.

Pero aunque el olor de una, o incluso de 100 flores,

puede ser muy bueno, el olor de un millón de flores puede volverse

insoportable y un día el dragón ya no pudo manejar el

oler.

"Necesito humanos para llevarse esas flores", pensó para sí mismo.

"Los ponen en sus casas y los llevan en el pelo. Estoy

seguro que me los quitarían si dejara de pisarlos.

Pero incluso cuando intentó hurgar en su jardín, no pudo

ayuda, pero da un paso sobre los humanos. Quería pies más pequeños. Esta era conocido por un pájaro que vivía en un árbol cerca de la cueva donde el

dragón vivía, y también sabía cómo hacer que los pies fueran más pequeños.

"Lobo", dijo un día desde lo alto de sus pies gigantes. "Yo estaba

gigante una vez también, pero un bocado de una flor rosa especial me ayudó a crecer

lo suficientemente pequeño como para posarse en los árboles sin caerse. Tienes tal

una flor rosada cerca de la puerta de tu bodega. Si te lo estás comiendo, yo

prometa que se encogerá al tamaño que le impedirá

pisar a la gente.

El dragón agradeció al pájaro y recogió la flor con su diminuto

manos. Sin nada que perder, siguió el consejo de los pájaros y

masticaba la hierba. Al principio, comenzó a encogerse gradualmente, luego

rápidamente a la segunda, sus pies se vuelven más pequeños que cualquier otra parte de su cuerpo. Había pasado de ser un dragón de tamaño gigante en ocho minutos a uno de tamaño humano. Y era mucho menos magro, debido a

ese.

Dio un paso a su izquierda y no dio un paso hacia una persona. Él
dio un paso a su derecha y no pisó a ninguna persona. Él también saltó
en el aire, aterrizando sin un ser humano caminando. Y el
la gente ha visto esto y se ha dado cuenta. Sin miedo a ser
pisado por los pies escamosos del dragón les permitió caminar
al jardín de flores y tomar tantas flores como quisieran
por sus frascos en sus mesas de cocina y su cabello. Mucho tiempo
Hace, vivía un dragón llamado Dre, el más malvado, malvado y
temía respirar fuego. Entonces se creía que era el más malvado
y malvado, pero se sabrá más tarde, como cuenta la historia, que
la mayor parte de Dre había sido rechazado, por eso se amargó,
malvado y malvado. Se encontraría y se cruzaría con una mariposa,
una mariposa llamada Faith, hasta un día especial, un día muy especial.
Faith vivía con los hermanos Hope y Harmony en Butterfly Ville.

Faith vivió una vida más feliz y feliz, rebosante de esperanza y

Paz a lo largo de la vida hasta que la despertaron recientemente

descubrir que sus hermanos simplemente habían desaparecido. Pensando

tal vez solo estaban jugando un pellejo de mariposa anticuado

juego y buscando a Faith voló de una esquina del árbol a la

otro, mirando de un lirio a otro hasta que no pudo soportarlo

más y gritando: "Vamos ustedes dos, salgan, salgan

¡Donde quiera que estés!" Seguramente ahora volarían y se reirían de ella por

no poder encontrarlos, pero no había esperanza ni

Armonía. Mientras los minutos se convirtieron en horas de luz del día en oscuridad

y todavía no había señales de esperanza y armonía Faith estaba llorando

a dormir, solo y confundido sin saber lo que vendría

mañana.

Fatigada y sin otra opción que dormir, Faith se fue

con la esperanza de que se despierte para encontrar tanto a Hope como a Harmony
con el comienzo de un nuevo día.
Y con los ardientes rayos del sol al día siguiente, Confianza
extendió sus alas, bostezando para encontrar el nuevo día.
Recordando rápidamente que hoy tenía un propósito y ese objetivo
era tratar de orar por la esperanza y la paz. La fe voló de un árbol
al árbol, lirio a lirio de nuevo para asegurarse de que Hope y Harmony
no jugar un estúpido juego, y en la desesperación después de no encontrar
Faith entró en el bosque oscuro y profundo. Aunque ella era
preocupada por Dre, el dragón que escupe fuego mientras escuchaba historias,
Faith sabía que simplemente no había otra opción. Entonces Faith voló
más y más profundo en el bosque. A lo largo de la línea, Faith se encontró con
Sonajero, silbido y gruñido, le habló y le dijo fe a ssss,
Vi a Hope y vi a Harmony, a solo unos pasos de distancia

Detrás de la pared de roca, Faith voló apresuradamente hacia la pared de roca. Esperanza,
Ella gritó ¡Paz, es Fe para mí!
Y justo cuando Rattle había intentado atraparla en el lirio por el
pared de roca, ssss se la traga. Y con la misma rapidez hubo un estridente
grito "cuidado" mientras Rattle intentaba tragarse a Faith ... y Faith voló
a la rama más cercana y más alta del árbol. "Uf" gritó
gracias a Faith por salvarme la vida. ¿Quién eres para qué? Mi
mi nombre es Bunny, dijo el conejo marrón de orejas largas. Lo que trae
tú, querida Faith, solo en las profundidades del bosque?
Faith sollozando explicó que no pudo encontrar a sus hermanos, y
que ella buscaría en cualquier lugar y en cualquier lugar hasta que encontrara
ellos. Y luego, justo cuando Bunny se preparó para contarle sobre Dre
Hubo un fuerte rugido y ambos se apiñaron y se dispersaron
en la cala más cercana que pudieron encontrar. Y cuando encontraron el

coraje para asomarse a lo que parecían ser horas después, vieron

Dre, el dragón que exhala fuego, con grandes ojos oscuros y escamas verdes

cuerpo, y por qué, la cola más larga que Faith había visto, pero ¿fuego? Fe

nunca había visto una chispa.

Gracioso, aunque tanto Bunny como Faith temblaron de gran miedo,

Faith pensó hmm, Dre no se veía malvado y malvado y, bueno, él

no respiró fuego. Tal vez el cuento de Dre y el fuego fueran solo eso, un

cuento. Pero Bunny le rogó a Faith que no abandonara la cala donde estaba

a salvo, y Faith se mantuvo erguida en ese momento, explicando que ella

estaba en una misión y tenía que encontrar Hope and Harmony. Fe

apareció en la entrada de la cala y asombró a Dre que no

Espere que alguien esté en el bosque. De repente, el fuego emergió de

La boca de Dre, y Faith tuvo que volar apresuradamente para evitar quemarse, y

ella no se había dado cuenta en su prisa que no estaba volando lo suficientemente lejos

lejos de Ðre. Faith cayó al suelo con un ala que no podía
volar más. Bunny miró con horror, pero no pudo encontrar el
coraje para salir de su escondite y ayudarla, congelada de miedo.
Seguramente Ðre no los tendría en su bosque, seguramente Ðre los
tener ... y luego Bunny, cuando no se podía imaginar ver nunca
cualquier cosa que hubiera imaginado en un millón de años ... era Ðre, y
cuando vio una pequeña lágrima en los ojos del dragón que escupe fuego,
se preguntó él? Y mientras miraba, vio a Ðre dirigirse a un pequeño
arroyo donde se había metido un poco de agua en la boca, llevándola
y dejándola fluir suavemente sobre el ala cantante de Faith,
sacudido por el agua fría y el miedo de despertar para ver a Ðre
directamente encima de ella Faith luchó por volar y caer al
tierra de nuevo.
Y fue entonces cuando Ðre habló, no quise decir que estaba solo y

confundido para hacerte daño no soy malo ni perverso. Y Faith vino a

saber que Ðre estaba muy cerca de sí misma. Faith trató de posarse en

la pared de roca para tratar de recuperar sus fuerzas para explicarle a Ðre

que fue la pérdida de sus hermanos Hope and Peace lo que la llevó

en el bosque profundo donde normalmente no se uniría, ella sabía

que este era su dominio, pero simplemente tenía que encontrarlos sin

importa cuál sea el riesgo. Y Ðre extendiendo su mano de dragón por ella

volar explicó que también era impropio de él aventurarse fuera del

bosques profundos en los que había estado durante muchos, muchos años

desterrado. Y mientras Faith y Ðre compartían sus lágrimas y sus

risa, Ðre le explicó a Faith que todo lo que realmente quería era

tener amigos y agradar. Y así como Faith y Ðre aprendieron que

Bunny parecía compartir varios elementos, Rattle parecía y seres

desconocido para todos ellos apareció. Y había esperanza y alegría en la distancia revoloteando y flotando de regreso a Faith, y estaba en

ese mismo momento en el bosque profundo que hubo calma y

serenidad como nadie había visto o visto antes. Había

Faith, estaba Hope, y había Armonía entre un

comprensión de las criaturas grandes y pequeñas.

EL MAESTRO DEL DRAGÓN

Era una hermosa mañana de mediados de verano y estaba escogiendo

arándanos en los árboles. Caminé y disfruté del fresco

aire de la mañana, pero no había recogido suficientes arándanos para

desayuno. Quería adentrarme un poco más en el bosque para ver si

Incluso podría encontrar más bayas. No me fui hasta que tuve al menos dos

cestas llenas.

Entré en una nueva parte del bosque que aún no había explorado. los

los arbustos eran un poco más espesos y los árboles se elevaban por encima de mí. Eso

No parecía que en mucho tiempo hubiera nadie aquí. Nadie, en

menos, humano. Era el tipo de lugar en el que sentías que alguien estaba
mirándote, o algo así.
Sin embargo, los pájaros piaban tan felices como siempre y los arbustos estaban llenos
de arándanos esperando ser recogidos
Vi un gran grupo de arbustos llenos de arándanos. Supe de inmediato
que no tendría problemas para llenar ambas canastas en solo unos pocos
minutos.
Incluso podría querer volver por más más tarde. Empecé a
elegir, y casi olvido dónde estaba. Mientras caminaba más profundo
los arbustos, descubrí la entrada de una cueva. Decidí entrar
y échale un vistazo, porque siempre es divertido explorar cuevas. Era
bastante oscuro por dentro, pero tenía mi linterna conmigo. Tomo mi linterna
conmigo en todas partes. No todos lleven una linterna cuando se van
¿hogar? Enciendo mi linterna de todos modos y me preparo para algunos
exploración de la cueva.
La primera parte fue normal en la cueva. Se parecía a cualquier otro

cueva que había explorado, excepto que algunas vasijas de barro se dejaron en el
suelo. Parecía que la gente vivía allí hace muchos, muchos años. Todas
lo que quedaba ahora eran vasijas de barro. Esto significaba que si iba
más profundo, tendría una buena oportunidad de encontrar algún tipo de
tesoro dejado atrás.
La cueva era bastante grande. Seguí yendo más y más abajo
túnel. Caminé alrededor de curvas, caminé a través de piscinas de agua de cuevas
y trepé por las rocas mientras me internaba más y más en el
subterráneo.
Finalmente llegué al final del túnel. Se abrió en una profunda
subterraneo, habitacion grande. Había un nido gigantesco justo en el
medio de la cama. Me pregunté: "¿Qué tipo de pájaro construye un nido?
dentro de una cueva?" Para mirar dentro del huevo, me acerqué.
¡Encontré un paquete de dragones bebés adentro!
Cada uno tenía aproximadamente el tamaño de un perro promedio. Eran cinco y parecían

hambriento. Me di cuenta de que mis arándanos olían.

Decidí que sería una buena idea irme. Cuando madre
Dragon regresó, no quería estar allí. Además de bebé
dragones, esto solo podría significar problemas. Comencé a caminar de regreso
la dirección de la entrada de la cueva. Todos los dragones bebés comenzaron a
Sígueme. "No van a salir de la cueva". Pensé. tengo
está mal. Estos dragones bebés no tuvieron absolutamente ningún problema en irse
la cueva.
Me siguieron hacia el bosque cuando llegué al
entrada a la cueva. Empecé a cabalgar por el bosque. los
los dragones también comenzaron a correr. Se quedaron atrás. Ellos tienen
me siguió hasta mi casa todo el camino. Nos detuvimos fuera de mi
puerta de casa.
Después de tanto correr, parecían aún más hambrientos. Yo no sabia
lo que podría hacer más. Decidí alimentarlos con mis bayas. yo

puso las cestas en el suelo y en segundos habían devorado

ellos. ¡Todavía tenían hambre! Empezaron a perseguir mis gallinas

alrededor del patio pero cuando vieron los huevos se detuvieron. Ellos

Paré y comí todos mis huevos en gallina.

Se fueron a dormir en la hierba y mientras los veía dormir,

Estaba pensando mucho en lo que se suponía que debía hacer.

Si quisiera seguir alimentándolos, necesitaría más huevos. yo estaba

probablemente también tendrá que construir algún tipo de nido para ellos

para dormir. No estaba seguro de si su madre alguna vez vendría y

buscarlos, o si intentaría rastrearlos. Iba a ser su mamá por ahora! Dragón que vive en un bosque.

Les construí un nido de palos, hojas, tierra y trozos de hierba más tarde

ese día. Casi parecía el nido en el que los había encontrado.

Simplemente lo disfrutaron. Sabían exactamente lo que querían hacer.

Todos se acurrucaron juntos en el nido que creé para ellos en mi

ambiente de la casa. Sabía que no podían quedarse adentro para siempre
porque crecerían demasiado. Permanecerían dentro, fuera de
la lluvia, aunque por ahora.
Salí al día siguiente a comprar más pollos, así que pude
producir más huevos para alimentar a mis dragones.

EDUARDO EL BEBÉ DRAGÓN

Hace algún tiempo hubo una hermosa joven llamada Juliet.
Juliet tenía miedo de los aburridos. No le importaba lo aburrido de ninguna
tramo de la imaginación. En el momento en que estaba oscuro por la noche,
ella se puso aprensiva. Sus padres no tenían la más remota idea
qué hacer porque se oscurece por la noche. Entonces su padre y ella
madre le dijo: "Juliet, está bien. No tienes que temer
aburrido porque te hemos traído un regalo".
Juliet no tenía la más remota idea de lo que podría ser el presente.
¿Qué podría ser? Ella pensó: "¿Posiblemente sea un caso?

No. ¿Quizás sea un galón de leche? No. ¿Quizás sea un inflable?
No. ¿Quizás es una ducha cargada de agua jabonosa? No. "Julieta
abrió el recipiente y vio que sus padres se habían puesto
ella un bebé dragón. Le dieron a Juliet un bebé dragón, un extremadamente
bebé dragón excepcional. Su nombre era Edward the Baby Dragon
y brillaba en la oscuridad. En el momento en que las luces se encienden
apagado, Edward se ilumina como un relámpago.
Con el objetivo esa noche, la mamá y el papá de Juliet dijeron:
"Buenas noches Julieta" y apagaron las luces de su habitación y en el
El rincón Edward el Bebé Dragón brillaba en la oscuridad. Edward se encendió
la habitación tan hermosa!
Juliet no estaba ansiosa por lo aburrido ya que Edward estaba
consistentemente con ella por la noche. A decir verdad, Juliet saldría
constantemente por la noche (con el consentimiento de sus padres) con Edward y

pasearía por el bosque. Edward lo hizo tan brillante afuera
porque podía brillar en la oscuridad y Juliet podía ver
todo. Dijo "hola" a las criaturas del bosque. Cobertizo
miraba por todo el bosque y veía ciervos, murciélagos, alas
animales y reptiles de noche. ¡Papá piernas largas también! Julieta pudo
¡Incluso tocarlos porque podía verlos fuera del circuito!
Ella se calentó con la totalidad de las criaturas en el bosque forestal.
y todo fue por Edward el Bebé Dragón.
Quería mucho a Edward, el bebé dragón. Eduardo
le implicó una gran cantidad, sin embargo, un día Edward
Dijo: "Juliet, tengo que irme. Tengo que irme". "¡Caramba!" dijo
Julieta. "¿Por qué tienes que dejar a Edward?"
Edward the Baby Dragon era mucho más grande en este punto. El podria
Apenas se paraba derecho en la habitación de Juliet porque era muy alto.
Actualmente era Edward el Dragón y dijo: "Yo

necesito ir a la escuela "." Gracioso ", dijo Juliet," voy a la escuela como

bien. Eso es un buen augurio. Tienes que ir a la escuela de dragones. yo

comprender."

Edward el Dragón le dio a Julieta un beso de despedida, un gran beso de dragón

porque eran compañeros más cercanos. Dijo: "Adiós

Juliet "y se fue a la escuela de dragones.

Esa noche, la madre y el padre de Juliet metieron a Juliet en la cama y la mataron.

las luces sin embargo Juliet ya no estaba asustada porque ella

se dio cuenta de que no había nada que temer. Ella se dio cuenta de que si

paseaba por el bosque una vez más, pensaba en ella

compañero más cercano Edward el Dragón. Esa noche (con ella

consentimiento de los padres), ¿sabes lo que hizo Julieta? Ella entró

el Timberland y vi a papá piernas largas, ciervos, criaturas aladas,

reptiles y murciélagos! No le tenía miedo a ninguno de ellos porque

se dio cuenta de que la mantendrían a salvo en la oscuridad, mucho lo mismo que hizo Edward. Sabía que no había nada que temer.

Edward le había dicho que nunca temiera a la penumbra. Julieta era una

gran señorita sólida ahora y podía hacer cualquier cosa que

necesario sin nadie más.

EL DRAGON ASUSTADO

Había una niña llamada Mish y un niño llamado Thomas. Mish

tenía diez años y Thomas ocho. También hubo un terrorífico

dragón que nadie conocía. Vivían en el pueblo de un poco,

cerca de una gran cueva rodeada por un bosque. Thomas desapareció un día. Cuando Mish fue en busca de

Thomas, encontró al dragón aterrador. Fue Thomas quien

tenía el dragón aterrador. Mish intenta distraer al dragón para

para salvar a Thomas. Luego, el dragón desenrolla su cola y Thomas se pone

gratis. Thomas corrió hacia Mish y le dijo: "Gracias por haberme puesto

¡gratis!". Cuando Thomas preguntó cuál era el camino a casa, Mish dijo

ella no podía recordar. Tuvieron que quedarse donde habían estado
porque empezó a ponerse muy oscuro.
Encontraron el camino a casa por la mañana. Luego le dijeron a su
mamá y papá que habían visto al dragón aterrador. Cada
día, Mish y Thomas querían ir a ver al dragón aterrador
y alimentarlo del pueblo sobrante. El dragón aterrador pronto tuvo
suficiente confianza para convertirse en la mascota de Thomas y Mish.
Todos en la aldea habían decidido comprar dragones ese año.
Había un hombre y una mujer. El macho era de Mish
mejor amigo. El dragón aterrador era una hembra y el apareamiento
único dragón macho.
Unos meses después, el aterrador dragón tenía 5 pequeños dragones.
Diez años crecieron muy rápidamente. Diez años después y el miedo
dragón con dragones de diez años todavía estaba vivo.
Mish ya tenía veinte años y Thomas dieciocho. Ellos deseaban

podrían ir a Japón para Navidad en Navidad. Pero eso
El dragón aterrador moriría de vejez. El dragón agonizante tenía 25
años. Mish se vio obligado a quedarse en el pueblo. Pero uno bueno
Lo que pasaba era que los dragones eran populares en la pequeña aldea.
Thomas estaba muy molesto cuando se enteró del temible dragón.
podría estar muriendo. Mish estaba feliz porque por primera vez era
nevando, pero estaba triste porque el dragón aterrador estaba a punto de
morir. Thomas comenzó a sentirse mejor cuando descubrió que el dragón estaba
siempre su amigo.

EL DRAGÓN DE TRABAJO

Érase una vez, una princesa que había estado trabajando en una oficina.
en una torre alta vivía en una tierra muy, muy lejana. Nadie sabía que ella
era una princesa, aunque no se habrían sorprendido si
les habían dicho, porque la princesa siempre fue amable,

incluso cuando el equipo mágico fallaba, lo que a menudo ocurría, o
cuando hubo un defecto con los relojes de arena que daban tiempo
correr más rápido o demasiado lento, lo que a menudo sucedía. Ella estaba tranquila y
imperturbable, casi como si no se diera cuenta, porque había leído
muchos cuentos de hadas en los que las princesas se enfrentaron a terribles peligros y
desafíos aparentemente insuperables que siempre
vencido. Siempre se preguntó cómo se comportaría en un
situación similar, y si sigues leyendo verás que ella encontrará
muy pronto.
En el piso diecisiete, la princesa trabajaba como escriba. Ella
le decía al portero de la puerta grande cada mañana "buenos días"
recogió el paquete de cartas que era su tarea ordenar y
traducir y subió los vuelos de setenta escalones hasta la oficina que ella
compartido con una docena de otros empleados. Ella nunca llegó tarde. Pero eso

Por la mañana, un pájaro se había ido a la ventana de su carruaje y había
dejó de recogerlo y ayudarlo a recuperarse, y luego se fue
algún camino hacia el bosque para dejarlo ir, y cuando llegó al
puerta grande de la torre, el portero ya había empezado a empujar el
alas cerradas. La princesa atravesó la distancia. Entonces
se detuvo, recuperó la compostura, saludó al portero y
recogió su paquete, entró en la torre con pasos que eran
sin prisas pero rápido y con determinación.
Ella sintió que algo era diferente tan pronto como estuvo dentro,
pero ella se encogió de hombros, pensando que era porque nunca había
Ha sido tarde antes. Pero cuando subió los tramos de 70 escalones y
en el pasillo de su oficina, ¿qué debería ver sino una gran y descomunal
dragón que se eleva sobre sus compañeros de trabajo.
"Llegas tarde", gritó el Dragón.
"Lo siento", dijo la princesa. "Nunca llegué tarde antes. Es solo

ese-
"Vuelve al trabajo", gritó el dragón. Su voz resonó las ventanas.
La princesa tomó asiento, desató y comenzó a clasificar su paquete.
de letras. El dragón se paseaba arriba y abajo, las puntas de sus alas
rascando surcos en los pisos de madera, y sus ojos brillantes
centrado en las figuras siguientes.
La princesa podía ver a sus amigos sentados a ambos lados de ella.
por el rabillo del ojo, acurrucados sobre sus escritorios aterrorizados,
y escribía furiosamente.
El gato siseó "Más rápido".
Los demás rasparon su pergamino más rápido, pero la princesa
siguió al mismo ritmo. El dragón inclinó la cabeza hasta que su
el hocico salió a centímetros de su cara.
"¿Por qué no trabajas más rápido?", Rugió Dragón.
"Solo trato de tener cuidado", dijo la princesa. "Quiero evitar
o cometer un error, tendré que empezar de nuevo ". Su mente estaba

repasando todas las historias que había leído sobre dragones, y
aunque mantuvo su voz firme, sintió un poco de temblor en
su estómago ... Los dragones comen princesas con frecuencia.
El dragón muestra sus afilados dientes como si sintiera su duda.
"Trabajo con armas", siseó. Una gota de su saliva cayó sobre el pergamino
de la reina, abriéndole un agujero.
La princesa sonrió y tragó.
Se dio cuenta de que podía funcionar mejor, después de todo. Por
mediodía se hicieron las cartas que la habrían llevado hasta
la noche. Ella notó que el escriba que estaba sentado a su lado había
ya había terminado y miró el reloj de arena como si preguntara si estaba
Trabajando bien.
El dragón había dormido, pero su cola todavía se movía, azotando
el aire como si todavía estuviera alerta.
Solo un escriba seguía escribiendo cuando sonó el campanario
doce, un hombre bastante lento y meticuloso cuya alegría especial era

encontrar errores en las cartas de otras personas. Había molestado a algunos de
los trabajadores, pero después de un tiempo la princesa siempre había agradecido
él por sus correcciones y no encontró ninguna falta en ella.
"Así que ssslow", respondió el dragón. Ella extendió la mano y él arrancó
el hombre de su escritorio con manos de dos puntas como pinzas. Entonces
ella se lo tragó por completo, antes de que nadie pudiera hacer nada más que
gritar o gritar.
La princesa miró aterrorizada mientras el hombre le tiraba la garganta
del dragón y en su vientre.
"¡No, no puedes! ¡Que se joda!" dice la princesa. Algunos de los otros gritaron de acuerdo, pero todos estaban
atónitos por lo que habían aprendido, y temían compartir el
destino del mal pedante.
El dragón no les ha hecho caso. Ella cargó la limadura
gabinetes hasta la habitación, abrió los cajones y arrojó el
contenido fuera.

"Arrástrelos", comentó. Todos los escribas miraron a cada uno
otros confundidos y se preguntaban qué hacer. Entonces una mujer
dio un paso adelante, se arrodilló en el suelo y empezó a clasificar
los papeles esparcidos. La princesa sabía que la mujer tenía un
familia numerosa y no podía permitirse perder su trabajo o ser consumida
por un dragón.
Pero un hombre hizo vibrar a su duque en la bestia. "Porque somos nosotros
¿Se supone que debes limpiar el desastre que hiciste?" preguntó, enojado.
"Sí. Todos somos escribas capacitados", dijo otro, animándose.
"¿Por qué debemos hacer esta tarea inútil? Con una
salto extremadamente rápido que desafió su tremendo cuerpo, el
ambos dragones habían llegado. Ella los atrapó a cada uno en una pata, y
los arrojó en una progresión constante, imprudentemente en su garganta. A
ese punto ella despejó su largo cuello a lo largo de las posiciones de aquellos
que quedaron, mirándolos individualmente.

"Sin preguntassss", murmuró.

Como uno, todos se inclinaron, incluida la princesa, y empezaron

reunir y ordenar los papeles en montones.

En el momento en que terminaron, el sol se estaba poniendo,

sin embargo, para su decepción, descubrieron que algunos de ellos

había compuesto las páginas por nombre y algunas por fecha. Ellos

intentó proteger al dragón para que no viera, pero ella estaba por todos

cuentas listas para detectar su pifia. Ella despertó de ella

la siesta de la noche, bostezó, levantó su panza estirada de la

suelo, y extendiendo sus alas, las abanicó con el objetivo

que los papeles viajaron a cada una de las cuatro esquinas del

habitación.

"Finissshhh el trabajo", gritó el dragón.

La princesa sintió que su corazón se hundía. Todos habían estado trabajando

sin observar descanso desde la mañana, y estaban ansiosos y

agotado. Necesitaba enfrentarse al dragón; sin embargo, ella

también estaba preocupado. Si la comieran, no tendría
deseo de ayudar a los demás. Así que se quedó callada, sin embargo uno
el hombre no pudo contenerse. Constantemente había
estimaba ser ideal y fue consistentemente el que estableció el
relojes de arena hacia el comienzo del día.
"No está bien", dijo, con voz temblorosa. "El último timbre
sonaba hace más de una hora. Tenemos que volver a casa a
nuestras familias."
"¡No!" gritó la princesa. "¡No, por favor no lo hagas!"
En cualquier caso, había pasado el punto sin retorno. El dragón no lo hizo
incluso tratar de atraparlo, pero inclinando el cuello, cerrando sus colosales mandíbulas
alrededor del hombre, y luego lo levantó y dejó que la pieza se deslizara
por su larga garganta.
La princesa temblaba de terror e ira. Una pareja de
otros gimieron y inhalaron, sin embargo no hubo nada que

podría hacer. Regresaron al trabajo. A medianoche, el dragón se despertó,
extendido, olfateó el aire, y sin una palabra o mirar el
Grabadores aterrorizados volviendo a poner montones de papeles en el archivo
organizadores, se contoneó hasta el borde y revoloteó hacia arriba, en
la noche.
Este ensayo se repitió al día siguiente, y al siguiente, para
una semana entera. La piel de la princesa se volvió incolora; su pelo
abandonado en racimos; y su corazón latía tembloroso. Por la noche
tenía pesadillas de arreglar papeles y de bajar por el
garganta infinita del dragón. El señor y soberano había vuelto
transformó su mansión en una casa de transición, y fueron
ocupados con sus cargas, al igual que con el manejo de la tierra,
por lo que a la princesa no le gustaría molestarlos con este tema. Ella
Pensé que tal vez los dragones no eran tan excepcionales en todas las cosas.

considerado. Las princesas de los cuentos que había examinado habían
manejó dragones y ella sintió que si ella fuera a ser merecedora
del título, ella también tendría que hacerlo.
Se sumergió en el sepulcro de la familia y golpeó varias veces en el lugar de enterramiento de su abuela, ya que generalmente
hizo cuando requirió consejo. En ese momento ella se sentó en un taburete
y pausado. Inevitablemente, la luz de las antorchas brilló, y la princesa sintió
la cercanía natural y cálida de su abuela.
"¿Qué pasa, mi niño?" preguntó su abuela. "¿Por qué razón es
tu piel tan cenicienta? ¿Por qué se te cae el cabello? por
¿Por qué su corazón late con fuerza? "
"Graciosa, abuela. Un dragón se ha movido al pináculo
donde trabajo, y ella nos hace trabajar rápido, duro y largo,
y nos hace recados que nadie puede utilizar. Es más, si nos quejamos, nos come por completo. No tengo ni idea
qué hacer, pero no puedo seguir así ".
"Deberías lograr algo. Es tu obligación como princesa."

"Lo sé, abuela, pero ¿qué podría hacer yo?" preguntó
la princesa, abatida.

"Ve a buscar al asesino de dragones que vive fuera de la ciudad", dijo
su abuela. "Ella puede apoyarte. Llévale mi anillo de sello.
Está en la caja de gemas de tu mamá".
Así que de noche, la princesa entró en la habitación de su madre mientras el
soberana estaba examinando a los niños una historia de la hora del sueño y la llevó
anillo de sello de la abuela. En ese momento ella equipó el
pony más rápido y valiente del castillo, para descubrir el dragón-
asesino.
Tan pronto como llegó a la casa del asesino de dragones fuera del
pueblo, golpeó la entrada. Una hermosa mujer respondió:
y le dio la bienvenida.
"En verdad, soy la cazadora de dragones", dijo. "¿Con qué método
pagar por mi administración?"
La princesa dio vueltas y vueltas al anillo en su bolsillo,

sin embargo, no pudo obligarse a dejar atrás el tesoro valioso. "No tengo nada que ofrecerte", dijo
declaró, "sin embargo, si lo necesita, puedo redactar cartas para usted, y
orquestar sus trabajos. "
"No necesito un copista", dijo el asesino de dragones. "En cualquier caso, yo
Supongo que puedes hacer la limpieza, la cocina y la ropa, por
Estoy terriblemente ocupado haciendo esas cosas yo mismo ".
La princesa sintió una consternación extraordinaria pero aceptó
realizar el trabajo. Era su obligación apoyar a los demás,
y ella abrazaría lo que fuera esencial.
La encantadora cazadora de dragones fue a beber al motel, y el
princesa ató una manta y empezó a limpiar el suelo, que estaba
antihigiénico.
Trabaja más rápido, pensó mientras echaba un vistazo al reloj. A pesar de que
estaba drenada hasta los huesos, a pesar de que todo tenía un
un montón de trabajo por hacer.

Cuando terminó con la limpieza, comenzó a cocinar un tremendo cerdo salvaje que el cazador de dragones le había aconsejado que asar. Con dificultad, la princesa convirtió la abrumadora criatura en el asador, sus brazos le dolían tanto que comenzó a llorar.

"¿Por qué necesita tanta comida, en cualquier caso?" ella reflexionó. Sea como fuere, en ese momento echó un vistazo a sí misma. No hagas preguntas, pensó.

Casi amanecía cuando se terminó de cocinar, y ella había quería volver al castillo para descansar un poco, sin embargo ella a pesar de todo tenía la ropa para hacer, y el dragón-Slayer no la ayudaría hasta que todo el trabajo estuviera hecho.

Termina el trabajo, sintió, y llenó la tina con agua, y empezó a lavar las prendas sucias que el dragón-Slayer la había dejado. Muchos de ellos estaban envueltos en sangre, que

hizo espantosa a la princesa. ¿Era sangre de dragón o era el
sangre de la misma cazadora de dragones?
Poco después del amanecer, regresó el asesino de dragones.
"¿Has completado?" ella preguntó.
La princesa se derrumbó en una tienda en el suelo, derrotada con
cansancio. "De verdad", murmuró.
"Genial", dijo el asesino de dragones.
"¿Vamos a matar al dragón en este momento?" preguntó la princesa.
"Dios mío, no, tu trabajo no ha terminado en este momento", dijo el
asesino de dragones, descuidadamente. Regresa mañana por la noche.
La princesa apenas podía imaginarse cómo necesitaría
perseverar un día más, por ejemplo, este. En todo caso,
Lo sufrió ella, sin falta durante una semana más. Hacia el final de la séptima noche, el asesino de dragones por mucho tiempo
dijo por última vez: "De hecho, ahora es el momento adecuado. Únete".
La princesa la siguió, holgazaneando. Fueron al pináculo.

La puerta extraordinaria fue abandonada, el vigilante se fue. Hiedra
se había desarrollado en la medida de lo posible hasta la azotea, y el
la mampostería había comenzado a desintegrarse.
"Querida, querida, ¿es aquí realmente donde trabajas?" preguntó el dragón-
asesino. "Parece abandonado".
La princesa también estaba asombrada. Hace solo quince días, el
pináculo había estado en impecables condiciones, toda la mampostería
recientemente apuntado, todas las puertas aceitadas, y el vigilante
vistiendo su camisa tratada. Actualmente, mientras empujaba un ala abierta,
los pivotes chirriaron y disentieron. Mientras caminaba por el camino
las malas hierbas golpearon contra sus piernas. Mientras subía por los medios, un
el novato voló hasta su casa en uno de los alféizares.
"No percibo ningún dragón aquí", dijo el asesino de dragones, como
entraron al pasillo del lugar de trabajo donde trabajaba la princesa.

La habitación estaba vacía y parecía abandonada. Una pareja de
viejas hojas de material fueron arrojadas al suelo, aun cuando
princesa consiguió uno que se desintegró para limpiar en sus manos.
"No comprendo", dijo. Los días de trabajo interminable habían
la dejó perpleja. No pudo recordar qué hora era, o
qué mes, o incluso qué año. Además, ¿diría ella que
era en realidad una princesa, o era algo que había imaginado,
hace mucho, mucho tiempo?
En ese momento sintió algo en su bolsillo. Fue ella
anillo de sello de la abuela. Deseando solo el consuelo de algo
natural, lo deslizó en su dedo.
Inesperadamente, la habitación volvió a su estado normal, ya que
aunque una cortina de fase cayó ante sus ojos. Allí se sentó ella
asociados - los individuos que quedaron - aún componiendo
rápidamente en sus áreas de trabajo. Sin embargo, fueron cambiados. La obra los había

dejado luciendo agotados y delgados, y más de uno
colgó la cabeza y gesticuló.
La princesa escuchó un trueno a su lado. Donde la hermosa
La mujer había estado de pie minutos antes, era simplemente el dragón,
agachándose como si se estuviera preparando para atacar.
"¡Usted!" dijo la princesa. "Tú eras el asesino de dragones.
¡Me engañaste!"
"Sísss", murmuró el dragón. Además, saltó.
La princesa se mantuvo firme. El dragón se había movido con gigantescos
velocidad, sin embargo, mientras la princesa miraba, vio todo
retrasado, como si alguien hubiera dejado caer uno de los
relojes de arena. La garganta embotada del dragón se separó, sus columnas de
dientes que parecen individualmente y se hacen más grandes a medida que se dibujan
más cerca. En ese momento, al mismo tiempo, hubo un espléndido
destello, y de manera similar y gradual, el dragón fue arrojado

marcha atrás, desgarrando el aire mientras se estrellaba contra la ventana,
quitar una porción del divisor con ella, y luego desaparecer
de la vista. La indicación del anillo de sigilo permaneció palpablemente,
atrajo la luz, en ese punto se convirtió en humo y fue
abrumado. Los grabadores sintieron temblar la tierra cuando el
el cuerpo del dragón golpeó el suelo muy por debajo. Ella estaba muerta.
Una ovación se levantó de todos en el pináculo. En ese punto
diferentes copistas acudieron a la princesa. Habían percibido el
sigilo de la casa imperial y conocía a la princesa por lo que su
la identidad era. Se inclinaron ante ella y prometieron seguirla
dirigir.
La princesa no tenía ni idea de la próxima acción. Ella tenía
trabajó durante un día entero durante quince días, y desde que estaba
permaneciendo allí sentada inactiva, se sentía terriblemente arruinada y en
borde.

"Deberíamos volver al trabajo", dijo, y se puso a trabajar.

área, donde el paquete de cartas del día colgaba apretado para ella.

Los demás también regresaron gradualmente a sus áreas de trabajo,

aunque más de uno pensó que merecían el día libre.

"Deberíamos trabajar más rápido", dijo la princesa, rascándose tan rápido

con su pluma que sus líneas se volvieron ásperas e indescifrables.

En el momento en que completó las cartas al mediodía,

buscó más trabajo por hacer. Caminó hacia los archivadores

sacó la misma cantidad de páginas que pudo y comenzó

ordenándolos, esta vez por fecha.

"Princesa, ¿qué está pasando contigo?" preguntó la mujer que había

primero cayó de rodillas para hacer la clasificación. "¿Nos necesitas para

¿ayuda?"

"No debemos plantear preguntas", dijo la princesa, sus dedos

volando mientras reorganizaban los papeles.

Los demás, sin saber qué hacer, siguieron a su princesa,
y comenzó a clasificar las páginas como lo habían hecho durante tantos días
anterior.
La princesa tamborileó con los dedos con entusiasmo, colgando con fuerza para ellos.
para concluir. En el momento en que lo hicieron, ella comenzó a renovar el
archivadores ellos mismos, sacando los cajones, en ese punto
los organizadores en los cajones, en ese punto los papeles en el
sobres. La última campanada sonó, pero ella no dio indicios de
vacilante.
"Princesa", dijo un hombre, "la jornada laboral ha terminado y nosotros
están en su mayor parte cansados. ¿No crees que deberíamos ser
¿volviendo a casa?"
"Trabajaste más horas para el dragón. Sin duda alguna,
no se rendirá desde que te liberé de ella. Deberíamos
completar el trabajo ", dijo.
Los grabadores se miraron y sintieron remordimientos por

su fatiga. Regresaron al trabajo.

En el momento en que la princesa regresó a la mansión que

noche, entendió que no necesitaría ir a la

asesino de dragones para limpiar su casa, cocinar su comida y hacer su

ropa. Sea como fuere, esta nueva oportunidad la aterrorizó. Ella

Corrió hacia el organizador de escobas y sacó un trapeador y lata y

Comenzó a lavar los pisos airadamente. La fortaleza era enorme y

ella necesitaría trabajar como nunca había trabajado si necesitaba

para completar hasta la última parte de sus tareas antes de que anocheciera

terminado. Mientras trabajaba, salpicando agua espumosa por todas partes

a lo largo del vestíbulo, dos pequeñas princesas la vieron y corrieron hacia

decirle a su madre.

La reina se apresuró a percibir qué le pasaba a su pequeño

niña.

"Querida, ¿qué te pasa?" ella preguntó. "Los pisos son

completamente impecable ".

"Debería trabajar más rápido", dijo la princesa. "Yo a pesar de todo
tener la cocina y la ropa para hacer ".
"¿Qué quieres decir?" preguntó su madre, destacó que el
princesa estaba caliente. "¿Para qué sería una buena idea para
tú haces la cocina y la ropa? "
"Porque el asesino de dragones me lo recomendó."
"¿El asesino de dragones?"
"Fui a ver al asesino de dragones para matar al dragón.
La abuela me aconsejó que lo hiciera ".
"¿Hay un dragón en nuestros territorios?" preguntó la reina,
asustado.
"No, lo maté", dijo la princesa. "En cualquier caso, lo siento,
ya no puedo hablar. Tengo una gran cantidad de trabajo por hacer ".
"Mi pobre niña, el dragón probablemente te insultó", dijo su madre,
poniendo su mano en la sien de su niña. "Has pasado por alto
que eres una princesa. Aquí, sumérgete ".
La princesa se opuso, pero la reina empujó a su niña sólidamente

abajo en el asiento.

"Tal injuria debe contrarrestarse con un regalo", afirmó, y

expresó estas palabras sobre su pequeña niña: "Que ames a tu

trabaja, y recuerda siempre que eres una princesa.

Que tu misión sea descubrir el significado de tu trabajo, y siempre

recuerda que eres una princesa. ¿Puedes trabajar mientras

amas el trabajo y siempre recuerdas que eres un princesa. Tenga en cuenta: es su obligación con todas las personas en

tu propiedad."

Besó a su chica en la frente, y mientras lo hacía, el

princesa sintió un increíble levantamiento de peso de ella, como si

algo tan extenso como un dragón había volado desde su refugio

en su corazón.

La injuria se rompió, y la princesa vivió y trabajó, alegremente para siempre, y nunca más pasó por alto que ella era una

princesa o, con el tiempo, reina.

EL DRAGON Y SU ABUELA

Hubo una vez una guerra extraordinaria, y el Rey tuvo una
considerable número de soldados, sin embargo, les dio tan poco
compensación por no poder vivir de ello. En ese punto tres
de ellos optaron por huir del ejército.
Uno de ellos se enfrentó a los demás: "Si nos atrapan, nos detendrán
apretar el andamio; ¿por qué medios lo haremos? "El otro
dijo: "¿Ves ese enorme campo de maíz allí? Si tuviéramos que
escondernos en eso, nadie podría descubrirnos. El ejercito
no puedo entrar, y mañana es para caminar ".
en el maíz; Sin embargo, el ejército no siguió caminando, pero permaneció
se instaló cerca de ellos. Se establecieron durante dos días y
noches en el maíz y se desarrollaron tan ansiosos que casi
pateó la cubeta; sin embargo, si iban a deambular, era seguro
fallecimiento.

Dijeron finalmente: "¿De qué sirvió, nuestro abandono del
¿Ejército? Deberíamos patear el balde aquí sin esperanza. "Mientras ellos
estaban hablando, un dragón al rojo vivo vino volando por el aire. Eso
se acercó a ellos y les preguntó por qué estaban cubiertos allí.
Ellos respondieron: "Somos tres soldados y hemos abandonado
porque nuestra compensación fue tan pequeña. Actualmente si nos quedamos aquí
pasaremos de apetito, y si nos mudamos nos colgarán
en el árbol del verdugo ".
"Si vas a ser mi sirviente durante siete años", dijo el dragón,
guiarlo a través del medio del ejército con el objetivo de que
nadie te atrapará ".
"Debemos elegir entre opciones limitadas, y debemos tomar su
oferta ", dijeron. En ese momento el dragón se aferró a ellos en su
patas, los llevó por el aire sobre el ejército y los puso
abajo en la tierra un largo camino de ella.

Les ofreció un pequeño látigo, diciendo: "Batir y cortar con esto,
y todo el dinero que necesites saltará ante ti. usted
entonces sería capaz de vivir como gobernantes increíbles, mantener ponis y
conducir en carruajes. Sea como fuere, después de siete años
eres para mí ". Luego colocó un libro delante de ellos, que
cada uno de ellos hizo tres señales. "En ese momento te daré
tres acertijos ", dijo," si los adivinas, serás libre
y fuera de mi capacidad ". El dragón en ese punto despegó, y
siguieron adelante con su pequeño látigo. Tenían tanto dinero
como necesitaban, vistieron excelentes prendas y se abrieron camino
en el mundo. En cualquier lugar al que iban, vivían divertidos y maravillados,
conducía con ponis y carruajes, comía y bebía, sin embargo
no hizo nada incorrectamente.
El tiempo pasó rápidamente, y cuando se cumplieron los siete años
casi terminado, dos de ellos se volvieron terriblemente inquietos y

sobresaltado, pero su tercero se hizo a la ligera, diciendo: "No tengas miedo,

hermanos. No soy tan crédulo; Descubriré los acertijos ".

Salieron a un campo, se sentaron y los otros dos tiraron

caras largas. Un adulto mayor pasó y les preguntó por qué

eran tan lamentables. "¡Oh! ¿Qué tienes que ver con eso? No puedes

Apoyanos."

"¿Quién sabe?" Ella respondio. En ese momento le revelaron

que se habían convertido en los trabajadores del dragón durante siete largos

años, y cómo les había dado dinero tan abundante como

moras; sin embargo, como habían marcado sus nombres, eran suyos …

a menos que cuando hubieran pasado los siete años pudieran

enigma. El anciano dijo: "Si me apoyaras

ustedes mismos, uno de ustedes debe ir al bosque, y allí él

tropezar con una estructura de rocas en ruinas que se asemeja a

Una casa pequeña. Debería entrar y allí encontrará ayuda ".

Los dos desesperados pensaron: "¡Eso no nos perdonará!" Ellos
permanecieron donde estaban, sin embargo, el tercero y alegre saltó
y se adentró en el bosque hasta que encontró la piedra
cabaña. En la choza se sentaba una persona extremadamente mayor, que
resultó ser la abuela del dragón. Ella lo interrogó sobre cómo llegó y cuál era su negocio allí. Le reveló a
ella todo lo que sucedió, y como estaba satisfecha con él, ella
tomó empatía con él y dijo que ella lo apoyaría. Ella levantó una enorme piedra que estaba sobre el sótano,
diciendo: "Escóndete allí; puedes escuchar todo lo que se dice en
esta habitación. Quédese quieto y no mezcle. En el momento en que el
viene el dragón, le preguntaré cuál es el acertijo, porque él revela a
yo todo. Escuche con cautela lo que responde ".
A la medianoche, el dragón se fue y pidió su cena. Su
la abuela preparó la mesa y trajo comida y bebida

hasta que se sació, y comieron y bebieron juntos. A eso
punto durante el lapso de la conversación ella le preguntó qué
había hecho en el día, y cuántos espíritus había ganado.
"No he tenido mucho karma hoy", afirmó, "pero tengo un
cuelga de tres soldados ".
"¡Por supuesto! ¡Tres soldados!" dijo ella. "¿Quién no puede escapar de
¿tú?"
"Son míos", se dirigió al dragón burlonamente, "porque voy a
dales tres acertijos que siempre serán incapaces de resolver
figura."
"¿Qué tipo de acertijos son?" ella preguntó.
"El primero es de esta manera", dijo el dragón. "Lo que va en cuatro patas
hacia el comienzo del día, en dos piernas alrededor de temprano
por la tarde, y en tres piernas por la noche? "
La anciana se veía muy confundida y dijo: "Déjame
sabes, mi ardiente nieto. ¿Qué va en cuatro patas hacia

al comienzo del día, en dos piernas alrededor de la tarde,
y en tres piernas por la noche? "
"¿Por qué?" rió el dragón. "¡Un individuo lo hace! Se arrastra hacia abajo
en el suelo cuando era un bebé, camina sobre dos piernas como un adulto, y
camina con dos piernas y un bastón en la edad madura ".
La anciana gritó: "Nadie más tiene acertijos tan ingeniosos como el tuyo.
Probablemente no van a encontrar la respuesta a esa
sin duda. Sin embargo, si lo hacen, ¿cuál es su posterior
¿enigma?"
El dragón respondió que su siguiente acertijo era similar a
travieso e incluso más bonito porque fue como una rima que fue así
camino:
"Aunque de gran edad,
Estoy encerrado en una jaula.
Teniendo una cola larga y una oreja,
Mi boca es redonda
Además, cuando proliferan los placeres,
Oh, en ese punto canto magnífico claro.
¿Qué soy yo?"

"¿No podrías calcular la respuesta adecuada? Soy una campana, obviamente. ¡Dong! "Dijo el dragón.

La anciana negó con la cabeza con asombro al ver a su nieto

ingenio. "Gracioso, eres un dragón increíblemente astuto

que en algún momento vivió e inhaló fuego!", gritó.

tienes para tu último y más difícil acertijo? "

"Gracioso, simplemente un simple procesamiento de números", dijo

el dragón.

"Cuando iba a St. Ives,

Conocí a un hombre con siete esposas.

Cada mujer tenía siete sacos,

Cada saco tenía siete gatos,

Cada gato tenía siete kits:

Kits, gatos, sacos y esposas,

¿Cuántos iban a St. Ives? "

Como la anciana no pudo responder, dijo: "Sólo uno iba a

St. Ives. ¡Todos los demás iban hacia el otro lado! ¡Decir ah! Las almas de

los tres soldados son míos sin duda alguna ". Entonces el dragón

comió su cena de brasas y sopa hecha de aceite burbujeante y golpear el saco.

En el momento en que el dragón dormitaba lo suficiente, su viejo

La abuela levantó la piedra y soltó al soldado. "Tuviste

centrarse en todo? "

"De verdad", respondió. "Sé lo suficiente y puedo ayudarme

maravillosamente ". Luego salió por otro camino, a través del

ventana sutilmente, y en todo correr de regreso a sus amigos. Él reveló

para ellos cómo el dragón había sido superado por su

abuela, y cómo había recibido una notificación de su propia

labios la respuesta a los acertijos.

Estaban completamente encantados y optimistas, sacaron sus

látigo, y dividir tanto dinero en efectivo que vino saltando comenzando

desde la etapa más temprana. En el momento en que los siete años

muy ido, el dragón bestial fue a los soldados con su libro,

y señalando las marcas, dijo: "Y ahora debes responder

mis acertijos, o vuestras almas serán mías para siempre. Que pasa en cuatro
piernas hacia el comienzo del día, en dos piernas y temprano
por la tarde, y en tres piernas por la noche?"
El soldado principal respondió: "Un individuo".
El dragón estaba muy irritado y murmuró y carraspeó
arreglo decente, y preguntó el siguiente acertijo: "Aunque de gran edad,
Estoy encerrado en una jaula.
Teniendo una cola larga y una oreja,
Mi boca es redonda
Es más, cuando florecen las delicias,
Oh, en ese momento canto increíblemente claro. ¿Qué soy yo?"
"Una campana", dijo el siguiente soldado.
El dragón hizo una mueca y gruñó de nuevo tres veces: "Murmullo,
murmurar, murmurar ", y dijo al tercero: "Cuando iba a St. Ives,
Conocí a un hombre con siete esposas.
Cada mujer tenía siete sacos,
Cada saco tenía siete gatos,
Cada gato tenía siete kits:
Kits, gatos, sacos y esposas,
¿Cuántos iban a St. Ives?"
"Solo uno", respondió el tercer soldado.

En ese momento, el dragón despegó con un grito estruendoso y había
no más control sobre ellos. Los tres soldados tomaron el pequeño
tanga, azotaron todo el dinero que necesitaban y vivieron
alegremente hasta el final de sus vidas.

EL DRAGÓN EN LA MAZMORRA

Érase una vez un dragón encarcelado en el calabozo de un
castillo.
El castillo pertenecía a Arturo, un rey y una reina y su pequeño
hijo de cuatro años.
Era un niño vivaz y curioso, y un día descubrió el mazmorra mientras merodeaba por el castillo, pero no se lo dijo a nadie.
Todas las semanas había visitado al dragón. A Arthur le gustaba decirle
historias y secretos aunque sabía que el dragón no podía
entenderlo.
El dragón empezó a entender unas palabras poco a poco y
intentó hablar con su amigo Arthur. El dragón había aprendido

hablar después de unos meses y él y Arthur iban a
pasar horas hablando y jugando.
Pero aún había una duda que Arthur no había resuelto: ¿Por qué el
El dragón fue encarcelado allí. No respondió cada vez que le preguntó al
dragón, así que decidió preguntarle a sus padres.
Se sorprendieron mucho cuando Arthur les contó a sus padres sobre su
amistad del dragón y le prohibió volver a visitar al dragón.
porque era peligroso. Pero le dijeron a Arthur que antes de
llegó a conocerlo, habían encarcelado al animal simplemente porque
pensaron que era peligroso.
Arthur no podría haber imaginado a su amigo de toda la vida en la mazmorra,
así que decidió dejarlo en libertad.
El dragón, que estaba muy agradecido con Arthur, lo visitó antes
saliendo para agradecerle haber confiado en él, pero también aconsejó
que no desobedeciera a sus padres.
Arthur excusó a sus padres y se alegró de saber que su
amigo estaba libre.

EL DRAGON EN EL SALVAJE

Zlartinpole era un dragón que vivía en el bosque cerca de Slodinbob
campo.
En Slodinbob, todos temían a Zlartinpole. Temían su gran
escamas verdes, su cola larga y puntiaguda, y estaban particularmente asustados de la
fuego que exhalaba por sus dos orificios nasales redondos.
El fuego salió en tres colores: ROJO, AZUL y PÚRPURA.
.... ¡Y realmente caliente!
Ahora, en realidad, cuando se asustó o estornudó, Zlartinpole solo
lanzaron fuego, pero todos pensaron que lo estaba haciendo para intentar
quema Slodinbob hasta que quede crujiente.
De hecho, todo el mundo le tenía tanto miedo a Zlartinpole que una noche
grupo de gente del pueblo se reunió y fue a ver el Slodinbob King y Queen. Decidieron sugerir que se haría algo para librar a la tierra del temido dragón.
El rey Mercer era un hombre apuesto, y la reina Melinda y su
esposa accedió a reunirse con ellos.

El líder del grupo, un joven llamado Harold, habló primero. "Excelente
¡Rey Mercer, tenemos miedo por nuestras vidas! Ese horrible dragón acecha
cerca de nuestras casas y amenaza con quemarlas todas! "
Luego habló Priscilla, la agradable mujer que dirigía la comida.
mercado. "Si ese horrible dragón sigue viviendo aquí, todo
¡Hemos trabajado toda nuestra vida porque podría perderse en un momento! "
dijo preocupada.
Dentro del grupo todos gritaron de acuerdo. "¡Si!" todos ellos
gritó de inmediato. "¡Tenemos que deshacernos del dragón Slodinbob!"
Con su voz oscura y retumbante, el rey Mercer habló lentamente. "YO
entiendan que todos le temen al dragón. La reina melinda y yo
discutir lo que se debe hacer. Una vez que tomemos nuestra decisión,
invitarlos a todos a una reunión ".
Vestida con sus joyas relucientes y sus elegantes atuendos, la reina
Melinda asintió con la cabeza de acuerdo con su esposo. "No eran

Te voy a hacer esperar mucho tiempo, porque también estamos
preocupado por el daño que este horrible dragón podría causar ".
Una vez que dejaron el castillo, la Reina Melinda se enfrentó al Rey Mercer.
y preguntó: "¿Viste a la princesa Marigold esta tarde?
no la he visto desde la hora del almuerzo, y estoy empezando a sentirme bastante preocupado "."
No ", dijo el rey," y también estoy muy preocupado por "La princesa Marigold era la única hija del rey Mercer y la reina
Melinda's. La amaban mucho pero también estaban constantemente preocupados.
sobre ella porque siempre se escapaba y se perdía en el bosque.
Young Marigold retozó por el bosque cerca de Slodinbob
esta vez. Saltó y corrió. Su largo cabello ámbar balanceándose
con cada movimiento, retozaba y brincaba. Princesa Marigold
se divirtió tanto que no sabía que era tarde.
"Dios mío", se dijo a sí misma, "tengo que volver al castillo.
Mamá y papá tienen que preocuparse mucho por mí ".

miró a su alrededor y se dio cuenta de que estaba demasiado oscuro para encontrar su camino

espalda. La princesa Marigold, aterrorizada, puso la cabeza entre las manos y empezó a llorar.

"Perdón", preguntó alguien que tenía una voz muy áspera. "Son

¿perdiste? ¿Necesito ayuda?"

La princesa Marigold miró hacia arriba para encontrarse cara a cara con el

dragón Zlartinpole, que se había inclinado sobre su largo cuello para enfrentarla.

Saltó y dejó escapar un fuerte grito cuando Marigold se dio cuenta de que

estaba mirando a un dragón! Girando para huir rápidamente, la princesa

Marigold tropezó inadvertidamente y cayó hacia atrás, cayendo a la derecha

golpe en el pliegue de la mano derecha de Zlartinpole, que gentilmente

la levantó mientras caía, apoyándola con cuidado sobre su espalda.

"Espero que mis escamas no sean demasiado ásperas para ti", disculpó

Zlartinpole el Dragón. "Pero es demasiado tarde para que salgas solo. Puede que haya extraños por aquí, ya sabes. Te veré a salvo en

hogar. Nadie molestará a una princesa bajo el cuidado de un dragón ".

La princesa Marigold todavía estaba un poco asustada de esta respiración de fuego

dragón que todos dijeron que sería un gran problema para

Tierra de Slodinbob.

"¿Eres el dragón que quemará las casas de todos?" ella

preguntó con una vocecita muy asustada.

"¡Dios mío dame la gracia!" exclamó un sorprendido Zlartinpole. "Qué

¡un pensamiento!"

"Absolutamente no", respondió con firmeza. "Yo nunca quise

dañar a alguien o algo ".

"¿Por qué todos te tienen tanto miedo entonces?" Princesa Marigold

preguntó con curiosidad.

"Simplemente no me reconocen muy bien y por su portada uno

Nunca debería intentar juzgar un libro. Ahora, no más preguntas, nosotros

Será mejor que te lleve a casa ".

Con eso, Zlartinpole se elevó en el aire, con los brazos apretados

alrededor de su cuello por Princess Marigold. "¡Wheee!" chilló
encantada princesa Marigold. "¡Es tan divertido!"
Poco después, Zlartinpole y la princesa Marigold aterrizaron en
frente al gran castillo. Cuando el dragón fue visto por los dos
caballeros que protegían la puerta del castillo, inmediatamente sacaron sus
espadas. La princesa Marigold temía que Zlartinpole fuera
herido por los hombres. Los caballeros luego dejaron caer sus armas y
corrió adentro.
"Desearía que no todos te tuvieran tanto miedo", dijo la princesa.
Comenzó Marigold. "Iré con mis padres y les diré qué
hermoso y amable dragón que eres".
La gran lágrima triste que cayó sobre su nariz protuberante fue limpiada
de distancia por Zlartinpole "Muchas gracias", dijo sinceramente. "YO
cree que cuando el Rey y la Reina se enteren, te ayudé,
le dirán a la gente de Slodinbob que no hay razón para temer
yo."

La princesa Marigold se despidió con la mano mientras Zlartinpole agitaba su

alas gigantes y voló de regreso al bosque a su casa. Princesa Marigold salió corriendo para encontrar a sus padres en el castillo tan pronto como él

estaba fuera de la vista.

Estaban sentados en sus tronos de oro, cuando los encontró,

luciendo muy enojado.

"Jovencita", comenzó su padre, con voz enojada, "¿Qué

¿Crees que estabas aceptando el peligroso paseo de un dragón? "

"No es peligroso, porque estaba perdido, él me ayudó y ..."

comenzó la princesa.

"¡Ya es suficiente Marigold!" gritó la reina Melinda en un firme

voz. "Estos valientes caballeros nos informaron que el dragón estaba listo para

¡Ataca el castillo! Nos informaron que el dragón estaba sosteniendo

usted en cautiverio y que tenían que darse prisa antes de que hiciera algo

terrible para ti! Dijeron que tenían que darse prisa para advertir al otro

caballeros porque no tenían la oportunidad de luchar por su cuenta contra
una bestia tan grande y violenta ".
La princesa Marigold parecía aturdida. "Pero él no me abrazó
rehén ", trató de explicar." No sabía dónde había pasado
ser y él ... "
"¡Silencio!" gritó su padre en voz alta y la interrumpió. "No lo harás
pasear por donde y cuando quieras.
Ve inmediatamente a tu habitación ".
Uno de los caballeros reales entró corriendo en la habitación justo en ese mismo
momento. "Sus Majestades", dijo, inclinándose ante el Rey y
la Reina ", la bestia se ha ido, pero encontraremos dónde está escondido,
y una vez que lo hagamos, Slodinbob ya no será aterrorizado ".
"¡Ve inmediatamente al bosque!" King Mercer ordenó con un
voz más fuerte de lo normal. "Peina cada árbol, cada colina, cada
valle, encuentra al dragón y trae la cabeza de la bestia! "
La princesa Marigold se dirigía a su habitación cuando

escuchó la orden de su padre.

"Tengo que ir al bosque y advertir a Zlartinpole, antes de que

"Los caballeros del padre lo encuentran", se dijo a sí misma.

por una salida secreta detrás de la escalera que conducía a su habitación

piso de arriba. Pasando el ayuntamiento, pasando el mercado, pasando el

escuela, corrió tan rápido como pudo. Cuando princesa

Marigold estaba rodeada de árboles y verde, sabía que ella

había encontrado el bosque. Pero, ¿qué pasó con Zlartinpole?

Ella miró el ápice de los árboles, pero solo vio hojas. Fue él

justo detrás de una gran roca? Pudo haber estado en la orilla del río,

tomando un sorbo de agua.

De repente escuchó un fuerte estruendo y el humo llenó el aire.

Dándose la vuelta, vio a Zlartinpole salir de detrás de un

arbusto de bayas, luciendo muy avergonzado.

"Lo siento, princesa Marigold, si la he asustado", dijo.

"Luego olí unas flores preciosas y estoy seguro de que me hicieron
estornudo."
La princesa Marigold envolvió sus brazos tanto como pudieron
alrededor de Zlartinpole. "Estoy tan feliz de verte", me dijo. "Pero yo
Vine aquí para advertirte - los caballeros de mi padre te persiguen,
y quieren traer tu cabeza hacia atrás. Mis padres no solo
¡Escúchame! Estaba tratando de explicarlo. Colocando un ala alrededor de la princesa Marigold, Zlartinpole la dibujó
cerca de su lado. "No es tu culpa", dijo mientras trataba de consolar
su.
En ese momento, uno de los hombres del rey, sosteniendo una antorcha brillante, apareció
fuera de la oscuridad. "¡Princesa Marigold! ¡Princesa Marigold!" él
gritó con voz fuerte. "¡Llévate a esa bestia monstruosa!"
"No es ... no es ..." sollozó la princesa, antes de que Zlartinpole
la apartó suavemente.
"¡Corre a casa rápidamente, Princesa Marigold! No estás a salvo aquí",

prevenido. La princesa Marigold le lanzó una rápida y triste mirada.

y luego empezó a correr tan rápido como pudo volver a

el castillo.

Los Caballeros del Rey Mercer se acercaron lentamente, uno por uno, hasta que

veinte de ellos rodearon a Zlartinpole con sus espadas desenvainadas.

"¡Esta vez no te escaparás!" uno refunfuñó.

"¡No trates de escapar!" otro gritó.

"¡Ya no vas a aterrorizar la tierra de Slodinbob!" una

gritó el tercero.

Zlartinpole observó la difícil situación en la que se encontraba y

comenzó a asustarse mucho. De hecho, estaba tan asustado

que de repente de su nariz salió un fuerte:

"¡BOOM BOOM!"

Y surgió una nube de humo de donde las llamas llegó al suelo.

Los caballeros se dispersaron primero, y luego todos cargaron contra el pobre

¡Zlartinpole !.

"¡CRACKLE! ¡HISS!" las llamas se apagaron cuando llegaron a uno de los escudos de los caballeros y lo derritió instantáneamente en un charco plateado.

Los guardias continuaron cargando y Zlartinpole siguió respirando.

fuego, haciendo todo lo posible para no lastimar a nadie. Esto se prolongó durante bastante

mientras, hasta que este alboroto fue repentinamente interrumpido por un fuerte grito de

"¡HOLL!"

Los guardias escucharon la voz de inmediato y se detuvieron en su

pistas. El rey Mercer estaba a su lado, con la reina Melinda y

Princesa Marigold. "Estoy tan feliz de que mis caballos premiados hayan

nos trajo aquí a tiempo ", dijo el Rey Mercer señalando los tres

corceles de oro.

"Mi amada princesa Marigold nos acaba de decir a su madre y a mí

qué le pasó exactamente hoy, cómo este dragón llamó

Zlaten, ummm.

"Zlartinpole", susurró la princesa Marigold al oído de su padre.

"Cómo el dragón llamado Zlartinpole", continuó el Rey, "salvó

ella de perderse en el bosque. Fue nuestro terrible error
cree que esta criatura tiene la intención de dañar a Slodinbob. Hombres por favor
guarda tus armas y vuelve al castillo ".
"Te debemos nuestras más sinceras disculpas, Zlartinpole", la Reina Melinda
empezó. "Deberíamos haber escuchado a la princesa Marigold cuando
trató de explicar antes, y nunca deberíamos haber pensado
que eras tan peligroso sólo porque eres un dragón ".
Los grandes ojos verdes de Zlartinpole se llenaron de lágrimas de gratitud,
y la princesa Marigold le dio al dragón un gran abrazo a su amiga.
"Vuelve con nosotros al castillo, Zlartinpole", ofreció King
Mercer. "Que seas nuestro guardia dragón oficial."
"Muchas gracias por su amable oferta, señor", dijo Zlartinpole,
"... pero tengo que declinar, el bosque es mi hogar, donde me siento seguro
y feliz. No quiero vivir en ningún otro lugar ".
La princesa Marigold pareció particularmente decepcionada. "Veré

otra vez nunca más? ", preguntó." No te pongas tan triste, por favor ",
respondió. "Te prometo que siempre puedes encontrarme aquí".
Ya era muy tarde, y la princesa Marigold, el rey Mercer y
La reina Melinda tuvo que irse a su castillo y estaban muy
cansado. Todos se despidieron de su nuevo amigo Zlartinpole y
prometió visitarlo en el bosque muy pronto.
Zlartinpole se despidió de sus amigos y luego saltó
el aire, volando por encima de las copas de los árboles más altos y directo hacia
las nubes.

LOS MIL DRAGONES

Hay muchas leyendas que gestionan la eliminación de dragones,
Sin embargo, solo uno de ellos incluye un Sir Emile específico, un valiente
caballero que acabó con los últimos mil dragones. En el mismo
como otros, Sir Emile pasó años examinando el conducta despiadada y traviesa de los dragones de su tiempo. En

En cualquier caso, sus propias decisiones específicas fueron únicas y
poco común: los dragones vivían en una constante condición de indignación, que
hizo el fuego que se originó en sus bocas.
En este sentido, cuando decidió acabar con los dragones,
intercambió las armas típicas y la capa defensiva de un caballero por
algo bastante poco común: una broma y un carrito lleno de helados.
En el momento en que el dragón principal vino a comérselo, Sir Emile
le gritó su broma. Fue una broma tan decente, que incluso el
El dragón necesitaba reír. Del mismo modo, como el valiente caballero
esperado, esto apagó el fuego del dragón. Del mismo modo, como el dragón
se estaba riendo, Sir Emile le ofreció un helado ... Qué vigorizado y maravilloso se sentía el dragón en ese momento,
después de bastante tiempo de haber tenido la garganta en llamas! Explotando
el dragón se calmó por un segundo, Sir Emile le ofreció
un poco de fruta, y para el dragón esto tenía un sabor eminente.

Los dragones normalmente no comían frutas o verduras, porque el fuego
de sus bocas consumieron tales alimentos y los dejaron sin sabor. Entonces
preferían comer animales lecheros o individuos, que, incluso
aunque dejó un poco chamuscado, en cualquier caso sabía a algo.
No obstante, cuando el dragón probó fruta nueva solo porque,
se sentía tan optimista y alegre que incluso su horrenda
la apariencia comenzó a cambiar. Se veía tan terrible debido a
su terrible rutina de alimentación, sin embargo, después de solo un par de días de esta vida nueva, más ventajosa, el dragón desapareció una noche. Todas que sobrevivió de ella fue una hermosa mariposa con enormes vívidos alas...
Por lo tanto, Sir Emile, utilizando solo algunos buenos chistes y un
carro lleno de helados y frutas, hizo que los últimos mil dragones
desvanecerse y tomar una nueva vida como hermosas mariposas.

EL PINTOR, EL DRAGON Y EL TITAN

Hace bastante tiempo hubo un pintor que, en uno de sus

excursiones, se perdió tanto que terminó moviéndose hacia un

la guarida del dragon. Cuando el dragón posó sus ojos en el pintor, rugió

brutalmente con él por molestarlo en su caverna. "¡Nadie que se atreva a entrar en este lugar sale vivo!"

El pintor se perdonó e intentó aclarar que él

se perdió. Le garantizó al dragón que se iría sin

molestándolo más; sin embargo, el dragón aún estaba

decidido a nivelarlo.

"Sintonízate, dragón. No tienes ninguna motivación para ejecutarme; puedo

incluso ser de ayuda para ti ".

"¡Qué cháchara hablas, predomina! ¿Cómo podrías ser capaz de

apoyarme concebiblemente? ¡Tú, que eres tan débil y minúsculo!

¿Te das cuenta de cómo hacer cualquier cosa por cualquier medio? Soy un poco

¡Te asombró incluso la experiencia para relajarte! ¡Ja, ja! "

"Bueno, soy un gran pintor. Puedo ver que tus escamas se han difuminado
un poco y, positivamente, con solo una mano de pintura podría ayudarte
con ser mucho más desconcertante y unirse a eso con una sustancial
look más actual ... "
El dragón pensó durante algún tiempo, y en poco tiempo eligió
salvar la vida del pintor dependiendo del requisito previo que él
se convertiría en su esclavo y lo pintaría y diseñaría a su gusto.
El pintor hizo lo que se le dijo, dándole al dragón una idea:
apariencia que sopla. El dragón lo disfrutó tanto que
le pidió regularmente al pintor que implementara algunas mejoras nuevas
y reparar su trabajo. Después de algún tiempo, el dragón comenzó a tratar
él mejor, prácticamente como un compañero. Sea como sea, como
Por mucho que el pintor le preguntara, el dragón no estaba preparado para
suéltelo, y se llevó al pintor a todas partes con él. Durante una de estas excursiones, el pintor y el dragón

apareció en una gran montaña. Ellos estaban avanzando a su alrededor
cuando entendieron que la montaña se estaba moviendo ... y comenzó
tronar con tal conmoción, que dejó al dragón medio muerto
con pavor. En realidad, esa montaña era un titán gigantesco que
se sintió tan furioso y molesto por la esencia del dragón que
garantizado al dragón que no descansaría hasta que hubiera suavizado
él.
El dragón, asustado por el tamaño del titán, se disculpó e intentó
para aclarar que se había presentado allí sin querer. En todo caso,
el titán estaba decidido a aplastar al dragón.
"Sin embargo, sintonízate, gran titán, soy un dragón y puedo ser
extremadamente útil para ti ", dijo el dragón.
"¿Tú? ¿Pequeña persona diminuta dragón? ¿Ayudarme?
hacer algo de uso? ¡Ja, ja, ja! "
"Soy un dragón, y disparo fuego de mi boca. Podría cocinar tu
comida y calienta tu cama antes de acostarte ... "

El titán, de manera similar a como lo había hecho el dragón, reconoció la

proposición, e hizo al dragón su esclavo, mirándolo como si

era un fósforo o un encendedor. Una noche, cuando el titán dormitaba,

el dragón miró al pintor con tristeza y vergüenza. "Desde que sucedió, he entendido lo que nunca realmente ...

Perdóname, no debería haber maltratado mi calidad y mi

Talla."

Además, rompiendo las cadenas del pintor, el dragón incluía:

"¡Corre! ¡Rompe! El titán está durmiendo y tú eres tan pequeño que no puede

incluso observarte ".

El pintor se alegró de haber sido sans set, sin embargo observando

el dragón, por quien había sentido mucho amor, y que había

comprendió la injusticia de sus actividades, permaneció cerca,

intentando pensar en un arreglo para liberar al dragón.

A la mañana siguiente, cuando el titán se levantó, encontró al

dragón que yacía junto a él, muerto, con la cabeza cortada. El Titán
rugió y rugió y rugió, iracundo, sintiendo que este había sido el
obra de su primo, el titán más aborrecible que conocía. los
Titán inmediatamente se bajó para descubrirlo para que pudiera romper su
la cabeza en mil pedazos.
En el momento en que el titán se había ido, el pintor despertó al
dragón que estaba todo el tiempo dormitando discretamente en un lugar similar.
Al despertar, el dragón encontró al otro dragón con la cabeza cortada.
apagado, que terminaron siendo solo unos pocos batidos que el pequeño
El artesano había pintado para parecerse a un dragón muerto. Y lo que es más,
Echándose un vistazo a sí mismo, el dragón pudo ver que no estaba
realmente obvio, ya que mientras descansaba el pintor había hecho su
las escamas se asemejan a una loma verde.
Ambos huyeron lo más rápido posible, y el dragón, agradecido por
habiendo sido salvado, garantizó a su compañero, el pintor, que

nunca más volvería a utilizar su calidad y tamaño para manejar mal
cualquiera. Más bien, los utilizaría constantemente para ayudar al
personas que más lo necesitaban.

CAPÍTULO OCHO: HISTORIAS SOBRE LA HORA DE DORMIR

ANIMALES

EL ANTÍLOPO COCIDO

Hace bastante tiempo, Brahma-datta, el rey de Benarés, tuvo una
jardinero llamado Sanjaya. En ese momento, un veloz antílope que había
Se fue al jardín y dio un vuelco cuando vio a Sanjaya. Sea como sea
mayo, Sanjaya no lo asustó; y cuando volvio
una y otra vez empezó a pasear por el jardín. Y lo que es más,
paso a paso, el jardinero solía descartar las diferentes frutas y
flores en el jardín y se las llevan al rey.
Un día el rey le preguntó: "Digo, compañero jardinero, ¿hay algo anormal en el jardín en cuanto a
lo has notado?"
"¡No he notado nada, oh rey! Permíteme que haya un antílope en el

hábito de venir y deambular por allí. Que yo frecuentemente
observar."
"De todos modos, ¿podrías atraparlo?"
"Si tuviera algo de néctar, podría llevarlo directamente al interior del
castillo aquí! "
El rey le dio el néctar; y lo tomó, se fue al huerto, lo untó en la hierba al detectar el antílope frecuentado,
y se envolvió a sí mismo. En el momento en que llegó el ciervo y había
comido la hierba untada con néctar, estaba atado con el deseo de
gusto; y a partir de ese momento no se fue ningún otro lugar pero llegó sólo a la
jardín. Además, como el jardinero vio que se apeló
por la hierba untada con néctar, en el momento apropiado mostró
él mismo. Durante un par de días, el antílope se dispuso a tropezar
observándolo. En cualquier caso, después de verlo una y otra vez
después, ganó certeza, y paso a paso llegó a comer hierba de
la mano del jardinero. Además, cuando el jardinero vio que

su certeza fue recogida, tiró el camino directamente hacia el

residencia real tan espesa de ramas como si estuviera

cubriéndolo con esteras, colgó una calabaza de néctar detrás de él,

transmitió un montón de hierba en su cintura, y luego

continuó rociando hierba untada con néctar antes de que el antílope

hasta que lo llevó al interior del castillo. Cuando el ciervo entró, cerraron la entrada. los antílope, al ver hombres, comenzó a temblar con el pavor de

muerte, y corrí aquí y allá por el vestíbulo. El rey descendió de su aposento alto, y al ver ese temblor

animal, declaró: "Tal es la idea de un antílope, que no se irá

durante siete días, poco tiempo después, a un lugar donde ha visto hombres,

ni su vida a un lugar donde se ha alarmado. Sin embargo esto

uno, con simplemente un aura así, y aclimatado de manera única al

desierto, ahora, limitado por el deseo del gusto, ha llegado a simplemente un lugar así. Verdaderamente no hay nada más terrible en el

planeta que este deseo de gusto! "

Es más, cuando como tal había indicado la amenaza de

ansioso, dejó que el antílope regresara al bosque. En el momento en que el Maestro completó esta charla en

representación de lo que había dicho ("Actualmente no sólo O

¡gente sin hogar! ¿Ha caído este sacerdote, atrapado por el deseo del gusto?

en su capacidad; hace algún tiempo también hizo lo mismo "),

hizo la asociación, y resumió el Jātaka de la siguiente manera: "Él

quien era entonces Sanjaya era esta joven esclava, el antílope

era el sacerdote, pero el rey de Benarés era yo mismo ".

ANANSI Y LA TORTUGA

Una araña llamada Anansi vivió una vez allí. Era un muy codicioso

spider y no le gustaba compartir nada suyo con los demás. Él

un día recogió unos hermosos ñames de su jardín y cocinó

ellos con sumo cuidado. El delicioso aroma de los ñames hizo que Anansi
sediento. De alguna manera se las arregló para esperar hasta la hora del almuerzo.
Alguien llamó a su puerta casi cuando se sentó a comer su
deliciosa comida. Anansi estaba molesto y abrió apresuradamente la
puerta. Era la tortuga la que estaba en la puerta. Ha estado en un
viaje largo y parecía muy cansado y hambriento.
"Hola Anansi, ¿qué es lo que cocinas? Realmente puedo oler algo
bien ', dijo la tortuga.
"¡Oh, eh! Para el almuerzo, he cocinado unos ñames", dijo Anansi.
con reserva.
"Oye, ¿puedo quedarme a almorzar, por favor? Tengo hambre y
cansado de todos los viajes ', dijo la tortuga.
Anansi no quería compartir su comida con la tortuga. Pero compartiendo
comida con visitantes que vinieron durante el almuerzo o la cena
era una costumbre en el país. Entonces, Anansi no pudo negarse.
No obstante, estaba decidido a no compartir sus deliciosos ñames.

con la tortuga.
"Por favor, tome asiento y disfrute de su comida", dijo Anansi al
Tortuga.
Ambos se sentaron en las sillas. La tortuga estaba a punto de ayudarse a sí misma.
una parte del ñame cuando Anansi lo detuvo abruptamente.
"¿No crees que necesitas lavarte las manos antes de llegar
¿tu comida? Lávese las manos antes de comer ", dijo Anansi.
tortuga.
La tortuga miró sus manos y descubrió que estaban llenas de
suciedad mientras caminaba durante mucho tiempo. Después de lavarse las manos,
fue a un río cercano y regresó.
Anansi ya había comenzado su comida. "Los ñames se enfriaron mucho, así que
Empecé mi almuerzo. Únase a mí ahora, por favor ", dijo Anansi.
Solo que esta vez, sin embargo, cuando la tortuga alcanzó su comida,
Anansi le dio la misma excusa para detenerse. La pobre tortuga vio
que mientras caminaba de regreso a la casa desde el río, sus manos

se ensució una vez más.
La tortuga ya estaba cansada y tenía mucha hambre. Pero el iba
De regreso al río todavía para lavarse la cara. Estaba ansioso por no conseguir su
manos sucias esta vez. El estaba vigilante
Y caminó por la hierba solo para mantener sus manos limpias. Pero
Anansi ya había terminado toda la comida cuando llegó
la mesa, a excepción de un bocado que se le ahorró a la tortuga. los
Tortuga estaba humillada y enojada. "Gracias por pasar un buen rato
almuerzo. Algún día me gustaría invitarte a mi casa a comer,
"dijo la tortuga y se fue.
Habían pasado unos días y Anansi empezó a pensar en invitar
la tortuga. Estuvo tentado de ir a la casa de la Tortuga por un
comida suntuosa. Después de todo, él sabía que la tortuga era una
cocinar.
Fue un día a la orilla del río bajo el cual la tortuga tenía su casa y se quedó allí durante la cena.
La tortuga lo miró y dijo: "Hola Anansi, gracias por

viniendo. Por favor, cene conmigo. Anansi fue invitado por el tortuga dentro de su casa submarina. Anansi no pudo soportar ninguna más tiempo e inmediatamente saltó al agua. Sea como fuere, oh, era excesivamente ligero y no podía nadar profundamente en el agua. Mientras tanto, la tortuga se preparó con el delicioso propagar.

Anansi intentó cada medida concebible para pasar por debajo del camino acuático; intentó un rebote en carrera, un intento fallido de buceo y una zambullida alta, pero no podía pasar por debajo del exterior del agua. Anansi comenzó a considerar todas las opciones que finalmente eligió para conseguir unos batidos y meterlos en los bolsillos de su chaqueta. Su El arreglo fue fructífero, y esta vez Anansi llegó directamente a la casa de la tortuga después de sumergirse bajo el agua.

Anansi estaba intrigado al ver la deliciosa unción e iba a

zambullirse en el chomp primario cuando la tortuga lo detuvo. "Querido
Anansi, quítate la chaqueta con compasión antes de contactar
la comida. En nuestra costumbre, no comemos con la chaqueta puesta ",
tortuga dijo. Anansi vio que incluso la tortuga no llevaba su
chaqueta. Anansi se quitó la chaqueta que estaba cargada de piedras y
piedras y en poco tiempo fue surgiendo hacia el exterior de
el agua.
Anansi pudo ver a la tortuga devorando lentamente el exquisito banquete.
Anansi se sintió deprimido y salió lentamente del agua.
Lección de la historia: nunca intentes superar a alguien.
Puede encontrar que usted mismo es el indicado superado.

EL CISNE Y EL BÚHO

Hace algún tiempo, llevaba un cisne casi un lago en un
Timberland.
Una noche, un búho vio al cisne en el lago en el

resplandor de la tarde. Alabó al cisne y pronto, los dos se volvieron

compañeros. Se encontraron cerca del lago durante mucho tiempo.

El búho pronto se agotó del lugar y le dijo al Swan, "Regreso a mi bosque. Puedes visitarme en

cualquier punto que necesite".

En algún momento, el cisne decidió visitar al búho. Era de dia

cuando el cisne llegó a la casa del búho. Ella fue incapaz de

descubrirlo, mientras se escondía en la oscuridad abriendo un

árbol. El búho le dijo al cisne: "Sería ideal si descansas hasta el

el sol se pone. Puedo salir solo por la noche".

Por la mañana, pasaban unas cuantas personas. Al escucharlos, el

Búho ululó.

Los individuos pensaron que era cualquier cosa menos una señal decente para escuchar

un ulular de búho. Por lo tanto, uno de ellos necesitaba dispararle al búho.

El búho despegó y se cubrió en una abertura cerca del lago.

El pobre Swan no se movió. El rayo golpeó al cisne y ella pasó en.

Ejercicio: Nunca dejes a tus compañeros en dificultades.

EL CAMELLO Y LA CEBRA

Mucho, mucho antes, en un desierto lejano, había dos

compañeros imposibles, un camello y una cebra. La cebra fue

satisfecho con su apariencia y apariencia. "Gracioso querido, el camello

es tan feo ", pensó." ¿Podríamos salir y jugar en

¿El barro, Zebra? ", preguntó el Camello." No, ve si necesitas. Mi

El pelaje muy contrastante podría ensuciarse ", respondió la cebra.

El Camel hizo como tal y se quedó allí durante bastante tiempo. Puedes

Del mismo modo, prefiero leer detenidamente Cómo consiguió el camello su joroba.

Después, por la noche, cuando Zebra pasaba por el

En casa de Camel, preguntaba: "¿Logré algo incorrectamente?

Zebra? "" ¡Es simplemente que estoy ocupado, Camel! "Respondió el

Cebra. El camello no podía comprender por qué la cebra estaba

con vistas a él. Se sintió miserable.
Muchos días después del hecho, hubo una estación seca. No hubo
aguacero en el desierto por toda la temporada. Todo
comenzó a evaporarse. "¡Caramba! ¡No hay agua!" lloraron todos los
animales alados. "Incluso el lago se ha evaporado", dijo la tortuga. Desafortunadamente.
En alguna separación, la cebra encontró a Burro que estaba transportando
agua en su espalda. La cebra le pidió agua sin embargo el
burro negado en el doble. La cebra fue excepcionalmente
debilitado por las palabras de la tortuga. En poco tiempo, vio su
compañero más cercano, el camello. "Es una estación seca. No hay
agua. ¡Me imagino que pasaré! "Gritó Zebra." ¡No digas eso! por
sea cual sea el tiempo que esté allí, no sucederá nada ".
el camello le prometió a la cebra.
La cebra estaba atónita de cómo actuaba Camel ordinario incluso

sin agua. Simplemente en ese momento, Camel le dijo: "El feo

Lo que ves en mi espalda es una protuberancia. Almacena agua. puedo

vivir durante un mes en el agua que almacena ". Zebra se sorprendió

por lo que le dijo el Camello. Zebra estaba sin aliento y

necesitaba beber agua.

El camello prometió asumirlo en el puesto que es rebosante de agua. A esto, el Camel dijo: "Soy el barco de

el desierto. Me doy cuenta de cómo descubrir un manantial en el desierto. "" ¿Qué es un

¿jardín del desierto? ", preguntó Zebra." Es el lugar del desierto que ha

agua, los camellos podemos olerla! "Pronto, partieron para descubrir un desierto

primavera en el desierto. Además, lea La cebra y la

Jirafa.

En su camino, hubo una inmensa tormenta de residuos. El camello

Inmediatamente le dijo a Zebra que se escondiera debajo de él. Hizo como

tal. La tormenta de residuos no influyó en el Camel. Zebra fue

nuevamente aturdido al ver eso.

El camello le dijo: "Mis pestañas largas y feas me ayudan a protegerme los ojos
de tales tormentas de residuos. ¡Del mismo modo, mi piel es completamente gruesa!"
Después de algún tiempo, los pies de Zebra comenzaron a consumirse debido a un calor
Desierto. "¡Ay! No puedo caminar. ¡El suelo está excesivamente caliente!"
¿No podrías sentir el calor?", Preguntó." No en el
el más mínimo grado! Mis duros cascos están trabajados por la arena caliente del desierto.
Si no puedes caminar, rebota sobre mi espalda. Te voy a trasmitir, "el camello
le dijo a Zebra.

EL ANTELOPE Y EL LEOPARDO

El leopardo un día apuesta su vida al antílope, que si
se ocultó, el antílope nunca podría descubrirlo.
"Bueno", dijo el antílope, "reconozco su apuesta. Proceda a
envuélvete".
Además, el leopardo fue al bosque y se cubrió. A ese punto el antílope lo buscó, y al poco tiempo Encuentralo. Es más, el leopardo estaba furioso con el antílope,

y le dijo que procediera a ocultarse y percibir cómo
efectivamente lo descubriría. El antílope consintió en esto
sin embargo, le dijo al leopardo que tendría su vida.
Después de un tiempo, el leopardo se dispuso a buscar al antílope. Él
miró a través del bosque por completo pero no pudo descubrirlo.
Finalmente, completamente exhausto, se desplomó diciendo: "Yo también estoy
gordo para siquiera pensar en caminar más; y yo soy igualmente
ansioso. Recogeré una porción de estas nueces nonje y las llevaré
a mi pueblo y cómelos ".
Entonces llenó el saco que llevaba debajo del brazo (llamado nkutu),
y regresó a su pueblo. Una vez allí, resolvió reunir sus parientes, y continuar con su búsqueda del antílope después
desayuno.
Así que golpeó a su ngongo y pidió a cada uno de sus familiares que
amasar, desde el querido que nació ayer, hasta el borrado

a los hombres que no podían caminar y deberían ser transportados en una tumbona.

En el momento en que estaban todos allí, pidió a sus cautivos
para separar las nueces nonje. En cualquier caso, de la tuerca principal
que aparecieron saltó un hermoso perro.

Actualmente, el leopardo estaba casado con cuatro princesas. A uno por
asentimiento normal, a otro por los ritos de Boomba, al tercero por
los ritos de Funzi, y al cuarto por los de Lembe, cada uno de los
sus esposas tenían su propio cobertizo para cocinar.

En ese momento, cuando el perrito saltó de la tuerca, se topó con el
cobertizo de la esposa principal. Ella la venció, con el objetivo de que huyera y
entró en el cobertizo de la esposa después de los ritos de Boomba. Esta esposa
igualmente golpeó al perro, por lo que se refugió con la esposa después de la
ritos de Funzi. Ella también golpeó al perrito; y por lo tanto,
huyó a la esposa después de los ritos de Lembe. Ella lo mató.

Sea como fuere, mientras el perro mordía el polvo, se transformó en un
hermosa sirvienta. Además, cuando el leopardo vio a esta hermosa dama,
deseaba casarse con ella, y de inmediato le pidió que fuera su esposa.
La hermosa joven se dirigió a él y le dijo: "Primero,
asesinar a esas cuatro mujeres que mataron al perrito ".
El leopardo los mató rápidamente. En ese momento el ama de llaves
fijado:
"¿Cómo podría casarme con un hombre con uñas de aspecto tan repulsivo?
sería ideal si se los quitaran ".
El leopardo estaba tan adorado con la dama, que tenía sus anzuelos tirados.
"¡Qué ojos tan espantosos tienes, mi querido leopardo! Nunca podré vivir
contigo con esos ojos continuamente mirándome. Si es
soportable, sácalos ".
El leopardo gimió pero obedeció.
"Nunca había visto unas orejas tan feas; ¿por qué no me las corté?"
El leopardo los hizo cortar.

"Seguramente tienes los pies más torpes que se han encontrado en este
¡mundo! ¿No los harás cortar?"
Al leopardo desesperado le quitaron los pies.
"Además, actualmente mi querido, querido leopardo, hay
sin embargo, una amabilidad más que necesito pedirte. Tienes
¿No has visto lo feos que son tus dientes? ¿Cómo te deformaron? Eso
sería ideal si los hiciera dibujar".
El leopardo estaba actualmente frágil; sin embargo, estaba tan fascinado por
la joven, tan alegre ya que la adquiriría por este ltimo sacrificio, mand al cobertizo para cocinar por una piedra y
dientes sacados.
En ese momento, la dama vio que el leopardo estaba pateando
Cubeta. Así que se transformó en antílope, y por lo tanto
atendido a él:
"Mi querido leopardo, pensaste en asesinarme para abstenerte de
dándome tu vida, como prometí, cuando te encontré. Ver ahora
cómo te he superado. Te he diezmado a ti y a todo tu

familia ". Y esta es la razón por la que el leopardo actualmente consistentemente
ejecuta el antílope cuando se encuentra con uno.

CÓMO EL CAMELLO CONSIGUIÓ SU BUCLE

En el comienzo de los años, cuando el mundo era tan nuevo y todo y el
Los animales simplemente estaban comenzando a trabajar para el hombre, había un camello,
vivía en un desierto de los Aullidos porque no le gustaba trabajar;
y también, él mismo era un Aullador. Entonces comió palos y cardos
y tamariscos, algodoncillo y espinas, la mayoría de los que escrutan ociosos;
y cuando alguien se dirigía a él decía "¡Humph!" Solo '¡Humph!'
y no mas.
Poco a poco, el Caballo se acercó a él el lunes por la mañana, con un asiento
en su espalda y un pedazo en su boca, y dijo: 'Camel, oh camello,
sal y corre como todos nosotros '.
'¡Humph!' dijo el camello; y el Caballo se fue y le dijo al Hombre.
Poco a poco el Perro se acercó a él, con un palo en la boca, y

dijo: 'Camel, oh camello, ven y recibe y transmítelo como todos nosotros'.

'¡Humph!' el camello dijo de nuevo; y el perro se fue y le dijo al

Hombre.

Poco a poco se le acercó el Buey, con la carga en el cuello y

dijo: 'Camel, oh camello, ven y surca como todos nosotros'.

'¡Humph!' el camello dijo una vez más; y el Buey se fue y le dijo al

Hombre.

Hacia el final del día, el Hombre llamó al Caballo y al Perro y

el Buey juntos, y dijo: 'Tres, O Tres, estoy molesto por ti

(con el mundo tan nuevo y todo); sin embargo, esa Humph-cosa en el

Desert no puede funcionar, o habría estado aquí en este punto, así que

voy a ignorarlo, y deberías trabajar el doble de tiempo para

compensarlo.

Eso volvió locos a los Tres (con el mundo tan nuevo y todo), y

mantuvieron una charla, un indaba, un punchayet y un poder

guau en el borde del desierto; y el camello vino mordiendo
algodoncillo la mayoría 'escrutar ociosos y se rió de ellos. A eso
punto que dijo 'Humph!' y se fue una vez más.
Poco a poco fueron pasando los Djinn responsables de All Deserts,
abundan en una tormenta de polvo (los Djinns viajan constantemente de esa manera
porque es magia), y se detuvo para charlar y conferenciar con el
Tres.
'Djinn de todos los desiertos', exclamó el Caballo, '¿es directamente para
¿Alguien puede estar inactivo, con el mundo tan nuevo y todo?
"Absolutamente no", respondió el Djinn.
'Bueno', respondió el Caballo, 'hay algo en tu Desierto Aullador
(y él mismo es un Aullador) con un cuello largo y piernas largas, y
no ha trabajado ni un trazo desde el lunes por la mañana. No lo hará
correr.'
'¡Uf!' dijo el Djinn, silbando, 'ese es mi camello, para todos los
oro en Arabia! ¿Qué dice al respecto?
"Dice" ¡Humph! ", Dijo el Perro; 'y él no traerá y

transmitir.'

¿Dice algo más?

Solo "¡Humph!"; y no surcará ', dijo el Buey.

"Excelente", dijo el Djinn. 'Lo follaré si tu quieres con simpatía, espere un momento.

El Djinn se movió hacia arriba en su mortaja de residuos, y tomó un

curso sobre el desierto, y encontr al camello ms inactivo, viendo su propia apariencia en un charco de agua.

'Mi largo y gorgoteante compañero', dijo el Djinn, '¿qué es esto?

saber que no lograste ningún trabajo, con el mundo tan nuevo

¿y todo?'

'¡Humph!' dijo el camello.

El Djinn se desplomó, con la mandíbula en la mano, y comenzó a

pensar una Gran Magia, mientras que el Camello vio su propia apariencia en

la piscina de agua.

Le has dado trabajo adicional a los Tres desde la hora del lunes

mañana, todo por tu "escrupulosa holgazanería", dijo el Djinn;

y continuó especulando Magias, con la mandíbula en la mano.

'¡Humph!' dijo el camello.

"No debería decir eso de nuevo si fuera usted", dijo el Djinn; 'puedes

dígalo una y otra vez. Bolsillos de aire, necesito que lo hagas

trabajo.'

Y el camello dijo '¡Humph!' una vez más; sin embargo, tan pronto como él

lo dijo de lo que vio su espalda, por lo que estaba tan contento, hinchado

y resoplando hasta convertirse en un gruñido increíblemente grande.

'¿Ves eso?' cuestionó el Djinn. 'Ese es el tuyo uno de

un tipo de humph que has traído sobre ti único en su clase

yo por no trabajar. Hoy es jueves y no has hecho trabajo desde el lunes, cuando comenzó la obra. Actualmente eres

yendo a trabajar.'

'¿Cómo podría yo,' dijo el Camel, 'con este joroba en mi espalda?'

'Eso es una razón', dijo el Djinn, 'todo porque te perdiste

esos tres días. Tendrás la opción de trabajar ahora durante tres

días sin comer, porque puedes vivir de tu vida; y nunca digas que no te ayudé. Evacuar el desierto y

ve a los Tres y actúa. ¡Humph tú mismo!
Y el camello se complació a sí mismo, humph y todo, y se fue
para los Tres. Y Camel desde ese día hasta ese día usa constantemente
un joroba (lo llamamos "joroba" actualmente, para no ofenderlo); sin embargo el
aún no ha encontrado los tres días que se perdió hacia el
comienzo del mundo, y nunca ha descubierto cómo llevar
en.
La joroba del camello es una fea irregularidad que bien puedes ver
en el zoológico;
Sea como fuere, más fea es la joroba que nos da tener demasiado
poco que pensar en hacer.
Niños y adultos también-oo-oo,
Si no tenemos suficiente para hacer-oo-oo,
Tenemos la joroba
Joroba cameeliosa
¡La joroba que está golpeada!
Nos movemos hacia arriba con la cabeza frouzly
Y una voz gruñona.
Nos estremecemos y fruncimos el ceño y resoplamos y gruñimos

En nuestra ducha y nuestras botas y nuestros juguetes;
Y debería haber un rincón para mí
(Y sé que hay uno para ti)
En el momento en que tenemos la joroba
Joroba cameeliosa
¡La joroba que está golpeada!
La solución para este mal no es quedarse quieto
O por otro lado helada con un libro junto al fuego;
Sea como fuere, para llevar una excavadora enorme y una pala también,
Y excava hasta que sudes tiernamente;
Y observarás que el sol y la brisa,
Y el Djinn del Jardín también,
Han levantado la joroba
La terrible joroba
¡La joroba que está golpeada!
Lo entiendo como tú-oo-oo—
Si no tengo suficiente para hacer-oo-oo
Nosotros como un todo tenemos joroba
Joroba cameeliosa
¡Niños y adultos también!

EL CAMELLO DE LOS TRES SABIOS

Los Reyes Magos siguen a una estrella a Belén en Navidad
donde nació Jesús.
El 6 de enero tienen que llegar a Belén para

presentar sus regalos al niño.

El camello de Melchor estuvo extremadamente cansado durante un año. Ya no

quería caminar, porque el oro que llevaba era más pesado que el

incienso y mirra.

El camello incluso se quejó de Balthazar. Dijo el incienso

El olor era muy fuerte y no le hacía sentir nada bien.

Entonces el camello de Gaspar dijo: "Bueno, no tengo ningún problema con

organizando la mirra, por lo que deberíamos distribuir la carga ".

Así es como los camellos llegaron a un acuerdo con los Tres

Reyes Magos y disfrutaron de su viaje a Belén.

EL JACKAL Y EL CAMELLO

Érase una vez un camello y un chacal vivían juntos en un profundo

bosque. En el otro lado se encontraron campos con cañas de azúcar maduras

del río que fluye junto a esa jungla.

El chacal llegó al camello un día con el sueño de cruzar el

río y disfruta de las cañas de azúcar. Le pidió al camello que lo llevara

de espaldas, porque no sabía nadar.
El camello aceptó la petición del chacal. Zarparon hacia el
río, llegando rápidamente a su orilla. El camello tomó el chacal y
cruzó el canal. Comenzaron a comer las cañas de azúcar en el
otro lado.
Satisfecho con el chacal temprano, pero todavía hambriento en camello. los
chocolate comenzó a gritar fuerte. Pero su chacal dijo que era su
hábito de arrojar tras la comida. Le pidió que no hiciera esto. Sus tiros
llamó la atención de los agricultores y con palos largos todos
llegó al lugar. El chocolate se perdió en un arbusto, pero el camello
fue brutalmente golpeado. Ahora tenían que cruzar el río hacia el otro
lado del puente. El chacal le pidió al camello que lo llevara
el río.
El camello accedió a hacerlo porque quería tomar represalias contra él.
Comenzó a rodar en el agua cuando el camello llegó al

medio del agua. El chacal le dijo que no lo hiciera, pero el
camello dijo que era su costumbre hacerlo después de las comidas.
Como resultado, el chacal se escapó de la parte trasera del camello.
y se sumergió en las aguas profundas. Lo ahogaron temprano. Él era
justamente castigado por su picardía.
Moralidad: cosecharás lo que siembras.

DAR EL ESTÚPIDO

Tres amigos vivieron una vez en un bosque: chacal, leopardo y cuervo. los
tres amigos sirvieron al león, el rey de la selva.
Un día notaron un camello deambulando por el bosque. Una mirada
ante el camello asustado, el león se compadeció de él y dijo:
Preocupate, amigo. Me tienes como tu salvador desde hoy. usted
puede vivir aquí alegremente y alimentarse de la hierba que está en
abundancia allí ".
El camello estaba muy feliz y había estado viviendo con los tres
compañeros.

Lamentablemente, el león entró en guerra con un elefante indignante. El león
fue gravemente herido por el elefante y quedó muy débil. Él
no podía cazar por sí mismo ni por los otros animales que le servían.
Se suponía que el leopardo y el chacal encontraban comida para sus
maestro de forma regular, pero un día se quedaron con
nada que encontrar. Visitaron al león y le explicaron: "Maestro,
hemos estado buscando en casi todas partes, pero difícilmente podríamos cazar un
animal.
El león estaba realmente molesto. Él rugió, "¿No recuerdas que di
seguridad? "El chacal respondió:" ¡Mi señor! No hay necesidad de matar
él. ¿Y si se ofrece a ti? Si no acepta
recuerda, no vas a poder vivir, y todos estamos voy a morir contigo ".
"¡Eso es aun peor!" dijo el león. "Si el camello se me aparece,
Lo mataré por comida, pero solo si se ofrece ... "
El chacal sonrió porque ya había hecho un plan. Él llamó

sus amigos más cercanos: el cuervo, el leopardo y el camello.

Dijo: "Amigos, nuestro maestro casi no ha comido nada en el pasado.

par de días. Si esto continúa, podría morir de hambre. yo

creemos que nos daremos uno por uno porque la comida ".

los animales estuvieron de acuerdo y visitaron al león.

El leopardo fue el primero en comenzar. Él dijo: "Oh maestro, por favor mata

yo y tenerme como alimento. Así es como van a sobrevivir todos ".

El león se sorprendió y dijo: "Eres parte de mi familia. ¿Cómo

¿puedo pensar en esto? "

Luego fue el turno del chacal. También hizo casi lo mismo

puja como el leopardo, y el león la rechaza. No fue suficiente para

el cuervo para ser el alimento de cualquier especie, en cambio, era el camello

es el turno.

"El león no mató a ninguno de sus devotos sirvientes, así que ¿por qué debería

¿matarme? ", pensó el camello y se ofreció al león. Pero,

para su sorpresa, tan pronto como hubo terminado de ofrecerse, todos los
los animales saltaron sobre él al mismo tiempo y lo mataron.

EL CUERVO, EL CHAL, EL LOBO Y EL CAMELLO

Un cuervo de ojos negros, un lobo de garras feroces y un chacal astuto una vez
vivieron juntos en la administración de un León, su Rey. Su
casa estaba cerca de la calzada, donde procesiones de comerciantes
pasado regularmente. En una de estas procesiones, hubo un día
un camello, tan fatigado que se posó y no quiso ir más remoto. De modo que los comerciantes siguieron adelante y lo dejaron junto al
borde del camino.
Durante tres días, el camello permaneció allí, y luego, sintiéndose descansado,
se levantó para ir a buscar comida. No se había adentrado mucho en el
áreas boscosas antes de conocer al León. Una mirada a esto
Bruto respetable le garantizó al Camel que estaba a la vista

del Rey. Entonces se arrodilló y le ofreció su modesto administraciones. El León ordenó caritativamente al camello que se levantara y le reveló cómo llegó a serpentear a través del Zonas boscosas.

En el momento en que escuchó la historia, dijo: "Mi buen Camel, eres libre, si quieres, de volver para ser cautivo de sus anteriores maestros, los comerciantes, pero si vive aquí conmigo, garantizar que tendrás abundancia para comer y que no habrá daño te sucede. Depende de usted elegir si irá o permanecer."

El camello respondió sin vacilar que sería respetado Quédate con el León y caí a comer hierba avanzando sin más temor a la amenaza.

Algún tiempo después de esto, el León experimentó un elefante y consiguió De regreso a casa a su refugio gravemente herido. Mientras yacía gimiendo sobre su lecho de hojas, el cuervo de ojos negros, el feroz garra

Wolf, y el Chacal astuto se reunieron a su alrededor y comenzaron a

sollozo. Se habían ocupado constantemente del juego que

el León consiguió, y temían ya que él pasaría y eso

morirían de hambre.

El buen León, cuando vio sus rostros tristes, detuvo su

gimiendo y dijo: "Amigos míos, lamento mucho más su

angustia que por mis heridas. Haga un breve viaje y compruebe si

no hay un ciervo en la zona y persíguelo aquí. Saldré y asesinarlo por ti, a pesar de mi defecto."

Los tres amigos se fueron y organizaron un comité. Ellos se dieron cuenta

que el León no tenía calidad ni siquiera para matar un ciervo.

Por fin, el Lobo dijo: "Si puedo preguntar, ¿de qué sirve este camello?

hacer aquí? Es enorme y gordo. Vamos a matarlo, y tal vez

Su carne mantendrá vivo al León hasta que sus heridas sean

recuperado".

Sin embargo, el Chacal negó con la cabeza. "El León ha dado el
Camel su palabra de que estará protegido aquí de todo daño. Cómo
¿Calcularíamos matarlo sin razón?
A esto, el Cuervo, que estaba tan ansioso como el Lobo, respondió: "Quédate
aquí, los dos! Libérame con el León y comprueba si
no puedo convencerlo de que mate al camello".
Así que el Cuervo de Ojos Negros fue al León. Hizo un profundo
hacer una reverencia y, con una mirada hambrienta, dijo: "Que le plazca a su
¡Majestad, déjeme decir un par de palabras! Nosotros, tu realeza
sujetos, tienen hambre casi hasta la muerte, por lo tanto impotentes para que podamos
apenas arrastrarse. Sea como fuere, hemos descubierto cómo cumplir
nuestro apetito, si tan sólo nos permitiera organizar una fiesta".
"Es más, ¿qué fiesta es esta?" preguntó el León.
"Señor", dijo el Cuervo, "usted revisa el camello que serpenteó en
tu reino hace algún tiempo. Actualmente vive como un ermitaño,

no acercarse a nosotros, ni beneficiar a nadie de ninguna manera.

Cuánto mejor sería para usted y para nosotros si ejecutamos

y comérselo. Soy lo suficientemente especialista para darme cuenta de que la carne de camello es

la mejor comida para ti a partir de ahora ".

El León, que era realmente un buen monstruo, era extraordinariamente

indignado por estas palabras. "Animal alado diabólico",

tronó, "para intentar volverme esquivo a mis garantías!

¡Comenzó de mi vista! "

El Cuervo regresó con sus amigos extraordinariamente desilusionado.

Nuevamente consultaron, y finalmente, el Cuervo declaró: "Tengo

otro arreglo. Ubiquemos al idiota Camel y vayamos

juntos ante el Rey. En ese momento, expresaremos gratitud

hacia él por su bondad hacia nosotros y afirmar que, como tenemos hasta

este punto vivido completamente de su abundancia, es actualmente

tiempo que entregamos nuestras vidas por él. El camello
tal vez siga nuestro modelo y, cuando se haya ofrecido,
confiaremos en él."
Todos aceptaron este plan y fueron a buscar el camello. A
el momento en que habían entrado en el refugio del León, el Negro-
Eyed Crow se aventuró primero hacia adelante.
"Su Majestad", dijo, "su vida es mucho más valiosa
que el mío que deseo ofrecerte mi pobre cuerpo para apaciguar tu
anhelo."
"¡Qué pequeña pieza le ofrece al Rey!" gritó el chacal astuto,
fingiendo repulsión. "Solo tienes la piel seca y un montón de problemas
eso queda por resolver. Soy más grande y estoy tan ansioso como
a dar mi vida por nuestro querido gobernante. Déjame, de esta manera; ser
servido hoy para la cena de Su Majestad".
"Mi querido rey", dijo el lobo de garras feroces, al poco tiempo
aventurándose a su vez, "estos amigos están hablando desde

la bondad de sus almas; sin embargo, ¿qué bien genuino
ellos podrán? ¿No es así? Piense en una instantánea de mi tamaño
y verás que haría un banquete digno de un rey. yo
con mucho gusto daré mi vida para salvar la tuya ".
El camello idiota salió de sus rodillas y habló:
"Yo, también, mostraría fácilmente mi agradecimiento por todo lo que
King ha logrado por mí. Ustedes tres juntos son insuficientes
para satisfacer el anhelo del Rey. Solo yo soy adecuado para restablecer el
Rey al bienestar ".
"El Camel tiene razón", gritaron los otros tres a la vez,
y cayeron sobre él antes de que pudiera articular una palabra más.
En el desierto, vivía un león llamado Madotkata. Su
Los seguidores eran un cuervo, un tigre y un chocolate.
En algún lugar, mientras deambulaban, vieron un camello que se alejaba de
su multitud. Se hicieron amigos del Camel y lo llevaron a su

León, su amo.
El León disfrutó de las ramitas del camello y garantizó que
se mantendría en sus cuevas. El León también lo llamó cariñosamente
"Chitra Karna", que significa "orejas manchadas". Todas las criaturas vivían pacíficamente bajo la protección del León hasta que uno
día; fue aniquilado. La temporada de lluvias ha comenzado, haciéndolo
imposible para nosotros salir y perseguir. Cada uno de ellos fue
casi mucha hambre.
El cuervo, el tigre, el chacal, el león, matan al camello
porque pensaban que no les servía de nada. los la carne de camello los habría sostenido durante la lluvia
temporada, sin embargo, no tenían la más remota idea de cómo persuadir
el León para matar al camello.
Fueron al León e intentaron convencerlo de que masacrar al camello. El León todavía tenía una necesidad crítica de comida
no ejecutaría a la criatura que había jurado asegurar.
El cuervo no estaba dispuesto a rendirse. Inteligentemente incluyó,

"Estimado señor, no necesitará matarlo. Diseñaremos
todo para que el Camel ofrezca su cuerpo de buena gana. A lo largo
estas líneas, su seguridad tampoco se romperá ".
el León escuchó esto, se quedó callado.
El cuervo, el Tigre, junto con el Chacal sostuvieron otro
reuniendo y trajo un complot contra el camello. los
excepcionalmente al día siguiente, se acercaron al León y tomaron
el camello junto a ellos.
"¡Maestro! Nos hemos olvidado de traerle comida. Nos damos cuenta
que estás agotado y necesitas desesperadamente algo de comer. En
de esta manera, si no es demasiado, ¡cómeme! "dijo el cuervo.
"Amigo, ¡realizaría un acto tan perverso, incluso si fallezco!"
respondió el León.
"¡Su Alteza! Debería asesinarme con el objetivo de que
puede mantenerse con vida ", dijo el Chacal.
"¡Es extravagante para mí hacer eso!" respondió el León.

"Maestro, por favor, no me desapruebe! Mi delicioso y
El tejido nutritivo te dará vitalidad y resistencia en el momento.
que necesitas ", argumentó el Tigre.
"¡Lo siento, Tigre! Nunca podré masacrar a un querido amigo mío como
usted! ", respondió el León.
En este punto, el Camel estaba muy seguro de que el León
le salvaría la vida adicionalmente, así que siguiendo los pasos de
diferentes criaturas; también ofreció su cuerpo al León. Él
dijo: "¡Su Majestad! Si no le importa, permítame proporcionar
tu con mi cuerpo. Sería considerado como ... "
El Tigre ni siquiera confiaba en que el Camel concluyera su
habla. Saltó sobre él y lo separó. El tres
devotos y su pionero luego juntos se deleitaron con los inocentes
Camello.

CÓMO EL LEOPARDO LLEGÓ SUS LUGARES

Hace bastante tiempo, en un desierto africano, un elefante

gobernado como un rey. Todo el mundo lo apreciaba, porque le importaba

Y solo. Elephant King tenía una guía suprema e inquebrantable.

A nadie en su reino se le permitió comer carne. "Muerde el producto natural listo", dijo Elephant King a

cada una de sus criaturas. "Come el dulce pasto que cubre

nuestros campos. Muerde las deliciosas hojas, come el panal, prueba el

bayas deliciosas. Esta comida es buena para nosotros. Si comemos solo esto,

nunca convertirá a nadie en adversario".

Los animales estuvieron de acuerdo. "Nuestro Rey Elefante es astuto", dijeron.

"No debemos crear adversarios entre nosotros ni enemigos

de los demás". El atractivo buey salvaje hizo un gesto; la cebra juguetona

sonrió el exquisito eland aclamaba al rey. Y lo que es más,

Kalulu la Liebre era el más alegre de todos, porque era pequeño y estaba

satisfecho de tener una sensación de seguridad en este mundo.

A medida que pasaba el tiempo, los animales de la tierra del Rey Elefante

confiando en las criaturas de todas partes. Nunca pensaron en los riesgos que
pueden esconderse más allá de sus límites. Sea como fuere, triste decirlo,
diferentes reyes administraban diferentes desiertos, y varios
los desiertos no cumplían con tales estándares. Rey elefante
los sujetos no vieron a los merodeadores acechando el borde de su tierra. Ellos
No podía imaginar que nadie pudiera dañarlos.
Un día, un leopardo hambriento de un reino cercano acechaba en
Tierra del Rey Elefante. Con sus apéndices de pies ligeros,
saltó a un árbol. Allí se escondió entre las ramas, confiando en que alguien pasará de largo. Leopard chasqueó los labios.
"En poco tiempo, tendré un banquete delicioso", dijo con delicadeza.
Después de un corto tiempo, Kalulu la Liebre fue debajo del árbol donde
Leopardo cubierto. Kalulu estaba en una estrategia. El Rey Elefante tenía
lo envió a decirle a diferentes animales que pronto albergarían un
reuniéndose para alabar la primavera.

"Una reunión, una reunión", cantó Kalulu. "Tendremos música y
en movimiento y bayas y hojas. ¡Dios mío, cómo amo la primavera!"
Kalulu saltó alegremente. No vio a Leopard en el árbol.
Al pasar por ese árbol, Leopard saltó y atrapó a la pequeña liebre.
entre sus horribles dientes.
"¡Ayuda!" gritó Kalulu. "¡Ayúdame, alguien! Un intruso ha
me consiguió. Sálvame, si no es demasiado problema o Kalulu lo hará
¡Transmitir!"
Afortunadamente, Elephant King estaba cerca. En el momento en que escuchó
Kalulu sollozó pidiendo ayuda, levantó su baúl hacia el cielo y soltó un
sonido impresionante. El trompeteo era tan ruidoso, cada rama y
temblaron hojas y trozos de césped. Cada criatura en el desierto
escuchó el sonido, y todos corrieron hacia él.
Alarmado, Leopard abrió la boca en estado de shock y perdió su agarre.
Kalulu. La pequeña liebre se liberó y corrió lo más rápido posible.

en el arbusto. Elephant King apareció en el lugar. Él ocupó
en Leopard en su baúl y lo levantó alto notablemente
alrededor.
"¿Por qué intentas asesinar a nuestro amigo Kalulu?"
gritó el Rey Elefante. "¿No conoces los principios de nuestra
¿Reino? Es contra nuestras leyes comer carne ".
Y luego arrojó
Leopardo en un estanque cercano.
Gracioso, pero Leopard era un nadador fantástico. Nadó rápidamente
al lado más distante del estanque y se deslizó hasta la orilla.
En ese momento, se volvió y echó un vistazo a Elephant King, quien,
en este punto, fue rodeado por la totalidad de sus criaturas.
"Maestro elefante", dijo Leopard, "estás confundido. Podría
nunca comas a tus súbditos. Solo como alimentos de hoja y panal.

Lo más probable es que veas que estaba jugando contigo confiado en un
amigo, Kalulu la Liebre ".

"¿Es eso así?" tronó el Rey Elefante. "Todas las cosas consideradas; yo
te daré el panal que he recogido recientemente. yo
es posible que desee verlo comerlo para poner a prueba su confiabilidad ".
Elephant King arrojó un poco de panal sobre el estanque.
Leopard lo consiguió sin esfuerzo y empezó a morder. Sea como fuere,
En el segundo que lo hizo, se dio cuenta de que estaba en una situación difícil,
panal de abejas amasado. Estos eran los amigos de Kalulu, y
empezaron a picar a Leopard. Le lastimaron la boca y el cuello y
mandíbula. "¡Intentaste lastimar a nuestro amigo!" ellos murmuraron
iracundo.
Leopardo gimió atormentado cuando las abejas lo picaron a un gran
extensión y por todo el lugar. Agitó sus patas para espantarlas
lejos, sin embargo, solo lastimaron sus patas. Se movió sobre la hierba y
le picaron el abdomen y el pecho. Se movió una vez más

intentando aplastar a las abejas. Sin embargo, volaron hacia su

cola y lastimar eso.

"Intentaste herir a Kalulu," tararearon las abejas. "Lo haremos

mostrarte una cosa o dos que nunca harás bajo ninguna circunstancia

Pasar por alto ". Clavaron sus aguijones en el encubrimiento de Leopard.

Finalmente, utilizando cada gramo de su calidad, Leopard se escapó de

las abejas enojadas. Huyó de regreso a su nación.

Kalulu y el Rey Elefante, las abejas y el eland, el buey salvaje y

las diversas criaturas de la tierra del Rey Elefante parecían leopardo

Huyó. Como estaban pensativos, confiaron en que él

tomado en su ejercicio. En ese momento, comenzaron a planificar su

fiesta de primavera.

De vuelta en su propia casa, Leopard vio que en cada lugar, las abejas

le había picado, había aparecido un lugar. Las manchas se volvieron más oscuras

y más oscuro cada día, y cuando sus hijos fueron concebidos, ellos, como bueno, tenían manchas en la piel, y también en los hijos de sus hijos,

tenía manchas. Desde la hora de ese día, la piel de cada leopardo está manchada,

ayudándoles a recordar la experiencia de Leopard en la tierra de

el Rey Elefante.

EL LEOPARDO EN SU ÁRBOL

Hubo, en un tiempo, un leopardo en el desierto y un

leopardo nocturno también lo era. Apenas podía descansar por la noche,

y, acostado en una rama de su magnífico árbol, invirtió su

energía observando lo que ocurría en el bosque por la noche.

Así es como llegó a descubrir que había un ladrón en ese

madera. Vería salir al ladrón todas las noches con vacío.

manos y regreso apilados con su botín tomado. A veces

el ladrón se había apoderado de los plátanos del mono mayor, en diferentes momentos

había robado la peluca del león o apretado las rayas de la cebra. Uno

la noche incluso se coló a casa con el colmillo falso del elefante gigante,
que el elefante había estado usando furtivamente durante mucho tiempo.
No obstante, como el leopardo era un tipo increíblemente pacífico
de felino, que vivía al borde de todo, no le gustaría para expresar cualquier cosa a nadie. No lo consideraba suyo.
negocios y, si se decía la verdad, en cambio se deleitaba en
encontrar estas pequeñas ideas privilegiadas.
Por lo tanto, debido al ladrón reservado, se estaba produciendo una mezcla significativa
creado en el reino de los animales: el elefante se sintió absurdo
sin su falso colmillo, y la cebra se parecía a un blanco
burro, también el león. Él, actualmente tan descubierto como una leona, había
perdido todo respeto. Una gran parte de diferentes animales estaba en algunos posición relativa también. Estaban indignados, confundidos o
ridículo, sin embargo, el leopardo yacía discretamente en su árbol, todas las noches obtener una carga de las aventuras del ladrón.

Sea como fuere, una noche el ladrón se tomó un descanso y en
la estela de haberse sentado apretado un período prolongado para que él mostrara
arriba, el leopardo se agotó y decidió descansar durante
hora. Cuando se despertó, terminó en un lugar por completo
diferente de su árbol típico, se deslizaba sobre el agua de un
pequeño lago dentro de una caverna, y alrededor de él podía ver cada uno
de esos artículos que, consistentemente, había visto ser tomados ... el
El ladrón había talado su árbol y se había llevado toda su casa.
junto al propio Leopard! Veo que esta fue la gota que colmó el vaso
lomo de camello, por lo que el leopardo, tomando un poco de libertad del ladrón
no estando allí, salió corriendo y fue directamente a ver diferentes
animales para revelarles dónde el ladrón había escondido cada
una de sus cosas.
Todos alabaron al leopardo por haber encontrado al ladrón y su

casa segura y permitiéndoles recuperar sus activos. A

por último, el animal que más perdió con esto fue el leopardo,

que no pudo replantar su magnífico árbol y necesitaba manejar

con un árbol de segunda categoría situado en un excepcional

sitio agotador ... es más, lamentó no haber estado preocupado por los problemas de diferentes animales, actualmente observando

que a largo plazo, esos mismos problemas se habían apoderado de los suyos.

UNANANA Y EL ELEFANTE

Unanana vivía en África con sus dos hijos. Ella vivía en una choza

entre el pueblo y el monte. El arbusto es el lugar donde lo salvaje

vivían los animales.

Constantemente, los individuos de la ciudad pasaban por la cabaña como

fueron al monte. Siempre se detenían en la cabaña y

declara "Unanana, tienes hermosos hijos. Ellos tienen tal

ojos bonitos. Tienen un cabello tan hermoso. Ellos tienen tal hermosas sonrisas ". Además, Unanana diría: "Gracias

tú."

En algún momento, Unanana esperaba ir al monte para

acumular leña. Dejó a los niños con un primo pequeño. los

los niños querían primo pequeño. Ella siempre jugaba con

ellos.

Para empezar, tomaron palos y los metieron en el

tierra alrededor. Trenzan hierba a través de los palos para hacer divisores.

Ponen hojas en la parte superior para los tejados. Tenían pequeñas chozas, similares

a la cabaña propiedad de Unanana. Hicieron uno aquí, uno allá

y ahí. En poco tiempo, tenían todo un pueblo. Tomaron

diferentes palos, palos más cortos y más gruesos, y utilizaron esos palos

para individuos. Estaban haciendo maravillosos recuerdos

cuando oyeron ruidos del arbusto. Ellos pensaron que era

Unanana.

Sea como fuere, ciertamente no lo fue. En el patio vino un
babuino. Echó un vistazo a los niños. Tomó un vistazo a poco
prima. En ese momento, dijo con su profunda voz de babuino: "Cuyo
niños son estos?"
La prima pequeña sonrió y dijo: "son de Unanana".
El babuino dijo: "¡Son hermosos!" En ese punto, se volvió
alrededor en el arbusto y se fue.
Los niños rieron. Pensaron que era brillante, un babuino
quedarse con ellos.
En ese momento, jugaron un juego diferente. Primo pequeño excavado
sacar seis agujeros en el suelo. Seis más cerca de esos. Pusieron
piedras en una parte de los agujeros y jugó un juego africano
moviendo las piedras de un agujero a otro
Estaban haciendo recuerdos maravillosos cuando escucharon
ruidos del arbusto. Pensaron que era Unanana.
En cualquier caso, ciertamente no lo fue. En el patio vino un

gacela. Echó un vistazo a los niños. Tomó un vistazo a poco
prima. Luego, dijo con su suave voz de gacela: "Cuyos hijos son
¿estas?"
La prima pequeña sonrió y dijo: "Son de Unanana".
La gacela dijo: "¡Son preciosos!". En ese punto, se transformó y saltó al arbusto y se fue.
Los niños rieron. Pensaron que era entretenido, una gacela
quedarse con ellos. No volvieron a su juego. Está excepcionalmente caluroso en África. Los niños estaban deshidratados. los
joven dijo: "Primo pequeño, ¿podría tener un ¿bebida?"
Ella dijo: "¡Obviamente!" Sacó tres calabazas. "Aquellos
parecen calabazas, solo que más pequeñas. En el momento en que están
secos, puedes sacudirlos como traqueteos. Si perfora un agujero en ellos,
tirar las semillas, son vasos adecuados para beber ".
Los llenó desde el barril cerca de la entrada. Ellos tomaron
hasta que no se secaron más. Sea como fuere, el chico estaba

todavía caliente. Así que se roció la cabeza con el agua de su calabaza.

"¡Whooooooo! La joven también lo hizo. ¡Whooooooo!". los

dos niños llenaron sus calabazas, se acercaron a hurtadillas detrás de su primo y

vertió el agua en su cabeza.

"¡Whooooooo!"

La prima pequeña roció agua a los niños. Los niños

roció agua a primo pequeño. Hacia y desde, atrás y adelante.

Estaban haciendo hermosos recuerdos cuando escucharon

ruidos del arbusto. Pensaron que era Unanana. En cualquier caso, ciertamente no lo fue. En el patio vino un

leopardo. Echó un vistazo a los niños. Tomó un vistazo a poco

prima. En ese momento, dijo con su voz gruñona de leopardo: "Cuyo

niños son estos?"

La prima pequeña estaba asustada. Intentó empujar el

niños hacia la entrada de la cabaña. Ella dijo: "Ellos,

Estos, Ummm, son de Unanana".

El leopardo dijo: "¡Son encantadores!". En ese momento, se volvió

desapareció entre los arbustos y desapareció.

Los niños no se rieron por lo bajo. No se imaginaron que era

entretenido, un leopardo quedándose con ellos. Ellos no necesitaban

animales adicionales para visitarlos mientras su madre ya no estuviera.

Necesitaban que su mamá volviera a casa. Ellos llamaron,

"¡Unanana! ¡Unanana! Si es soportable volver a casa a las

¡presente!"

Oyeron ruidos del arbusto. ¿Crees que fue Unanana? Eso

ciertamente no lo era. En el patio entró un elefante. los

El elefante más grande que el primo pequeño había observado jamás. Además, acababa de

un colmillo. Echó un vistazo a los niños. Tomó un vistazo a poco

prima. En ese momento, dijo con su ruidosa voz de elefante: "Cuyo

niños son estos?"

La prima pequeña estaba aterrorizada. Ella intentó empujar a los niños hacia la entrada de la cabaña. Ella dijo: "Ellos, estos,

Ummm son de Unanana ".

El elefante dijo: "¡Son encantadores! Creo que los llevaré con

yo."

Conectó, tomó a los niños con su baúl, los metió en

su boca, se volvió y desapareció entre los arbustos. Primito

gritó. Ella corrió hacia la cabaña, golpeó la entrada, cayó

al suelo, y lloró; "¡Perdí a los niños!"

Mucho tiempo después, Unanana regresó a casa con un montón de

astillas. Dejó la madera y miró a su alrededor. "Niños,

¿Primito?"

El primo se quedó corto en la cabaña. "¡Oh, Unanana!

¡Unanana! un elefante con un colmillo se llevó a los niños, no pude

deténlo! ¡Unanana! ¡Unanana! ¡No pude detenerlo, Unanana! "

Unanana tardó algún tiempo en comprender qué primo

estaba tratando de decir, pero cuando lo hizo, entró en la cabaña,

sacó un cuchillo largo y afilado y lo deslizó en su cinturón. Ella tomó
sacar una pequeña olla, llenarla con agua del barril por el
entrada y poner la olla al fuego. Ella puso dos manojos de
frijoles. En el momento en que los frijoles estaban blandos y preparados para
comió, tomó la olla, se la ajustó en la cabeza y se metió en el
Bush para descubrir a sus hijos. ¿Te das cuenta de dónde buscar?
Ella no lo hizo. Caminó por la pista sin cesar hasta que se fue
a un babuino.
"¿Puedes ayudarme, babuino, babuino? Mis hijos fueron llevados por
un elefante con un colmillo, y debería descubrirlos".
El babuino dijo: "Te conozco", con su profunda voz de babuino. "Usted
son Unanana. Eres Unanana. Tus hijos son tan adorables. estoy
voy a apoyarte. Siga el camino hasta el más alto de los árboles;
las piedras son blancas. Encontrarás el elefante que estás buscando
ahí."

Unanana agradeció al babuino y siguió la ruta. Ella fue

Siempre. Una vez que fue a una gacela, se agotó.

"¿Me motivarías, Gazelle? Gacela, Gacela? Mis hijos

fueron tomados por un elefante con un colmillo, y debería descubrir

ellos."

La gacela dijo: "Te conozco", con su suave voz de gacela. "Usted

son Unanana. Eres Unanana. Tus hijos son tan adorables. estoy

voy a apoyarte. Tome el camino hacia los árboles altos; las piedras

son blancas. Encontrarás el elefante que estás buscando ".

Unanana agradeció a la gacela y siguió el camino. Ella

se fue para siempre. Actualmente estaba agotada, pero estaba hambrienta.

Pero no se comió los frijoles que tenía en la cabeza en la olla. ¡No! ¡No! Ese

era para su familia. Ella fue interminablemente hasta que fue a un

leopardo.

"¿Puedes ayudarme, leopardo, leopardo? Mis hijos han sido

tomado por un elefante con un colmillo, y debería descubrirlos ".

Con su voz gimiendo de leopardo, el leopardo dijo: "Te conozco. usted

son Unanana. Eres Unanana. Tus hijos son tan adorables. estoy

te voy a ayudar. Siga el camino hacia los árboles altos; las piedras

son blancas. Allí encontrarás el elefante que estás buscando ".

Unanana agradeció al leopardo y se fue por el camino. Ella fue

Siempre. Ella podría hacer otro movimiento hasta que estuviera tan agotada

ella no podía hacer ejercicio.

Las piedras estaban blancas cuando fue a un lugar donde los árboles

eran altos. Encontró el elefante más grande que había visto. Que es

más, tenía un solo colmillo.

Unanana se quedó mirando al elefante. "¿Eres el elefante?

que se llevó a mis hijos?

El elefante dijo: "¡Yo no! Era un elefante diferente. usted

simplemente sigue la pista ".

Unanana no confiaba en él. ¿No es así? Ella comenzó a correr a el elefante.

"¡Yo no! Era un elefante diferente ".

En ese momento, abrió la boca y también la tragó.

Eso era precisamente lo que necesitaba Unanana. Ella descendió su

garganta larga y aterrizó.

El estómago del elefante se asemejaba a largas pendientes rojas en movimiento. los

la azotea parecía un vasto cielo rojo al anochecer. Además, en el

cuestas, vio hombres, mujeres, niños. Lecheros, cabras, perros

persiguiendo pollos. En un valle, descubrió a sus hijos.

Estaban asustados, hambrientos y habían extrañado a su mamá.

Unanana les dio a cada uno un abrazo y luego, la olla de

frijoles para comer.

Las personas vinieron a Unanana y dijeron: "Unanana, estamos

ansioso también. ¿Podríamos tener una parte de esos

¿frijoles?"

Unanana declaró: "Son para mis hijos. Sea como fuere,

¿Cómo podrías estar ansioso? Bebe la leche de los animales lecheros
y cabras. Cocina los huevos de las gallinas. Sea como fuere,
hacen que el fuego sea excepcionalmente caliente ".
Los individuos hicieron fuego. Comenzaron a cocinar los huevos. los
El elefante comenzó a tronar.
Hizo tanta conmoción: todos los animales en el monte vinieron a
percibir lo que estaba mal.
El elefante dijo: "Desde que comí ese Unanana, mi
el estómago me ha estado asesinando ".
Sea como fuere, a los animales no les habría importado menos. Ellos eran
angustiada con el elefante por comerse a Unanana y sus hijos.
¿Derecho? Muy pronto, ese elefante murió. Unanana
sacó su cuchillo largo y afilado e hizo una entrada entre
las costillas del elefante.
Aventuró Unanana y sus hijos. Salió la lechería
animales. Las vacas corrieron hacia Unanana. "Moooo. Moooo. Gracias
yoooooou. Gracias."

Después de los animales lecheros, salieron las cabras. Las cabras un hasta
Unanana. Thaaanks. Thaaanks. Thaaanks una tonelada ".
Después de las cabras, salieron los perros. Actualmente estos perros de
África no dijo "¡Bark! ¡Ladrar! ¡No declararon que Bow era increíble! "
Dijeron: "¡Yip! ¡Aullido! ¡Muy apreciado! ¡Eres la mejor! ¡Aullido!
¡Aullido!"
Después de los perros, salieron las gallinas. Las gallinas confiaban en eso
los perros se iban porque estaban cansados de conseguir
perseguido. "Carcajadas, clac, clac. Thaaanks. Cacareo, clac. Thaaanks, Unanana ".
Después de los animales vinieron los individuos. ¿Crees que se fueron?
directamente a Unanana y le agradeciste? No, no lo hicieron. Primero,
juntaron cosas: cosas bonitas, objetos valiosos, cosas sabrosas.
Es más, llevé esas cosas a Unanana.
"Aquí, Unanana. Toma estos y gracias por evitarnos
el estómago del elefante. ",

"Aquí Unanana. Será ideal si tomas esto. Estoy muy agradecido
para ti.",
"Aquí, Unanana. Toma esto, Unanana. "," Muy apreciado, aquí,
Unanana ".
Cuando regresó a casa, Unanana tenía un montón de cosas. El pequeño
prima estaba feliz de verlos. Además, ¿sabes lo que tenían?
para cenar esa noche?

EL OSO DE PELUCHE

Un osito de peluche delicado y acolchado vivía en una caja de juguetes en un
habitación. Todos los días, el niño abrió la caja de juguetes y consiguió un oso de peluche.
fuera a jugar. Y Teddy Bear estaba feliz.
Luego, juguetes más nuevos y espléndidos entraron en la caja de juguetes. Tuvieron
trucos especiales. Algunos podían moverse cuando el niño presionó un botón.
Otros saltaron alto. Pero Teddy Bear no tenía trucos especiales. No grande
sorpresa, el niño empezó a recoger estos otros juguetes nuevos y Teddy
Bear se sintió solo.

Alrededor de la tarde, cuando todos los juguetes estaban en la caja de juguetes,
los otros juguetes hablaban con orgullo de las cosas hermosas que
podría hacer. Teddy Bear guardó silencio. Tenía muy poco que decir.
Solo otro juguete en la caja de juguetes se parecía a un oso de peluche. Vaquero
El caballo también era un juguete delicado y acolchado, pero era viejo. Un gran
parte de su cabello había desaparecido. Solo le quedaba un ojo. Vaquero
Horse le dijo a Teddy Bear: "Los juguetes delicados como nosotros son los afortunados
unos. Nos amamos más, y cuando los juguetes delicados son amados
y amados, podemos volvernos reales ".
"¿Qué es real?" Preguntó Teddy Bear.
"Ser real es lo mejor", dijo Cowboy Horse. "Puedes moverte
cuando necesitas mudarte. Cuando eres real, si eres amado,
puede mostrar su amor de vuelta ".
Todo esto le pareció bien a Teddy Bear. Pero, como pudo eso alguna vez
suceder mientras estuvo atrapado en la caja de juguetes? El chico era

jugar con juguetes que puedan hacer cosas especiales.

Un día, Nana, que se ocupaba del niño, abrió la tapa del

caja de juguetes. Dijo en un tono animado: "¡Dios mío, querida!

el perrito que camina se ha ido. Debería encontrar algo diferente para el

¡Chico! "En un segundo, Teddy Bear cayó sobre la cama.

con el niño.

Esto inició otro momento feliz para Teddy Bear. Cada noche el

Boy sostenía a Teddy Bear en sus brazos. Durante la primera parte

del día, el Niño le mostraba a Teddy Bear cómo hacer pequeños

huecos debajo de las sábanas. Si el niño salía a jugar o al

park, Teddy Bear también lo acompañaría.

Tarde o temprano, con los abrazos y abrazos, mucho Teddy

El pelaje del oso se enmarañó. Su nariz rosada se volvió menos rosada

con todos los besos del chico. Pero a Teddy Bear no podría importarle menos.

Él era feliz.

Un día, el niño se enfermó. Su frente se puso muy caliente. El doctor
viajó en todos los sentidos. Nana caminó hacia atrás y hacia adelante en
pavor. Constantemente, el niño se quedó en la cama. No habia nada para
Teddy Bear para hacer pero quedarse en la cama, también, sin falta.
Cuando finalmente, el Niño mostró signos de mejora. Tal
felicidad en la casa! El doctor dijo que el chico debe ir al
playa. ¡Que asombroso! Oso de peluche de pensamiento. En muchas ocasiones, el
El niño había hablado alegremente de la playa y le había contado su blanco
arenas y gran mar azul.
"¿No debería hacerse algo con este viejo conejo?" Nana preguntó
el doctor.
"¿Esa vieja cosa?" preguntó el médico. "Está rebosante de escarlata
gérmenes de la fiebre. ¡Quémalo sin demora! Consíguele otro
oso."
Entonces, Teddy Bear fue arrojado a un saco junto con la cama del niño.

sábanas y ropa vieja y mucha basura. El saco fue llevado

al patio trasero. Se le dijo al jardinero que quemara todo.

Pero el jardinero estaba demasiado ocupado recogiendo los frijoles y

guisantes antes del anochecer, por lo que abandonó el saco. "Me ocuparé de eso

mañana ", dijo. El saco no estaba atado en la parte superior, y Teddy

El oso se cayó. Al día siguiente cuando el jardinero recibió el saco

para quemarlo, Teddy Bear no estaba en él.

Entonces comenzó a llover. Teddy Bear estaba muy triste. Tan lejos del

Chico, nunca más estar muy cómodos juntos, y ahora

salpicando mojado! Una lágrima cayó del ojo de Teddy Bear sobre su mejilla. Eso

golpeó el césped.

De repente, exactamente donde cayó la lágrima, creció una flor. Entonces,

el capullo de la flor se abrió. ¡Una pequeña hada!

"Osito", dijo el Hada. "¿Sabes quién soy?"

"Ojalá lo hiciera", dijo Teddy Bear.

"Soy el Hada que cuida los juguetes que son muy queridos".

dijo el Hada.

Para entonces, Teddy Bear era lamentable y papá amaba la totalidad de

su pelaje. La capa rosada en las orejas se había vuelto hace bastante tiempo

oscuro. Su pelaje marrón claro, una vez nuevo y espléndido, ahora estaba casi

negro.

"Es hora de que te haga Real", dijo el Hada.

"Creo que me acuerdo de Real", dijo Teddy Bear. Ahora, que fue

¿Cowboy Horse había dicho? Oh si, cuando eres real, puedes

muévete cuando necesites moverte. Si eres amado, puedes amar

espalda.

Con un poco de la varita del Hada, Teddy Bear se sintió diferente. Tickly.

¡De la nada, sus dos piernas podían moverse! Llegó una mosca a Teddy

Cabeza de oso, y era molesto. Rápidamente, la mano que estaba

tiro más cercano a la cabeza del oso de peluche para rascarlo.

"¡Así que esto es Real!" dijo el conejo de terciopelo. "Puedo moverme cuando necesito

¡para mover!"

"Te mostraré algunos amigos nuevos", dijo el Hada. Entonces, el Hada llevó a Teddy Bear donde algunos osos trotaban y jugaban.

En poco tiempo, todos eran amigos increíbles.

Pasó el tiempo. El niño había vuelto de la playa. Realmente tenía

mejorado en este punto.

En algún momento, el niño se fue al patio trasero a jugar. Desde el

árboles cercanos, un par de osos saltaron. Un oso era negro

todo, y otro era todo blanco. Un tercer conejo era marrón todo

terminado. Ese fue el más cercano al Niño.

El niño pensó: "Vaya, este oso se parece a mi viejo oso que

se perdió cuando estaba enfermo. ¡Me encantaba ese oso!"

Lo que no pudo ver fue que era un oso único en su clase,

volviendo a verlo. Porque él era la razón por la que el oso de peluche

convertirse en Real.

UN BURRO PARA MUESTRA

Hace mucho tiempo en Camboya, había una vez un ganadero y su

hijo. Ambos cuidaron bien del considerable número de

animales en el rancho. Un burro bebé creció para ser el más

burro hermoso y grande que jamás habían visto. Se puso de pie y

tenía una piel lisa y marrón.

Al observar el hermoso burro adulto, el ranchero le dijo a su hijo:

"¡Echa un vistazo a este burro fuerte! Si solo hubiera una necesidad en nuestro

pueblo para comprar un burro, obtendríamos un buen precio por él.

Sin embargo, todos los ganaderos que conozco ahora tienen un burro. Tenemos que

ir lejos, donde la mayoría de los ganaderos no tienen burro, para conseguir

el mejor precio para él ".

"¿Cuán lejos?" dijo el niño. "¿Podría venir?"

"Es bueno tenerte conmigo para un largo viaje", dijo el padre.

"Así que sí, ¿qué tal si nos vamos?"

"¿Dónde?" dijo el hijo.

"La ciudad de Kompang sería buena", dijo. Entonces la

El ranchero se detuvo. "Espera. Hay algo que deberíamos considerar.

Si el burro camina con nosotros hasta la ciudad de Kompang, cuando llegamos, puede estar muy cansado. El precio por él bajará ".

Finalmente, el padre tuvo un pensamiento. Él y su hijo se apoderaron del

burro y ató cada par de patas con fuerza. Pasaron una publicación

entre los dos pares de pies. El papá puso el frente del post

sobre sus hombros. El hijo puso la parte de atrás del poste en su

espalda. De esta manera ambos pudieron levantar al burro. Ellos

podría llevar el burro de esa manera. Y así es como partieron hacia

Kompang.

Mientras seguían su camino, fueron vistos por lugareños que no podían

cree en sus ojos. Ellos rieron y rieron. "¡Mira!" ellos llamaron

afuera. "¿Alguna vez has visto algo como esto? Dos hombres son

¡Llevando un burro! ". Ellos gritaron:" ¡Viejo! La gente no lleva

un caballo o un toro. ¡La gente no lleva un burro! Son ellos los que necesitan

para llevarnos a sus espaldas! "

"¡Oh!" dijo el papá. Él y su hijo bajaron el burro.

Aflojaron los pies. El padre dijo: "No podemos montar los dos
burro, porque no puede llevarnos a los dos. Cabalga solo en el
burro, y te seguiré. "Y eso fue lo que hicieron.
Mientras pasaba por otro pueblo, se le preguntó al joven:
"¿A dónde vas, niña?"
"A Kompang", dijo.
Señalando, preguntaron: "¿Y quién es este anciano detrás de ti?"
"Mi papá", dijo el niño.
Al escuchar esto, la gente del pueblo se puso frenética. Ellos gritaron,
"¡Qué hijo tan egoísta eres! ¿Por qué estás montando el burro cuando
eres capaz de caminar? ¡Sería prudente bajar rápidamente! Dejar
tu papá sea el que monte en burro ".
Al escuchar estas palabras agudas, rápidamente, el niño se bajó del
Burro. Su padre tenía su lugar para montar. Y así es como ambos
ellos continuaron adelante. El joven caminaba detrás y el
papá montó en burro.
Después de un tiempo, fueron a un pueblo donde había un pozo. UNA

Un par de señoritas habían ido al pozo a buscar agua.

"¡Harías bien en bajar rápido!"

Al ver al apuesto joven, las jóvenes se sintieron muy

cuidando de él. Les preocupaba ver a una persona mayor montando

un burro tan fino, cuando un joven tan apuesto necesitaba

camina detrás de él, agotado y caliente.

Gritaron al anciano: "No es para ti, viejo, montar un burro tan fino. Debería ser este joven apuesto para

¡paseo!"

El padre y el hijo se miraron. "¡Vamos los dos!"

Eligieron montar en burro. "Tú al frente y yo detrás de ti"

dijo el anciano. "De esa manera, nadie estará frenético". Y sentado

de esa manera, siguieron su camino.

Después de un rato, ambos llegaron a una aduana. El oficial de

la aduana preguntó: "¿A dónde van, hombres?"

"A la ciudad de Kompang", dijeron.

El funcionario dijo en un tono brusco: "Tu burro no puede llevar

¡Ustedes dos! Si continúa cabalgando de esta manera hasta el pueblo de

Kompang, se volverá endeble y su precio bajará. Que estúpido
¡usted está! ¿Por qué no dejar caminar al burro?
El ranchero y su hijo se miraron. Estaban haciendo
cosas mal - una vez más! Bajaron del burro y lo condujeron
por una cuerda.
Cuando llegaron a un campo, la calle se terminó. Ellos necesitaban
Cruce el campo para encontrar el camino en el lado opuesto. El propietario de
el campo estaba trabajando, y los llamó. "¡Camina con cuidado!
Mi campo está lleno de cardos, porque aún no está limpiado ".
hijo pisó un cardo y gritó: "¡Ay!" El propietario de el campo vio a su burro. "¿Qué sucede contigo?" él llamó.
"Tienes un burro, ¿por qué no montarlo?
burro como tu gobernante! ¡Qué tonto eres! "
¡Oh querido! El padre y el hijo no sabían qué hacer. "Lo que sea que
hacer, alguien tiene algo que decir al respecto! "Hablaron y
habló. Finalmente, dijeron: "Iremos como mejor nos parezca, eso es lo que haremos.
Además, y configurado con fallas como viene ".

Entonces el ranchero y su hijo siguieron adelante y llegaron al pueblo de
Kompang. Allí vendieron el burro a un precio muy alto y a
la familia adecuada, también. Luego, ambos regresaron a casa con
no más pérdida de tiempo.

LA HISTORIA DEL PATATO

En un rancho hace mucho tiempo, Mama Duck se sentó en su nido. "Cómo voy a
¿Sabes que mis hijos nacerán?", preguntó en voz alta." Necesito
¡Quédate aquí solo! Y nadie se queda conmigo ". Pero ¿qué
¿ser capaz de hacer? Una mamá pato debe sentarse sobre sus huevos calientes hasta que escotilla.
Finalmente, los huevos comenzaron a eclosionar. Individualmente, patitos amarillos se aventuraron a salir de sus caparazones. Sacudieron sus alas y gritaron: "¡Cuac cuac!"
"¡Mírense a todos!" dijo Mamá Pato felizmente. "Tu eres oh tan
¡encantador!"
"¡Cuac cuac!" ellos dijeron.

Mamá Pato dijo: "Ven y forma fila. Iremos al lago
para tu primera natación. Ella comprobó: uno, dos, tres, cuatro, cinco.
"¡Oh querido!" ella dijo. "¡Debería tener seis patitos!"
En cualquier caso, todavía había un huevo grande en el nido. "Bueno", dijo mamá
Pato, "parece que ese huevo grande llevará más tiempo". Así que ella
necesitaba sentarse en su nido de nuevo y esperar un poco más.
Al día siguiente, el huevo grande comenzó a eclosionar. Salió un poco
pájaro bebé. Sin embargo, era algo extraño. Este pájaro era un
mucho más grande que los demás. No era amarillo en absoluto, era aburrido
gris de la cabeza a los pies. Y caminó con un extraño
tambalearse.
Uno de los patitos amarillos señaló. "¿Qué es ESO? No puede ser
¡uno de nosotros!"
"¡Nunca había visto un patito tan feo!" dijo otro.
"¿Cómo pudiste decir algo así?" dijo Mama Duck en un

voz severa. "¡Solo tienes un día! Tu hermano nació del
mismo nido que tú. Ahora formaos. Iremos al estanque por tu
primer nado ".
Sin embargo, otros patitos graznaron: "¡Feo! ¡Feo! ¡Feo!" El feo
Patito no tenía ni idea de por qué otros patitos le estaban gritando
él. Reclamó el último lugar en la fila.
Cada pato amarillo rebotó en el estanque y nadó detrás de mamá
Pato. Cuando llegó el momento de nadar, el patito feo
rebotó y comenzó a remar también. "Bueno, él puede nadar"
Mamá Pato se dijo a sí misma.
Cuando salieron del agua y empezaron a jugar, el Patito Feo
También trató de jugar con sus hermanos y hermanas. Ellos gritaron,
"¡Vete! ¡No jugaremos contigo! Eres feo. Y caminas
¡extraño!"
Cuando Mama Duck estaba cerca, no les dejaba hablar de esto.
camino. "¡Se bueno!" ella lo amonestaría. Pero ella no siempre fue

Cerca a.

Una vez, uno de los patitos amarillos le dijo al Patito Feo:

"¿Sabes qué? Nos harías una gran amabilidad si solo

¡A la izquierda! "Todos empezaron a graznar:" ¡Fuera! ¡Sal! ¡Sal!"

"¿Por qué no me dejan quedarme aquí?" dijo el patito feo a

él mismo. Bajó la cabeza hacia abajo. "Ok, tienen razón. Debería

Vamos."

Esa noche, el Patito Feo voló sobre la cerca de la granja. El volo

hasta que llegó al lado opuesto del estanque. Allí vio

dos patos adultos.

"¿Podría quedarme aquí un rato?" dijo el feo Anadón. "No tengo otro lugar adonde ir".

"¿Por qué debería importarnos?" dijo uno de los patos. "Simplemente no nos abraces

arriba."

"¡Woooooof! ¡Woooooof!" Un gran perro hambriento pasó corriendo

de repente, persiguiendo a los dos patos. Rápidamente volaron hacia el

cielo, y sus plumas cayeron al suelo. Los pobres

Patito Feo se quedó helado de terror. El perro olfateó y olfateó el
Patito Feo, luego se dio la vuelta. "Soy demasiado feo incluso para los grandes perro hambriento para comer ", dijo el patito feo con la cabeza colgando
bajo.
El cielo se oscureció. ¡Grieta! Un relámpago cruzó el cielo. Entonces
vino una gran tormenta, con grandes aguaceros cayendo desde el
cielo. En solo minutos, el Patito Feo estaba completamente empapado.
Entonces, comenzó a soplar un viento frío. "¡Brrr!" dijo con sus dos alas cerca de su pecho. "Si solo
había un lugar donde podía secarme ".
En ese momento, vio una pequeña luz entrecerrar los ojos a lo lejos en el bosque. "¿Quizás es la cabaña de alguien?"
Voló hacia la entrada. "¿Curandero?" dijo el patito feo. los
La entrada de la cabaña se abrió con un chirrido. "¿Que es ese ruido?" dijo una anciana, mirando a ambos lados. Su
los ojos no eran muy buenos. Luego miró hacia abajo. "Oh, mira, es un

¡pato! "Cogió al Patito Feo y lo dejó caer dentro de su choza.

"Puedes quedarte aquí, pero solo si pones huevos", dijo.

Un gato y una gallina vinieron a encontrarse con el Patito Feo. "¿A quién

¡Creo que lo estás, entrando aquí y ocupando espacio junto al fuego!"

dijo el gato.

"¡Chillido!" dijo la gallina. "No quiero molestarme con ningún otro

individuo en esta cabaña poniendo huevos".

"Intenta no preocuparte por eso", dijo el Patito Feo. "Soy un

pato bebé".

"Entonces, ¿por qué sigues aquí?" preguntó el gato. "No lo hiciste

¿Escuchaste lo que dijo la anciana?

"¡Salir!" chasqueó la gallina.

"¡Fuera! ¡Fuera!" gritó el gato.

La puerta todavía estaba un poco abierta, así que nuestro pobre Patito Feo se escabulló

fuera de la puerta y de regreso a la tormenta.

"Nadie me quiere nunca", dijo el Patito Feo con una lágrima en su

ojo.

Terminó la tormenta. Al poco tiempo, encontró otro lago. Curioso

en el agua, el Patito Feo vio el reflejo de una manada de
grandes pájaros blancos volando. Miró hacia arriba y no podía creer lo que
el vió. Había los pájaros más hermosos sobre él que él
¡habia visto en su vida! Sus cuerpos largos y blancos y cuellos delgados aparecieron
para hojear solo el cielo. Miró hasta el último absoluto
El pájaro se había perdido de vista.
Se quedó en ese lago sin nadie más, y pasó el tiempo. los
las hojas de los árboles se volvieron rojo oscuro y dorado, y luego, las hojas
Cayó al suelo. Llegó el invierno, poniendo una sábana de nieve blanca
En todas partes. El viento frío y las sombras amenazantes hicieron que el
Patito Feo se siente aún más miserable. Necesitaba ir al
lago frío y tranquilo para pescar. Pero cada vez era más difícil nadar.
El lago se iba a congelar. En un momento, fue todo lo que
podría hacer para remar en el agua para evitar que se congele
él, y atrapándolo en el lago.

"¡Estoy tan cansado!" suspiró, remando tan fuerte como pudo. El hielo
se volvió más grueso y se acercó a él.

De repente, dos manos grandes lo levantaron. "¡Pobrecito!" dijo
un granjero. Sostuvo al patito feo cerca de su grueso abrigo de lana
y se llevó el pájaro a su casa.

¡Nunca una cálida chimenea fue tan bienvenida! Por el resto del
invierno, el granjero cuidó del patito feo. Luego llegó la primavera.

Puntas de verde cubrían los árboles. Brotaron flores cortas y espléndidas
desde el suelo.

"Lo mejor es que vayas al lago a nadar de nuevo, como estabas
quería hacer ", dijo el granjero. Devolvió el patito a la
lago donde lo había descubierto y lo puso con cuidado en el
agua.

"Dios, me siento bien", dijo el pájaro joven, agitando sus alas.

"¡Por qué, nunca me sentí tan bien como en este momento!"

Escuchó suaves sonidos de salpicaduras detrás de él y se dio la vuelta.

Una manada de esos hermosos pájaros que había visto antes en el cielo
llegó detrás de él en el agua.
"¡No te preocupes!" les dijo, extendiendo un ala. "Voy a ir
ahora. No te molestaré. Una gran lágrima rodó por su mejilla.
se volvió para irse. Cuando abrió los ojos, vio un reflejo en
el agua de uno de esos hermosos pájaros blancos. Por que fue tan
¿cerca de él? Se recuperó. Además, el reflejo también se recuperó.
"¿Que es esto?" él dijo. Extendió el cuello y el reflejo
del hermoso pájaro estiró su cuello también.
"¿Por qué te vas tan temprano?" dijo uno de los hermosos pájaros.
"¡Quédate aquí, con nosotros!" dijo otro. "Seremos grandes amigos".
Entonces, el pájaro que solía ser el Patito Feo entendió
¡Qué ha pasado! Ya no era un pájaro gris feo que Se bamboleaba cuando caminaba.
De repente, todos los cisnes batieron sus alas y despegaron
el cielo. "Ven con nosotros", respondió uno. "Empiece a liderar

grupo! "Así que agitó sus alas rápidamente y tuvo su lugar al frente
del grupo. Todos sus nuevos amigos batieron sus alas detrás
él.
"¡Decir!" dijo, deslizándose y lanzándose por el cielo mientras aceleraba
en. "¿Quién es un patito feo ahora? ¡Definitivamente, yo no!"

www.ingramcontent.com/pod-product-compliance
Lightning Source LLC
Chambersburg PA
CBHW040419100526
44589CB00021B/2752